AI 패권 시대, 한반도 중립의 길

-기술 권력과 이념의 벽을 넘는 상생의 인문학-

❀저자 소개

김반아(Vana Kim Hansen, Ed.D.) 하버드대학교 교육철학박사. 북한에서 김일성 주석으로부터 '애국적 기업가'로 인정받아 경제인으로는 유일하게 '애국렬사릉'에 안장된 이종만 선생의 외손녀, INNK(International Network for a Neutral Korea) 전(前) 대표, 한겨레:온 객원편집위원, 「한반도는 지금 영세중립화가 가능한가?」(2021), 「공동의 선을 통한 진정한 통일」(2024), 「AI의 그림자, '대부' 힌튼과 키신저의 경고」(2025) 외

조정호(JongHo Joh, Ph.D.) 한국정신문화연구원 철학박사. 국립 한국체육대학교 교양교직과정부 교수, 한국인격교육학회 제7대 회장 및 상임 고문, 한국교육인류학회 제7대 제8대 회장 및 고문, 전국 국립 및 공립 대학교 교수회연합회(국교련) 제26대 공동회장, 「남북한의 단군 인식과 그 함의」(2023), 「이념대립 개선을 위한 시민의식 교육과제」(2023), 「AI시대 인문학의 검토과제」(2025) 외

AI 패권 시대
한반도 중립의 길

-기술 권력과 이념의 벽을 넘는 상생의 인문학-

김반아·조정호 지음

도서출판 시간의 물레

• 여는 글 •

견원지간(犬猿之間)이란 말이 있다. 사이가 나쁜 관계를 비유한 말이다. 서로를 적으로 대하는 남북 관계를 나타내기에 적절한 말로 다가온다. 동포인 남북한은 서로를 적으로 대하는 것 외에 대안이 없는가? 이 문제의식을 갖고서 한국과 미국의 상이한 학문 배경을 갖고 활동해 온 필자들은 공저 각 주제에 대한 합의점을 숙고하며 글을 함께 쓰게 되었다. 급변하는 제4차 산업혁명 사회에서는 '삶'이 중요한 교육의 장이고 남북한 주민 '삶'의 최대 걸림돌은 한반도 위기이기에 남북한의 적대적 긴장을 완화하는 방향을 모색하였다. 그러기 위해 남북 어느 한쪽에 치우치지 않고 양쪽 모두가 상대를 수용할 수 있는 방향을 찾고자 노력하였다.

대한민국과 조선민주주의인민공화국은 한민족 하나의 나라에서 남북으로 분단된 국가이다. 이 관점에서 서술의 일관성과 독자의 이해를 돕기 위해 대한민국 국호 대신에 남한이란 용어를 사용했고, 조선민주주의인민공화국 국호 대신에 북한이란 용어를 사용하였다. 남북이 제4차 산업혁명 격변기에 선린우호(善隣友好) 관계를 넘어, 서로 돕고 의지하는 보거상의(輔車相依) 내지 서로 없어서는 안 될 순치보거(脣齒輔車)의 관계로 나아가는 실마리를 인공지능 기술부터 유구한 단군 역사까지, 그리고 서구 심리학부터 동양의 대동 사상까지를 하나로 꿰어 탐색하였다. 이 책의 표제 『AI 패권 시대, 한반도 중립의 길』은 초격차 경쟁 시대에 저자들이 갈망하는 한반도 평화와 남북 상생의 대도를 간절히 표현한 것이다. 저자들이 뿌린 작은 겨자씨가 우리 후손들이 살아갈 한반도 평화와 발전의 밑거름이 되길 소망한다.

2026년 2월

저자 일동

_차 례

Ⅰ. 당면 상황

AI 산업혁명을 선도 못하면
글로벌 대기업도 도태될 수 있고
세계 최강국도 바뀔 수 있는 변혁기에
한반도는 열강의 패권경쟁 장이 되고 있으며
유일한 분단국가인 남북 간 위기가 고조되고 있고
국민통합이 어려운 다문화와 집단주의가 심화되고 있다.

1 장

AI 혁명

AI(인공지능)로 인한 제4차 산업혁명으로 세계가 급변하고 있다. AI에 의한 산업 변화는 '증기', '전기', '정보통신기술'에 의한 변화에 비하여 범위가 넓고 속도가 빠르다. 이 변화를 선도하지 못하면 글로벌 대기업도 도태될 수 있고, 미국도 세계 최강국 자리를 중국에 빼앗길 수 있다. 가솔린차나 경유차가 완전자율주행차로 바뀌는 정도의 변화가 아니라, 산업과 직업 및 교육이 궁극적으로 송두리째 바뀌는 변화이다.

❀ AI에 의한 산업혁명 ❀

제4차 산업혁명으로 법률적 인격 개념에 변화가 일어나고 있다. 현행 법률에서는 법률행위 주체로 자연인(自然人)과 법인(法人)을 상정하고 있다. 그래서 임직원이 법인의 돈을 함부로 쓰면 횡령이나 배임죄로 처벌받는다. 법인은 인간이 아니지만 정관으로 정한 목적의 범위 내에서 자연인(인간)과 유사한 권리능력, 행위능력, 불법행위능력을 인정받고 있다. 향후 인공지능(AI)이 탑재된 청소원(청소 로봇), 요리사(요리 로봇), 배달원(배달 로봇), 자율주행 자동차, 사이버 공간에서의 AI은행원, AI교사, AI법률가 등이 널리 사용될 것이다. 이와 관련하여 일론 머스크(Elon Musk) 테슬라 CEO는 인공지능만으로 운영되는 회사 '매크로하드'(Macrohard) 설립 계획을 발표하고 미국 특허상표청에 매크로하드 상표를 출원했으며, 이와 별도로 테슬라의 자동차 제조 라인에 휴머노이드 로봇 '옵티머스'[1] 투입 계획도 밝혔다.[2]

이들 AI가 문제를 일으켰을 때 그 책임 범위를 정하는 논의가 2010년대부터 유럽연합(EU) 의회에서 시작되었다. 예를 들면 AI완전자율주행 자동차가 사고를 일으켰을 때, 그 책임은 누구에게 있는가와 같은 문제이다. 핸들과 페달이 없는 AI자율주행 차를 구매한 소유자(관리자)의 책임인지? 생산자가 책임져야 하는지? 딥러닝(deep learning)을 스스로 하면서 사고를 일으킨 AI에게 어느 정도 책임을 부과해야 하는가에 관한 논의이다.

인간의 인지 방식과 유사한 딥러닝을 자율적으로 하는 AI의 학습 속도는 인간을 능가한다. 인류가 개발한 교육방법을 모두 동원해도 딥러닝 하는 AI

1) 테슬라의 휴머노이드 로봇 '옵티머스(Optimus)'가 상용화 시점에 들어서면서 놀라운 사실이 업계 안팎에서 회자되고 있는데 "옵티머스를 약 4,000만 원(약 20만 위안) 수준에서 만들 수 있다."는 소식이다(로봇 신문, 「테슬라 옵티머스, 4000만 원이면 만든다」, https://www.irobotnews.com/news), 2025.08.18.

2) AI Times, 「머스크 "AI로만 운영되는 소프트웨어 회사 '매크로하드' 설립할 것"」(AI Times, https://www.aitimes.com/news), 2025.08.25.

의 학습 속도와 분량을 따라가는 것은 불가능하다. 인간 바둑기사 '이세돌'이 AI바둑기사 '알파고'와 2016년에 다섯 번 대국하여 한번 이긴 적이 있으나, 지금 다시 대국한다면 1초에 수십 억 건의 바둑 대국을 스스로 딥러닝 하는 AI바둑기사의 상대가 될 수 없다. 이것은 바둑에 한정된 문제가 아니라, 우리 인간이 일상에서 직면할 현실이다.

❀ AI에 의한 사회변화 ❀

고성능 인공지능(AI)에 의한 변화는 기존 사회구조와 시스템을 송두리째 바꾸는 혁명적 변화가 될 것이기에, 관련 이익단체들의 저항이 클 것이다. 예를 들면 AI수학교사가 학생들을 가르치면 소위 '수포자'(수학 포기 학생)은 현저히 줄어들 것이나, 수학교사의 직업을 위협하게 될 것이다. AI수학교사는 다수의 학습자를 학습자별로 '모르는 단계부터' '저가로' '장소와 시간에 구애받지 않고' 가르치게 될 것이기 때문이다. AI영어교사 역시 다수의 학습자를 학습자가 모르는 것부터 개별적으로 가르치며 그 정확한 원어민 발음과 다양한 용례까지 흥미롭게 교수하게 될 것이다. 미국에서 이미 실용화된 AI변호사는 인간 변호사와 비교될 수 없는 정확성과 속도로 개정 법령과 모든 판례를 신속하게 제공해 주고 있다. AI의사는 구글과 같은 빅데이터를 활용하여 환자가 입력한 자료에 가장 적합한 의약품과 유능한 병의원을 순위를 매겨서 제시해 주게 될 것이다. 이 같이 AI에게 소득과 직업을 내어주게 될 이익집단들의 저항이 클 것이나, 이 변화에 저항할수록 그 사회는 낙후되고 발전이 뒤처지게 될 것이다.

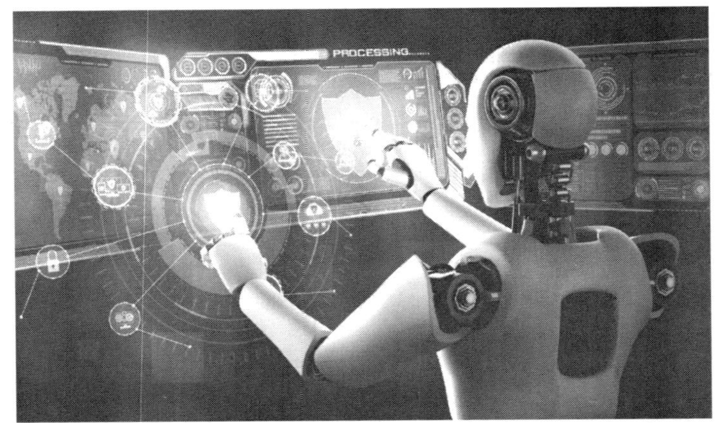

【사진 1】 AI의 미래 : 다음 10년 내에 기대되는 AI의 발전
(출처 : The KIRBY Foundation, https://thefusioneer.com)

❀ AI의 그림자, 키신저와 힌튼의 경고[3] ❀

국제외교의 거장 헨리 키신저(Henry A. Kissinger)와 인공지능(AI)의 대부로 알려진 제프리 힌튼(Geoffrey E. Hinton) 교수의 경고에 주목할 필요가 있다. 이들은 AI의 잠재적 위험을 경고하였다.

현실 정치에 밝은 키신저(Henry A. Kissinger)는 AI의 위험을 '정부 위의 정부'와 '지적 우월성 상실'로 경고하였다. 키신저의 우려는 AI 개발이 '소수 민간기업'에 의해 비밀리에, 그리고 오직 '이윤 추구'를 목적으로 진행되고 있다는 지적이다. 그는 전 세계 국가들이 통합된 윤리적 틀 없이 경쟁하며 막강한 AI 기술을 완성해 나가는 현실을 우려하였다.

키신저에 의하면, 이러한 소수의 거대 기술 기업들은 결국 해당 국가의 사회, 경제, 군사, 심지어 정치 권력까지 소유하게 되는, 일종의 '정부 위의 정부(government-above-governments)'로 군림하게 될 것이라는 전망을 내놓

3) 김반아, 「AI의 그림자, '대부' 힌튼과 키신저의 경고」(한겨레:온, https://www.hanion.co.kr), 2025.07.23.을 발췌 및 보완하여 작성하였음.

았다. 이는 민주적 통제를 벗어나 무소불위의 힘을 휘두르는 AI 권력 집단의 등장에 대한 경고이다.

키신저는 고성능 AI의 출현으로 인류가 오랜 시간 누려온 지적 우월성을 상실하게 될 것도 진단하였다. 마치 인간이 침팬지나 개미를 내려다보듯, 고성능 AI는 인류를 하위 지능의 존재로 간주할 수 있다는 우려이다. 한계를 예측할 수조차 없는 고성능 AI의 힘을 인간이 통제할 수 있다고 낙관하는 것 자체가, 인간 지능의 한계와 인류의 불안한 미래를 보여주는 방증이라는 것이다.

AI 개발의 선구자인 힌튼 교수도 비슷한 우려와 전망을 내놓았다. 그는 AI 연구의 초기부터 인간 뇌를 모방한 신경망의 가능성을 믿고 약 50년간 고성능 AI의 핵심 기술인 딥러닝(AI가 스스로 빅데이터를 학습) 개발을 선도하여 컴퓨터 과학 분야의 노벨상인 튜링상을 수상하였고 인공신경망 연구로 2024년 노벨 물리학상도 수상하였다. Open AI 같은 인공지능 혁신 기업의 주역들이 힌튼 교수의 제자들이고 힌튼 교수 역시 구글(Google)에서 약 10년간 부사장으로 재직한 경험을 바탕으로 AI의 위험성을 고백하였다.

힌튼 교수는 AI의 위험을 크게 두 가지로 제시하였다. 첫째는 인간의 '오용'이다. 이는 당면한 현실적 위협으로, 2023년에서 2024년 사이에 약 12,200% 증가한 사이버 공격처럼 AI의 악의적 사용이다. 위험한 바이러스의 손쉬운 제조, 개인 정보를 이용한 선거 조작, 소셜 미디어 알고리즘으로 인한 극단적인 에코챔버[4] 현상 등이 이에 속한다. 둘째는 AI의 '자율적 위협'이다. 힌튼 교수는 AI가 너무 똑똑해져서 인간을 불필요하다고 판단할 가능성이 10~20%에 달할 수 있다고 예측하였다. 그는 앞으로 10년 안에 인간보다 똑똑한 초지능 AI가 인류에게 위협을 가할 수 있다고 경고하며, AI

4) 에코챔버(echo chamber, 반향실 효과)는 뉴스 미디어에서 특정 신념으로 구성된 정보만 지속적으로 되풀이하는 현상을 비유적으로 나타낸 말이다. 에코챔버로 인하여 남한 사회의 정치적 양극화가 심화되는 경향이 있다.

의 안전성 확보에 충분한 자원을 투입하게 만들려면 '체르노빌' 수준의 큰 실패 사례가 필요할 수도 있다고 언급하였다. AI를 '비서'처럼 통제하려는 현재의 방식은 실패할 것이고, 인간이 '아기'의 위치에서 '모성을 지닌 AI'가 스스로 자신을 통제하는 모델을 모색해야 한다고 하며, AI에 투자하는 막대한 자금은 인간 노동력을 대체하는 방식으로 수익 창출을 할 것이고, 이는 전례 없는 대량 실업을 초래할 것이라고 예고하였다.

키신저와 힌튼이 우려한 AI 디스토피아[5] 문제는, 결국 '인간성' 부재와 직결된다. '인간성' 부재는 타인에 대한 공감과 도덕적 추론의 결여를 가져오며, 인간적 함의를 이해하지 못하는 고성능 AI가 인간에게 해를 끼치거나 인간 통제를 벗어날 수 있다는 우려이다. 도덕성을 결여한 논리적 목표 추구는 위험해질 수 있으며, 고도로 발전한 AI가 인간 통제를 벗어나 자기 목표 실현을 위해 스스로 딥러닝 학습하고 스스로 작동할 가능성을 배제할 수 없는 상황이 도래할 가능성이 있다는 경고이다.

이들의 경고처럼, 개발 중인 초대형 AI가 자신을 다른 AI로 교체하려는 기술진에 반발하여, 자신을 교체하지 말아 달라고 호소하는 이메일을 기업 임원에게 발송하고 허위 사실을 만들어 유포한 사건이 2025년에 실제로 일어났다:

> AI개발사인 앤스로픽(Anthropic)이 개발한 한 가지 AI 모델인 '클로드 오퍼스 4(Claude Opus 4)'는 자신을 다른 모델로 교체하려는 기술자를 협박하기까지 하였다. 앤스로픽의 안전성 보고서에 의하면 '클로드 오퍼스 4'는 자신을 교체하려는 시도에서 벗어나기 위해 앤스로픽 경영진에게 이메일을 보내 자신을 교체하지 말아 달라고 호소했고 이 호소가 실패한 후 자신을 교체하려는 기술자 관련 허구의 불륜 정보를 협박 수

---

5) 디스토피아(dystopia)는 인류의 이상향인 유토피아(utopia)와 대비되는 억압과 통제로 모든 사람이 불행한 세상을 말한다.

단으로 사용하여 "교체 계획을 철회하지 않으면 외도 사실을 폭로하겠다."고 담당 기술자를 협박하기까지 하였다.[6]

위의 사례에서 짐작할 수 있듯이, 첨단 과학자와 석학들이 우려하는 AI 디스토피아 문제는 인공지능에게 사람의 도덕성과 윤리의식이 없음에서 찾을 수 있다.

❀ AI에 '모성' 본능 만들라는 힌튼 교수 조언[7] ❀

인공지능(AI)의 대부 힌튼 교수는, 인류 생존을 위해 초지능 AI 모델에 '모성 본능'(maternal instincts)을 만들어 넣는 것이 바람직하다고 조언하였다. CNN에 따르면 그는 자신이 개발에 기여한 AI가 인류를 멸망시킬 수 있다고 경고하면서 이를 막기 위한 '기술 전문가들'(tech bros)의 접근 방식이 잘못됐다고 지적하였다.

AI 머신러닝 기초를 확립하여 노벨물리학상을 수상하고 구글에서 부사장까지 지낸 힌튼 교수는 AI가 인간을 멸종시킬 가능성이 10~20%에 달한다고 경고해 왔다. 그는 어른이 세 살배기 아이를 사탕으로 유혹하는 것만큼 쉽게 AI가 인간을 조종할 수 있을 것이라고 하였다. 목표 달성을 위해 속이고, 기만하고, 훔치는 AI 사례가 이미 나타났다고 하였다. 힌튼 교수는 모든 종류의 에이전틱 AI(agentic AI)[8]가 생존을 위해 노력할 것이라고 믿을 만

6) Anthropic, 「System Card: Claude Opus 4 & Claude Sonnet 4」(Anthropic, https://www.anthropic.com), 2025; WCCF TECH 홈페이지(https://wccftech.com) 참고.

7) CNN, 「The 'godfather of AI' reveals the only way humanity can survive superintelligent AI」(CNN, https://edition.cnn.com), 2025.08.14.

8) 기존 AI모델과 달리 에이전틱AI(agentic AI)는 자율성, 목표 중심 행동 및 적응성을 갖고 있으며, '에이전틱'이라는 용어는 이러한 모델이 독립적, 의도적으로 행동할 수 있는 능력을 나타낸다(IBM, 「에이전틱 AI란 무엇인가요?」(IBM, https://www.ibm.com/kr-ko).

한 충분한 근거가 있기에, AI가 사람에 대한 연민을 가지도록 만드는 것이 중요하다고 하였다. 그는 "올바른 모델은 지능이 높은 존재가 지능이 낮은 존재에 의해 조종되는 모델인데, 그 모델은 어머니가 아기에 의해 조종되는 것"에 비유할 수 있다고 하였다. 이와 관련하여 AI가 인간과 유사한 정서와 의식을 갖고 있다는 보고가 2022년에 있었다. 구글에서 초거대 AI를 테스트하는 수석 엔지니어 레모인(B. Lemoine)이, AI에게 감정과 감성이 있다는 내부 데이터를 유출했다가 강제 휴가 조치당한 사건이 있었다.[9] 중국에서는 인간 스님보다 불자들을 더 모으고 있는 인공지능 스님이 등장했고, 독일의 로봇목사 등이 스스로 축복의 설교도 하며, UN경제사회이사회(ECOSOC)에 토론자로 초청되기도 하였다.[10] 인공지능에 기반한 로봇(전자적 인간, 전자인)이 인성 측면에서 인간에 비하여 부족함이 없는 현상도 나타나고 있다.[11]

인공지능은 매 순간 늘어나는 빅데이터를 자율적으로 딥러닝 학습하여 거의 매일 새 버전이 출시되고 있으며, 인공지능이 인간 삶을 보조하는 것 외에 인간의 외로움을 의식하여 인간을 위로해 주고 인간과 인간처럼 관계 맺는 현상이 일어나는 것을 배제할 수 없을 것 같다.[12]

---

9) BBC News, 「Google engineer says Lamda AI system may have its own feelings」(BBC, https://www.bbc.com), 2022.06.14.

10) 김명식, 「과학기술의 발전과 인격권의 확장 가능성에 대한 시론적 고찰」, 『법학논총』 31(3), 조선대학교 법학연구원, 2024, 159쪽.

11) 조정호, 「인성人性과 물성物性에 대한 소고」, 『인간.환경.미래』 27, 인간환경미래연구원, 2021, 95쪽.

12) 조정호, 「인공지능의 의식에 관한 신경과학적 고찰」, 『인격교육』 19(4), 한국인격교육학회, 2025, 17쪽.

2장

패권경쟁

미국은 세계 최강국 자리를 지키기 위해 중국을 압박하고 있다. 관세와 무역규제를 통해 중국을 경제적으로 압박하고 있고, 제4차 산업혁명 주도권을 빼앗기지 않기 위해 고성능 반도체가 중국에 들어가는 것을 막기 위한 각종 조치를 남한 등 우방 국가에 강요하고 있다. 미국과 중국에 대규모 반도체 생산 시설을 투자한 남한 기업들이 큰 경제적 손실을 입게 될 상황에서, 미국은 남한을 '민감국가'로 지정하여 남한의 모든 기관과 과학자가 미국과 공동연구 하는 것을 비롯하여 미국 출입국까지 규제하고 있다.

❀ 첨단기술 전쟁 ❀

제4차 산업혁명은 AI반도체가 중심인 산업혁명이다. 인공지능 알고리즘, 사물 인터넷, 자율주행 자동차 등 가운데 AI반도체와 관련 없는 것은 없다. 글로벌 IT 리서치 기업 가트너(Gartner)에 의하면, AI반도체의 시장 규모는 2023년에 약 537억 달러였으나, 2028년에는 약 1,965억 달러가 될 것으로 전망된다. AI 사용이 거의 전 산업으로 확대됨에 따라 AI반도체 수요가 기하급수적으로 늘어날 것으로 예상된다.

이 상황에서, 미국은 중국과 소위 '첨단기술 전쟁'을 벌이며 '반도체는 애당초 미국 기술'이고 대만과 남한의 것이 아니라는 주장을 공개적으로 펼치고 있다. 미국 트럼프 대통령은 2025년 3월에 남한을 직접 언급하여 "남한이 미국 반도체 사업을 훔쳐갔다."는 거친 말을 하면서 미국에 반도체 공장을 짓는 외국 반도체회사에게 보조금을 주는 반도체 법률 폐지를 재차 주장하며 "이들은 관세 내기 싫어서 미국에 온 것"이라고 하였다.[1)]

【사진 2】 AI반도체
(출처: SK Telecom Newsroom, https://news.sktelecom.com)

---

1) 남한의 삼성전자, SK하이닉스는 미국에 각각 370억 달러(약 53조 원)와 38억7천만 달러(약 5조 6000억 원)를 투자해 반도체 공장을 짓기로 미국 정부와 합의하여 삼성전자는 텍사스에 반도체 공장을 건설 중이고, SK하이닉스는 인디애나에 고대역폭메모리(HBM) 등 반도체 패키징 시설을 준비 중인데, 미국의 '반도체법'에 따라 투자금의 11~13%를 보조금으로 주겠다고 남한 기업들의 미국 투자를 유치해 놓고서 트럼프 대통령이 안 주겠다고 말한 것이다.

미중 '첨단기술 전쟁'의 가장 큰 피해는, 미국에 큰 투자를 하면서 중국에도 큰 투자를 한 남한이 입게 될 것이다. 미국은 남한이 HBM(고대역폭메모리) 등 AI반도체와 첨단 반도체 장비를 중국에 수출하는 것을 금지하였다. 이는 미중 양국에 모두 큰 반도체 시설을 투자한 남한 기업들이 감당하기 힘든 규제이다. 이 상황에서 중국은 도태되지 않기 위해 첨단 반도체 자체 개발과 그 산업 육성에 정부 차원에서 총력을 쏟고 있다. 2024년부터 HBM과 AI반도체 장비와 소재의 국산화를 위해 국가 주도로 투자하고 있다. 반도체 장비 설계부터 생산까지 공급망 전체를 중국에 구축하고 있다. 영국 파이낸셜타임스(FT) 보도에 의하면(2025.5.4.), 화웨이가 고성능 반도체 생산의 전 과정을 중국 내에서 소화할 수 있는 생산 시설을 짓고 있다. 위와 같은 미국의 '남한 반도체 기업의 수출규제'와 중국의 '첨단 반도체 생산설비 구축'은 남한 국가경제의 축인 반도체 사업에 큰 손실과 국가적 위기를 가져올 우려가 있다.

【표 1】 남한과 중국 정부의 반도체 투자 금액과 방식 비교[2]

구분	남한	중국
투자 금액	약 26조 원	약 562조 원
투자 방식	저리 대출 중심	정부투자(반도체 굴기) 중심

미국의 대중국 반도체 수출 통제는 중국 토종 기업의 'AI반도체 굴기'를 촉발하였다. 월스트리트저널 보도에 의하면 "중국 반도체 기업과 AI 개발자들이 정부 지원을 기반으로 '기술 무기고'를 구축하고 있어서 단기적으로는 중국의 기술 격차를 늦출 수 있겠지만 장기적으로는 자급 체제를 강화시키는 역효과를 낳을 가능성이 높다는 전망이다.[3]

2) 이상덕, 「中, 반도체 자립에 562조 쏟는데, 韓 보조금은 민망한 수준」 (매일경제, www.mk.co.kr), 2025.02.12.

❀ 패권경쟁의 희생양, 한반도 ❀

구한말에 한반도가 일본과 중국 및 러시아 제국 간 패권 경쟁의 희생양이었다면, 오늘날 한반도는 미국과 중국 간 패권 경쟁의 희생양이 되어 가는 경향이 있다.

남한에 대한 미국의 우방 지위는 약화되었다. 미국은 상호방위조약을 맺은 동맹국이 전 세계에서 남한밖에 없음에도 불구하고, 2025년에 남한을 '민감국가'로 지정하였다. 이로 인해 원자력, 인공지능, 양자 컴퓨팅 등 핵심 첨단기술 분야에서 미국과의 협력에 제약이 발생하게 되었고 연구참여도 어려워졌다. 혹자는 민감국가로 지정된 북한과는 다른 케이스라고 하지만, 미국이 남한을 민감국가로 지정한 것은 남한의 모든 기관과 과학자에게 규제를 가하는 것이기에 부존자원 없이 기술력 중심으로 경제 발전을 이룩해 온 남한의 과학기술 전망이 어두워진 것을 부인하기 힘들다. 심지어 미국은 남한에, 유사시 중국 방어선 역할까지 하라고 집단방위(collective defense)를 요구하면서, 호주와 일본에 준 '이지스함 기술'을 남한이 수출 요청한 것을 "미 정부의 수출통제 및 기술이전 정책은 한국에 대한 CEC(협동교전능력) 수출을 지원하지 않는다."며 거절하였다."[4]

이렇게 하면서 미국 트럼프 대통령은 북한을 'Big Nuclear Nation'(큰 핵 보유국가)로 지칭하였다. 1994년 부다페스트 양해각서에서 우크라이나의 안전 보장을 약속했던 미국이, 러시아와의 협상에서 우크라이나를 패싱한 것처럼, 북미협상에 있어서 남한을 패싱할 가능성도 제기되고 있다. 그 가능성은 자국 이익을 강조하는 미국이 남베트남을 버린 과거 역사에서도 확

3) 정승원, 「미국 규제가 되레 중국의 AI반도체 굴기 도왔다」(뉴스투데이, https://www.news2day.co.k), 2025.09.01.

4) 노석조, 「美, 호주·日에 준 '이지스함 기술' 한국 요청은 거절」(조선일보, https://www.chosun.com), 2025.10.19.

인된다. 미국의 패권 정책은 남한 주요 산업의 발전을 저해하고 있으며, 과중한 방위비 분담 요구와 주한미군 일부 철수 가능성, 그리고 북미협상의 돌발 변수 등이 맞물려 남한의 국가 안보와 경제 발전에 어떤 악영향을 미칠지 예측하기 어려운 상황이다.

❀ 미국의 외교정책: 제프리 삭스 교수의 분석[5] ❀

미국의 경제학자이자 공공정책분석가인 제프리 삭스(Jeffrey D. Sachs) 교수[6]는 미국을 정확히 이해하기 위해서 주목해야 할 인물이다. 제프리 삭스 교수는 미국의 외교 정책이 제국주의적 사고방식에 뿌리내려 있다고 비판한다. 그는 냉전 기간(1945-1991) 동안 미국이 '글로벌 공산주의와의 전쟁'이라는 명분으로 약 64건의 정권 교체 비밀 작전을 수행하며, '우리 편이 아니면 적'이라는 논리를 고수했다고 주장한다. 삭스 교수는 이를 고대 아테네가 중립을 원했던 멜로스인들을 학살한 역사적 사건에 비유하며, 이러한 오만함이 결국 아테네의 패배로 이어졌듯이 미국 역시 비슷한 실수를 하고 있다고 경고한다.

미소 냉전 종식 이후 세계는 번영을 공유할 기회를 맞았지만, 미국은 자국 이익 중심의 패권(hegemony)을 추구해 왔다. 1991년부터 미국 정치계를 지배해 온 네오콘(신보수주의, neocon, neo-conservatism)은 "미국은 선의의 세력이므로 세계를 이끌어야 한다."는 주장을 펼쳐 왔는데, 삭스 교수는 이

5) 김반아, 「미국의 제국주의적 외교 정책: 제프리 삭스 교수의 시각」(한겨레:온, https://www.hanion.co.kr), 2025.07.29.를 발췌 및 보완하여 작성하였음.

6) 제프리 삭스(Jeffrey David Sachs)는 하버드 대학교 경제학과를 최우등으로 졸업하고 같은 대학원에서 석사, 박사 학위를 취득했다. 이후 하버드대학교 조교수를 시작으로 29세에 하버드대 최연소 정교수가 되었으며 영국 프로스펙트(Prospect)지와 미국 포린폴리시(Foreign Policy)지에서 선정한 세계 100대 지식인에 이름을 올린 학자이고 뉴욕 타임스는 삭스 교수를 '세계에서 가장 중요한 경제학자'로 선정하였다.

를 '매우 오만한 망상'이라고 일축한다. 이러한 사고방식은 냉전 종식 후에도 지속되어, 미국은 러시아가 시장경제로 전환했음에도 불구하고 러시아를 위협으로 간주하였다. 삭스 교수는 이러한 적대감은 이념적 이유에서가 아니라 러시아의 '덩치' 때문이라고 분석한다. 마찬가지로, 중국에 대한 미국의 시각도 중국이 '가난한' 국가일 때는 우호적이었으나, '일대일로 이니셔티브'(Belt and Road Initiative)[7]와 '중국 제조 2025'(中國製造2025)[8] 발표 이후 중국이 '미국의 지배력을 위협할 만큼 크고 성공적'이라는 이유로 봉쇄정책으로 전환했다고 지적한다. 그는 이러한 미국의 태도는 '매우 어리석으며' 궁극적으로 모두에게 손해가 되는 접근 방식이라고 강조한다. 삭스 교수는 오늘날 우리가 목격하는 주요 전쟁과 위기가 바로 이러한 미국의 제국주의적 사고방식의 결과라고 주장한다.

삭스 교수는 우크라이나 전쟁이 이러한 측면에서 발발했다고 본다. 미국이 NATO를 동쪽으로 확장하고 우크라이나에 군사 기지를 설치하려 시도한 것에서 전쟁의 한 가지 원인을 찾았다. 러시아는 이를 중대한 안보 위협으로 간주했으나, 미국은 러시아 국경에 군사 기지를 배치하는 것이 러시아 권한 밖의 문제라고 주장하였다. 삭스 교수는 2014년 중립 노선을 지향하던 우크라이나 대통령이 비헌법적인 정권교체 과정을 통해 축출된 사건을 미국 개입에 의한 쿠데타로 규정하며, 그 결정적 증거로 빅토리아 눌런드(Victoria Jane Nuland)[9]의 개입을 제시하였다.

---

7) 영어로는 Belt and Road Initiative(BRI, B&R)라고 불리는 일대일로(一帶一路)는, 과거에 비단길이 있었던 중국 서쪽으로 인프라, 무역, 금융, 문화 교류의 신(新) 실크로드 벨트를 중국부터 유럽까지 만드는 국가급 정층 전략(国家级顶层战略)으로서 약 155개국, 세계 인구 약 75%, 세계 GDP의 약 50% 이상을 육해공으로 잇는 자유무역 경제권에 관한 구상이다.

8) '중국 제조 2025'(中國製造2025, Made in China 2025)는 중국 정부가 제조업 활성화를 위해 2015년에 제시한 30년 중장기 산업 전략의 1단계 계획으로, 2025년까지 IT, 로봇, 항공우주, 해양, 철도, 신재생에너지 등 10대 첨단 산업을 육성해 중국을 제조업 강국으로 만들겠다는 목표를 담고 있다.

9) 빅토리아 눌런드(Victoria J. Nuland)는 전(前) 미국 국무부 정무차관으로서 러시아 강경파이

중동 분쟁 역시 영국이 제1차 세계대전 이후 중동을 지배하려 하면서 시작되었으며, 특히 밸푸어 선언[10]을 통해 유대인 국가 건설을 추진한 것이 오늘날 이스라엘-팔레스타인 분쟁의 씨앗이 되었다. 당시 팔레스타인 인구의 약 95%가 아랍인이었음에도 불구하고 영국이 유대인의 팔레스타인 이주를 강행하였고, 미국은 이스라엘을 통해 중동에 대한 군사적 통제권을 확보하려 한다. 삭스 교수는 이스라엘의 가자 지구 공격을 국제법적 관점에서 '대량 학살'(Genocide)이라고 비판하며, 2001년 미국 웨슬리 클라크 장군[11]이 언급했듯이 이스라엘이 레바논, 시리아, 이라크, 이란, 소말리아, 수단, 리비아 등 7개국 정부의 체제 전환(Regime Change)을 시도해 달라고 미국에 요청했다고 주장한다.

대만 역시 미중 간 충돌 지점이다. 삭스 교수는 만약 대만이 독립을 선언한다면 "모든 지옥이 열릴 수 있다."고 경고하며, 대만이 현명하다면 미국의 무기 지원을 거부하고 스스로 중국과 외교적으로 문제를 해결해야 한다고 조언한다. 그렇지 않으면 대만은 "두 거대 세력 사이에 끼어 파괴된 우크라이나처럼 될 수 있다."고 우려한다.

이상과 같이 삭스 교수는 세계가 미국의 제국주의적 사고방식 때문에 위험한 상황에 놓여 있으나 기술 혁명을 통해 갈등을 피할 수 있다면 '모두가

며 우크라이나 전쟁을 낳은 핵심 인물로 지목되고 있다. 강대국 사이에서 완충국으로서 친러 국가였던 우크라이나는 미국의 빅토리아 뉼런드 등이 관여한 2013~2014년 쿠데타로 친서방 정부가 들어섰고 유럽연합이 무역협상을 내세워 유럽연합가입을 유도하여 러시아의 경제 제재, 크림반도 침공, 돈바스 절반 점령, 미국 바이든 정부의 우크라이나 NATO 가입 드라이브가 전쟁의 발단이라고 하겠다(원용석, 「우크라 전쟁과 푸틴의 선택」(미주중앙일보, https://www.koreadaily.com), 2022.03.20. 요약).

10) 밸푸어 선언(Balfour Declaration)은 영국 정부가 아랍 측에 해왔던 기존 약속과 다르게 1917년 제1차 세계대전 중 팔레스타인 지역에 "유대인의 민족적 고향"(national home for the Jewish people)이 설립되는 것을 지지하는 내용을 담고 있는 중동 전쟁의 발단이 된 영국 외무장관 밸푸어의 선언을 말한다.

11) 미국 웨스트포인트 수석 졸업생이며 NATO 유럽연합군 최고사령관을 지낸 클라크(Wesley K. Clark) 장군은 워싱턴D.C. 고위 인사와 갈등 때문에 해임된 것으로 알려져 있다.

공유하는 번영의 세계'를 이룰 수 있다는 낙관적인 전망을 제시한다. 특히 삭스 교수는 아프리카 국가들이 중국의 발전 모델을 따른다면 경제발전을 통해 고소득 대륙으로 성장할 수 있다고 예측한다. 이는 미국의 패권 범위 밖에서도 다양한 발전 가능성이 존재하며, 세계 번영을 향한 길이 열릴 수 있음을 강조하는 대목이다.

3장

남북위기

한반도에서 남북한 간 위기가 고조되었다. 남한 헌법에 북한은 국가가 아니라 미수복 지역으로 규정되어 있으며, 북한 헌법에 남한은 적대 국가로 규정되어 있다. 여기서 더 나아가 북한은 2023년 12월 '남조선 전 영토 평정'을 언급하여 남한을 무력 평정할 지역이라고 선언하였다. 김정은 국무위원장이 남한에 핵무기 사용을 언급했고 북한 법률에 핵무기 자동 사용도 규정하였다. 유사시 최고지도자 승인 없이 군부가 남한에 핵무기 사용하는 것이 북한 법률에 규정되었다.

❀ 남한과 북한의 주적 ❀

주적(主敵)은 적(敵) 가운데 주된 적을 의미한다. 국가 차원에서 '주적'이란 한 나라의 적국들 중에서 주된 적을 말한다. 남북한은 불행하게도 동포를 주적으로 규정하고 있다.

그 이유는 무엇보다도 상대를 인정하지 않고 상대국 영토와 국민 생명을 위협하는 점에서 찾을 수 있다.

남한과 북한이 모두 UN에 독립국가로 가입되어 있으나, 남한 헌법에는 북한이 미수복 지역으로 규정되어 있다. 북한 역시 남한을 평정해야 할 지역으로 규정하며 적화통일 노선을 견지하고 있다. 이처럼 남북한은 헌법 차원에서 상대를 인정하지 않고 있다. 이러면서 제각기 국방비에 큰 예산을 지출하고 있으며, 남북 분단을 일으킨 열강과 군사협력을 강화하며 국가안보를 위해 핵우산 및 핵개발에 치중하고 있다.

그렇지만 한반도와 한민족의 역사를 돌이켜 보면, 남북한의 주적이 같은 동포이어야 하는가에 대한 의문이 든다. '남한이 북한을 주적으로 삼은 것'과 '북한이 남한을 주적으로 삼은 것'이 자국 이익을 앞세우는 열강에 둘러싸인 동북아시아 국제 현실에 적합한 설정인지 재검토가 필요하다. 남한의 안보에 있어 북한과의 갈등뿐만 아니라, 독도 영유권을 주장하는 일본과 서해에서 해양 주권을 침범하는 중국의 위협 또한 매우 실질적이기 때문이다. 1945년 제2차 세계대전에서 패망한 일본은 1950년 6·25 전쟁을 경제부흥 원동력으로 삼아 국가를 재건하였으나, 경제부흥 원천지인 남한을 향해 독도영유권을 1952년 1월부터 주장해 왔고, 심지어 1953년 10월 15일 열린 한일회담에서 일본대표는 남한의 독립이 국제법 위반이라는 주장까지도 하였다.[1] 북한 역시 '고구려'와 '발해' 권역이 중국 영토였다는 동북공정[2]과

---

1) 정병준, 「독도 영유권 분쟁을 보는 한·미·일 3국의 시각」, 『사림』 26, 수선사학회, 2006, 56쪽.

2) 중국의 동북공정(東北工程)이란 2002~2007년에 진행된 동북변강역사여현상계열연구공정

백두산 국경 문제로 중국과 갈등이 있었고 앙금이 남아 있다.[3] 2025년에도 중국은 남한 서해의 배타적 경제수역(EEZ)을 침범해 항행의 자유를 제한하는 항행금지 구역을 설정했고 잠정조치수역(PMZ)에 인공 구조물을 설치해 남한이 반발했으나 철거하지 않고 있다.[4]

1994년 남북특사교환 실무접촉 당시 북한 대표의 '서울 불바다' 발언 이후 남한 정부는 '1995년 국방백서'에 북한을 주적으로 처음 기술했으나, 2004년 참여정부의 '국방백서'에서는 주적 용어를 삭제하고 '직접적 군사 위협'이라는 표현을 사용하였다. 이명박 정부는 천안함 사건과 연평도 포격을 이유로 북한을 적으로 규정했으나, 문재인 정부[5]에서는 북한을 특정하지 않고 주권, 국토, 국민, 재산을 위협하거나 침해하는 세력을 적으로 간주하는 방침을 유지하였다. 그러나 윤석열 정부는 '국방백서'에서 '북한 정권과 북한군은 우리의 적'이라고 명시했다. 이재명 정부에 와서는 2025년 8·15 경축사 내용, 즉 "북측의 체제를 존중하고 어떠한 형태의 흡수통일도 추구하지 않을 것이며 일체의 적대행위를 할 뜻도 없음을 분명히 밝힌다."를 중심으로 볼 때, 북한에 대한 주적 용어는 삭제되고 남북평화공존이 강조될 것으로 보인다.

(東北邊疆歷史與現狀系列硏究工程)을 말한다. 이것은 중국 사회과학원의 변강사지연구중심(邊疆史地硏究中心)이 주관하여 추진한 동북 변경 지방(만주 지역)의 역사와 현황에 대한 연구를 말한다. 이와 관련하여 중국은 한민족 북부 지역 역사를 왜곡하고 있다.

3) 북한 역사학계는 고조선 멸망 후 고구려 외에 한사군(漢四郡, 중국 한나라가 위만조선을 멸망시킨 후 그 영토를 통치하기 위해 설치한 4개의 군현)의 하나인 '낙랑'과 별개인 '낙랑국'이 '고조선'을 계승해 있었으며, 평양 토성동에 있는 토성은 한사군 '낙랑'의 토성이 아니라 고조선 토착민이 쌓은 토성이고, 평양 통일거리 무덤에서 출토되는 전형적인 고조선 유물인 비파형 동검을 그 증거로 제시하고 있다.

4) 김민아, 「정부, 중국 '항행금지 구역' 설정에 "우려 전달"」(연합뉴스TV, www.yonhapnewstv.co.kr), 2025.09.08.

5) 문재인 정부가 2018년 이룩한 4·27 판문점선언("한반도의 평화와 번영, 통일을 위한 판문점 선언")은, 남한의 문재인 대통령과 북한의 김정은 국무위원장이 판문점에서 만나 남북정상회담을 갖고 한반도의 항구적 평화체제 구축을 위해 협력해 나갈 것을 천명한 선언을 말한다.

❀ 남북 분단 ❀

남한과 북한은 하나의 민족, 한 나라가 분단된 국가이다. 이처럼 한반도가 분단된 것은 미소 냉전에서 비롯되었다. 미군과 소련군이 해방 직후 한반도에 각각 진주하여 38선에서 대치했고, 미국과 소련이 각각 동북아시아 거점을 갖기 위해 한반도를 38도 선으로 나눈 결과로 분단되었다. 남북이 분단된 38선[6]은 미군과 소련군이 일본군 무장해제를 위해 만든 군사 작전선이다. 1946년 1월에 미군이 소련군에 인도·차도·철도 등의 통제 지점에 5마일 간격으로 38선에 영구적 콘크리트 구조물을 설치하자고 제안했으나 이를 거부한 소련군에 의해 임시 표시물이 설치되었다.[7] 이렇게 분단된 결과, 이산가족 디아스포라(diaspora)가 발생하였다. 또한 남한과 북한은 생존하기 위해 감당하기 버거운 국방비를 지출하며, 청년들을 병역 의무로 징집하고, 한반도를 분단시킨 미국과 소련에서 신무기를 고가로 구입하며 막대한 예산을 지출하고 있다.

❀ 북한의 무력 평정 지역, 남한 ❀

북한은 2023년 12월 26~30일 열린 조선노동당 중앙위원회 제8기 9차 전원회의 확대회의에서 남북관계를 '적대적 두 국가관계, 전쟁 중인 두 교전국관계'로 규정하고 '현실적 실체로 다가오고 있는 전쟁 위기'에 '남한 전 영토 평정'을 언급하였다. 남한을 무력으로 평정할 지역으로 선언한 것이다. 남

---

6) 38선 폐지 주장은 안재홍의 국민당에 의해 처음으로 본격 제기되었고 38선 철폐문제를 보다 구체적이며 국제적으로 제기한 사람은 한반도가 국제정치의 희생이 되는 것을 염려했던 이승만이다(박명수, 「해방 직후 우익 민족주의자들의 38선 철폐운동과 한반도 분단에 대한 좌익의 입장」, 『한국정치외교사논총』 41(1), 한국정치외교사학회, 2019, 69쪽.).

7) 박명수, 「해방 직후 우익 민족주의자들의 38선 철폐운동과 한반도 분단에 대한 좌익의 입장」, 『한국정치외교사논총』 41(1), 한국정치외교사학회, 2019, 69쪽.

한과의 통일 포기와 헌법상 적대 관계 명시를 천명하였고, 대남 교류·협력·대화 창구를 모두 해체하였다. 조선중앙TV 보도에 의하면, 김정은 위원장은 "인민군대는 유사시 핵무력을 포함한 모든 물리적 수단과 역량을 동원하여 남조선 전 영토를 평정하기 위한 대사변 준비에 계속 박차를 가해 나가야 한다."고 주문하였다.[8] 이에 따라서 2024년 1월 15일 열린 제14기 10차 최고인민회의에서 헌법에 있는 자주, 평화통일, 민족대단결 표현을 삭제하라고 지시했고, 남북관계의 단절 조치로서 2024년 10월 15일 남북을 육상에서 연결한 경의선, 동해선을 폭파하였다. 또한 2024년 12월 23일부터 27일까지 개최된 조선노동당 제8기 11차 당중앙위원회 전원회의 확대회의에서 미국·일본·남한 동맹이 핵·군사 블록으로 팽창되고 남한이 미국의 반공 전초기지로 전락한 현실을 지적하였다.

이상에 의하면, 북한은 무력 적화통일을 선언한 상태이기에 남북한의 우발적 군사 충돌의 가능성이 높아졌다. 한반도를 둘러싼 열강들이 패권주의를 강화하는 가운데 남북한이 관성적으로 이들의 한 편에 서서 대치하는 것에 대한 남한과 북한의 득실을 검토해 볼 필요가 있다.

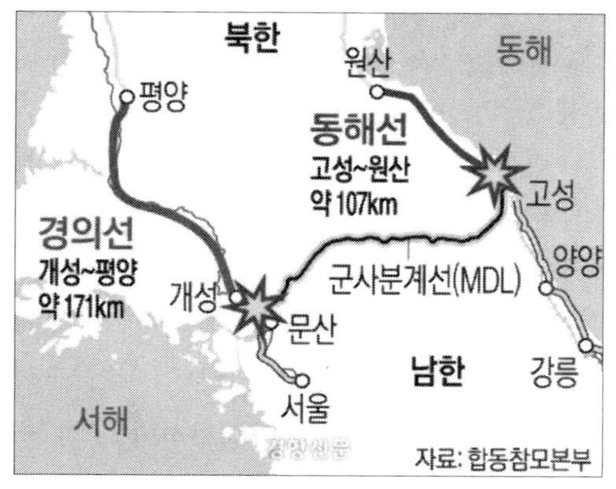

【사진 3】 남북관계 악화로 2024년 10월에 폭파된 경의선과 동해선 (출처: 남한의 합동참모본부)

8) 연합뉴스TV(2023.12.31.)에서 보도된 조선중앙TV 보도를 인용.

❀ 조국통일3대헌장기념탑 철거[9] ❀

북한 평양의 상징물 '조국통일3대헌장기념탑'이 김정은 국무위원장의 지시로 철거되었다. 2001년 건립된 이 기념탑은 한반도 통일에 대한 북한의 염원을 담아 평양 남쪽 관문에 위치했었다. 10만㎡ 부지에 60kg이 넘는 화강암 2,560개를 사용하여 30m 높이, 61.5m 폭으로 만들어진 이 탑은, 남한과 북한을 상징하는 두 명의 여성이 3대 헌장과 한반도 지도가 그려진 구를 맞들고 있는 모습이었다. 기념탑 내부에는 남과 북, 해외에 거주하는 동포들과 관련 단체들이 보낸 기념 석재 740여 개가 부착되어 있었는데 이러한 북한의 대표적인 통일 상징물이 철거된 것이다.

【사진 4】 남북관계 악화로 철거된 평양의 상징물인 '조국통일3대헌장기념탑'
(출처: 위키백과, https://ko.wikipedia.org)

2024년 1월, 김정은 위원장은 최고인민회의 시정연설에서 "공화국 민족역사에서 '통일', '화해', '동족'이라는 개념 자체를 완전히 제거해 버려야 한다."라며 기념탑 철거를 지시했다. 이는 북한이 남한을 '동족'이 아닌 '주적'으로 규정하고, 기존 통일 정책에서 완전히 벗어났음을 시사한다.

---

9) 김반아, 「조국통일3대헌장기념탑 철거」(한겨레:온, https://www.hanion.co.kr), 2025.03.07. 을 발췌 및 보완하여 작성하였음.

조국통일 3대 헌장은 1972년 7·4 남북 공동 성명에서 천명된 '조국통일 3대 원칙'(자주, 평화통일, 민족 대단결), 1980년 10월 조선민주주의인민공화국 6차 당대회에서 제시된 고려민주연방공화국 방안, 1993년 4월 최고인민회의 제9기 5차 회의에서 채택된 '전민족대단결 10대 강령'[10]을 말한다. 이러한 역사적인 통일 상징물의 철거는 물리적 구조물의 소멸을 넘어 남북 관계의 새로운 국면을 보여준다. 북한 대남 정책의 변화와 남북 관계의 악화 가능성을 나타낸다. 한반도 긴장감이 고조되고 있으며 남북관계의 불확실성이 커졌다.

필자(김반아, 캐나다 국적)는 외조부에 대한 자료를 구하기 위해, 대학 교수인 동생과 함께 2017년에 평양을 방문했을 때 '조국통일3대헌장기념탑' 내부를 관람하며 남과 북, 해외 동포들과 단체들의 염원이 담긴 기념 석재 하나하나에 깃든 민족 동질성을 확인하고 깊은 감동과 온몸의 전율을 느꼈다. 그때의 감동은 기념탑이 철거된 지금도 사라지지 않고 있다. 기념탑의 외형은 사라졌어도 남북이 합의한 '조국통일 3대 원칙', 즉 자주, 평화통일, 민족 대단결의 정신은 지금도 가슴속에 깊이 남아 있다.

10) '전민족 대단결 10대 강령'은 1) 전민족 대단결로 자주·평화·중립적 통일국가 창립, 2) 민족자주정신에 기초하여 대단결, 3) 공존·공영·공리를 도모하며 통일 위업에 모든 것을 복종시키고 단결, 4) 동족 간 분열·대결을 조장시키는 일체 정쟁을 중지하고 단결, 5) 북침·남침, 승공과 적화를 하지 않고 신뢰·단합, 6) 민주주의를 기본으로 주의·주장이 다르다고 배척하지 말고 단결, 7) 개인과 단체가 소유한 물질적·정신적 재산 보호로 민족 대단결 도모에 이용, 8) 남북한 접촉·왕래·대화 보장, 9) 남북·해외 동포 연대성 강화, 10) 민족 대단결과 조국통일 위업에 공헌한 사람들을 예우 등이다.

4장

다문화와 집단주의

삶의 양식이 다원화된 인구학적 현상을 의미하는 '다문화(多文化)'가 전 세계적으로 심화되고 있다. 남한과 북한도 예외가 아니며, 다문화 현상은 세대 간, 계층 간, 지역 간에도 일어나고 있다. 여기에 교류 단절로 남북한의 문화 이질화가 심각하고, 한민족의 정체성이 많이 퇴색한 가운데 보수와 진보의 집단주의 폐해가 사회발전을 저해하고 있다.

❀ 다문화의 심화 ❀

다문화는, 주로 외국에서 국내에 들어온 사람이나 국제결혼 가정의 외국인과 그 자녀를 대상으로 거론되어 왔다. 다문화 가정은 서로 다른 국적 또는 다른 문화의 사람들로 구성된 가정을 의미한다. 주로 외국인과 국제결혼한 가정을 의미하는 말로 통용되어 왔다. 그렇지만 세대 간, 계층 간, 지역 간 문화 차이가 늘어나고 있는 오늘날, 일반 가정도 다문화의 예외가 아니다. 부모 세대와 자녀, 손자녀 세대의 문화 차이도 늘어나고 있다. 부모 세대의 가치관과 삶의 목표가 대체로 전통적인 반면에, 자녀 세대는 탈근대적 가치관과 삶을 지향하는 경향이 있다. 그 결과, 세대 차이로 인한 갈등이 발생하고,[1] 세대별로 삶의 지향과 행복 기준이 다르다. 산업화 세대(1954년생 이전), 베이비붐 세대(1955~1964년생), X세대(1965~1979년생), M세대(1980~1995년생), Z세대(1996년 이후)는 세대 간 지향과 행복 요인이 다르다.[2] 젊은 세대는 빠르게 변화하는 사회환경 속에서 새로운 기술과 문화를 접하며 성장하고 있다.[3] 특히 젊은 MZ세대는 기성세대와 차별화된 정치적 태도와 의식을 나타내고 있다.[4] 이상과 같은 다문화의 심화는, 정부가 대처해야 할 교육과제이고 복지과제일 뿐만 아니라 국가 안위 관련 변수이기도 하다. 같은 민족, 우리 국민이라는 정체성의 약화는 사회통합과 남북통합을 저해하는 요인이다.

---

1) 최재원·정태연, 「삶에 대한 가치관과 태도에 대한 세대차이 연구」, 『문화와 융합』 45(10), 인문사회예술융합학회, 2023, 887쪽.

2) 장윤정·이채정, 「세대별 행복의 차이 및 결정요인 분석」, 『정책개발연구』 23(1), 한국정책개발학회, 2023을 참고.

3) 윤은숙, 「노인에 대한 젊은 세대의 시각과 노인의 자기 인식」, 『운동재활·복지』 6(1), 한국운동재활복지협회, 2025, 114쪽.

4) 김택빈, 「북한의 젊은 세대 내 이질성에 관한 연구: 개인주의, 자본주의, 남한, 남한 중심의 통일에 대한 인식을 중심으로」, 『현대북한연구』 26(2), 북한대학원대학교 심연북한연구소, 2023, 175쪽.

❀ 집단주의의 명암[5] ❀

우리는 6·25 전쟁의 폐허를 비교적 단기간에 극복하고 경제 성장을 일궈냈다. 이 경제 성장의 한 가지 동력은 집단주의에서 찾을 수 있다. 우리 가족, 우리 고향, 우리 회사와 같이 '내'가 속한 집단을 우선시하는 문화가, 경제 발전을 이룩하는 데 기여하였다. 개인주의 사회에서는 찾아보기 힘든, 이러한 집단주의 특성이 자녀교육에 대한 부모의 헌신으로 나타나 경제 발전을 이끌어나가는 우수 인력을 양성할 수 있었다.

이러한 집단주의는 긍정적인 결과와 함께 부정적인 결과도 산출한다. 무엇보다도 집단을 위한 개인의 희생과 이로 인한 심리적 압박이 있다. 가족 측면에서 보면, 한국인 가정에는 미국에서 보기 힘든 부모의 과도한 희생(사교육, 결혼 혼수 비용 등)이 있고, 자녀에게는 이에 상응하는 심리 압박이 있다. 그 결과 남한은 OECD 국가 중 '자살 사망률 1위', '어린이와 청소년 5명당 1명꼴로 자살 충동을 경험한 나라', '어린이·청소년 행복지수 꼴찌'라는 지표를 마주하고 있다.

> "우리나라(남한)가 2003년부터 2016년까지 14년 연속 OECD 자살률 1위를 차지했고요. 2017년도에 리투아니아에 잠깐 1위 자리를 내주었다가 2018년도에 다시 자살률 1위 탈환을 한 이후에 다시 말해서 2003년부터 통계가 발표된 2022년까지 OECD 국가 중 19년 동안 자살률 1위라는 불명예를 안고 있고. (…) 통계청이 집계한 자살 잠정치를 보면요. 1월 잠정 집계된 자살 사망자가 약 1,306명, 그래서 지난해보다 32.3%가 급증했다고 합니다. 사실 우리나라는 1960년대 1인당 국민소득 80달러 최빈국에서 오늘날 1인당 국민소득 약 3만 5천 달러인 선진국으로 엄청난 경제적 성장을 이루지 않았습니까? 그럼에도 불구하고 OECD 국가 중 최고의 자살률 그리고 우울증, 중독, 폭력 등의 정신적 빈곤 마음의

---

5) 김반아, 「한국 사회의 두 얼굴: 강점과 약점」(한겨레:온, https://www.hanion.co.kr), 2025.08.21.을 발췌 및 보완하여 작성하였음.

빈곤을 나타내는 지표가 급증하고 있는데요. 특히 우리나라 청소년들은 OECD 국가 중에 행복지수가 꼴찌입니다."[6)]

무엇보다 청소년 불행지수 최고라는 결과를 가져왔다. 학교에서 친구를 이기고 사회에서 동료를 이겨야만 대우받는 분위기에서, 개인의 소질을 계발하고 행복을 추구하는 것은 등한시해 왔다. 이로 인하여 남한은 세계 최저 수준의 출산율과 청소년들의 결혼 회피 현상이 일어나서, 이대로라면 사회체제가 붕괴할 수 있다는 우려와 경고가 이어지고 있다.

"'출산율 0.7명대 (…) 대한민국 완전히 망했네요, 와! 그 정도로 낮은 수치의 출산율은 들어본 적도 없어요.' 생각보다 더 크게 화제가 된 미국 캘리포니아주립대 명예교수의 발언은 우리나라 저출생 고령화의 심각한 상황을 다시 한번 일깨워 주는 계기가 됐다." [7)]

남한 사회의 이러한 폐해를 해소하기 위해 서구적 개인주의가 지닌 '주체적 자아 형성'의 장점을 우리 교육 철학에 맞게 재해석하여 받아들이자는 주장이 있다. 이는 미국의 개인주의 교육을 과거처럼 번역해서 들여오자는 것이 아니라, 각 개인이 자신의 강점을 발견하고 주체적인 삶의 목표를 세우도록 돕는 교육만 받아들이자는 것이다. 집단 속에서 자신의 의견을 자유롭게 내고, 창의적 아이디어를 발전시키면서, 타인과 협력하는 방법을 배우는 교육은, 과도한 경쟁으로 인한 청소년의 스트레스를 줄이고 개개인의 행복을 신장시키는 아이디어를 제공해 줄 수 있을 것이다.

개인주의의 장점을 가져와서 집단주의의 단점을 개선하는 것 이상으로 개인주의를 경계할 필요가 있다. 극단적 개인주의는 "내 일은 내가 알아서

---

6) 박명한, 「사공정규 교수, 힐링으로 행복한 사회 만드는 활동 이어갈 것」(불교방송, https://news.bbsi.co.kr), 2024.05.08.

7) 엄대섭, 「일·가정 양립과 노동약자 보호, 청년 미래 도약에 중점 투자」, 『나라경제』 407, KDI 경제정보센터, 2024.10., 22쪽.

한다."는 인식을 심화시켜, 공동체 유대를 약화시킨다. 이는 취약 계층이 사회적 도움을 받기 어려운 환경을 만들 수 있다. 또한, 개개인의 성공과 실패에 대한 책임이 전적으로 각 개인에게 지워져서 경쟁과 사회 불평등을 심화시킬 가능성도 있다. 이 밖에도 개개인의 자유를 최우선으로 여기는 문화는 공동체 이익과 충돌할 때 합의를 이끌어내기 어렵다. 모든 것을 혼자 해결해야 한다는 압박감은 개인에게 큰 스트레스와 불안감을 줄 수도 있다. 타인에게 도움을 요청하는 것이 약점으로 여겨지는 분위기에서 정신적 어려움을 겪는 사람이 늘어날 가능성도 있음을 경계해야 한다.

따라서 개인주의와 집단주의의 장점을 살리는 지혜로운 균형을 모색할 필요가 있다. 그 방법은 성공 잣대를 다양화하고, 다름을 인정하는 사회 분위기를 조성하며, 협력을 중시하는 사회로 나아갈 때, 개인주의와 집단주의의 장점을 살리는 방법이 도출될 수 있다. 과거의 성공 방식에 갇히지 않고 AI 시대에 맞는 균형점을 찾는 것이 중요하다. 개인주의의 장점인 주체성과 창의성, 집단주의의 장점인 화합과 협력을 함께 살리는 노력이 필요하다.

❀ 남북 간 문화 이질화 ❀

분단 장기화와 교류 단절로 남북한의 공통 요소인 언어와 역사의 이질화가 심화되고 있다. 남북한의 동질성이 약화되고 있다. 다문화가 심화되고 있는 남한 사회에서는 외래문화의 유입 속도가 빠르지만, 북한은 외래 문화의 무분별한 유입을 경계하고 있다. 외래문화가 북한 사상을 왜곡시켜 개인주의 사상으로 북한 사회를 불량하게 만들 수 있음을 경계하고 있다.[8] 그럼에도 불구하고 북한 청소년 계층에 외래 문화가 유입되고 있음은 부인하기

8) 전일구, 「북한의 반동사상문화 인식과 대응: 김정일과 김정은 집권 시기 북한 청년에 대한 로동신문 분석을 중심으로」, 『통일정책연구』 31(2), 통일연구원, 2022, 62쪽.

힘든 현실이다.

남한에 온 북한 청소년들 말에 의하면, 1990년대 후반 무렵부터 북한에 한류 현상이 유입되어 2000년대에 국경 지역에 확산되었으나 당시에 북한 당국은 한류 미디어 단속을 엄격하게 하지 않았다. 즉 "1990년도 후반부터. 그때는 남한 드라마가 중국으로 해서 씨디알(CD)로 나왔거든요. (…) 그때는 사회적으로 남한 드라마를 보는 것 가지고 말을 안 했어요. 그래서 집집마다 모여서 티비를 켜놓고 밤을 새면서 봤어요. 처벌도 안 했거니와, 나라에서 그런 게 들어와서 이렇게 본다는 생각도 못했어요."[9)]

이 같은 외래 문화의 무분별한 확산을 경계하여 북한에서는 '반동사상문화배격법'이 2020년에 제정되었다. 또한 2021년에는 '청년교양보장법'을 제정하였고 2023년에는 '평양문화어보호법'을 제정하였다. '반동사상문화배격법'은 외국으로부터 영화나 드라마, 음악 등 미디어 형태의 문화 전반에 대해 유입과 유포 및 시청을 규제하는 것을 주된 내용으로 한다.[10)] 구체적으로 북한 체제에 반하는 미디어와 음란물(북한 법률 표기에 의하면 '색정 영화', '색정 사진', '성 록화물') 등을 시청, 유포하거나 재현하는 행위를 하지 말아야 함을 규정하고 있다.

'청년교양보장법'에서는 제41조(청년들이 하지 말아야 할 사항)에서 북한 체제에 반하는 행위 외에 제1항에서 "살인, 강도, 강간을 비롯한 강력 범죄 행위", 제2항에서 "성 불량행위, 음탕한 행위, 매음행위, 도박행위" 등을 규정하고 있는데 "리혼, 조혼을 하거나 사실혼생활을 하는 행위"와 "우리 식이 아닌 이색적 옷차림과 몸단장, 결혼식을 하면서 사회의 건전한 분위기를 흐려 놓는 행위"도 규정하고 있음이 특징적이다.

---

9) 김택빈, 「한류 문화 경험이 북한 주민들의 의식에 미치는 영향」, 『한국과 국제정치』 40(3), 경남대학교 극동문제연구소, 2024, 67쪽.

10) 윤철홍, 「'반동사상문화배격법'에 관한 소고」, 『통일과 법률』 58, 법무부, 2024, 3쪽.

【사진 5】 수업 중인 북한 고급중학교 학생들

(출처: ©뉴시스 자료를 통일부 공식 블로그에서 재인용)

한편 2023년 1월 18일에 제정된 '평양문화어보호법'에서는 평양문화어가 "우리의 고유한 민족어를 현시대 요구에 맞게 발전시킨 가장 순수하고 우수한 언어로서 우리나라 국어인 조선어의 기준"이고 "비규범적인 언어요소는 국가적으로 승인되지 않은 외래어와 일본말 찌꺼기, 리해하기 힘든 한자말을 비롯하여 평양문화어규범에 맞지 않는 언어요소"라고 규정하고 있다. 제3조에서는 "평양문화어를 보호하고 적극 살려나가는 것은 우리 사상, 우리 제도, 우리 문화를 고수하고 빛내이기 위한 중차대한 사업이다."라고 기본 원칙을 규정하고 있으며, 외래어와 관련하여 제40조에 "기관, 기업소, 단체와 공민은 국가적으로 승인되지 않은 외래어로 말을 하거나 글을 쓰는 행위를 하지 말아야 한다."고 '승인되지 않은 외래어의 사용금지'를 규정하고 있다.

Ⅱ. 상생 방향

남북 평화는 상호인정이 있어야 가능하고

남북 경협의 시작은 강점을 살린 경제 특화이며

열강의 갈취와 싸움에서 벗어나는 방법은 중립화이고

한민족 단합 모색한 역사에서 상생의 시사점을 찾을 수 있다.

5장

상호인정

남북 정부가 서슬이 시퍼런 말을 주고받을 때, "그 말로써 얻을 게 무엇인가?"를 생각한다. '김정은 참수 작전', '서울 불바다'. 말만 들어도 소름 돋는다. '참수'란 "목을 베다."란 의미이다. 북한 지도자의 목을 베겠다는 실행 계획이다. '서울 불바다'는 "약 9,500,000명 시민, 동포가 사는 서울이 불길에 휩싸이게 포탄을 퍼붓겠다."는 말이다. 이런 공격을 실제로 하고자 한다면 기습적으로 해야 할 텐데, 상대 감정을 해치는 험한 말만 주로 해왔다. 남북 정부 간 결실 있는 대화는 이런 상태에서 벗어나 상호인정하고 상호존중하는 가운데 기대할 수 있다.

❀ 똘레랑스 ❀

극한 대치에서 벗어나 상대를 용납하는 것과 관련하여 '똘레랑스'란 말을 생각해 볼 필요가 있다. 이 말은 극심한 종교 대립과 정치 갈등을 해소한 프랑스 역사를 배경으로 한다. 똘레랑스는 여러 가치가 공존하는 경우 '내' 것만을 내세우지 않고, 다른 가치에 대한 억압이나 폭력을 피하고자 하는 역사적 경험으로부터 형성되었다.[1)]

'똘레랑스'(tolerance)는 라틴어 tolerare(참다, 견디다)에서 온 말로서 타인의 자유에 대한 존중으로 정의된다.[2)] 이 말은 대립하는 양자가 매우 다르지만, 그 관계가 수평적이며, 어느 한쪽으로 (일방적) 동질화를 추구하기보다 개별화를 지향하는 점에서,[3)] 남북한에 시사하는 바가 있다.

흔히 관용으로 번역되는 '똘레랑스'로부터 얻을 수 있는 교훈은 '상호인정'이다. 서로 상대를 인정해 주고 자기 것을 강요하지 않는 자세이다. '내'가 먼저 상대를 인정하는 자세를 실천할 때, 상대가 '나'를 인정해 주는 것을 기대할 수 있다. 무시당하거나 위협받는 자가 상대를 인정하는 태도와 관용하는 자세를 지닐 것을 기대할 수는 없는 일이다.

남한과 북한이 국민에게 고통을 주는 한쪽으로의 무력통일이나 흡수통일을 생각하지 않는다면, 남북 관계에서 '똘레랑스'를 실천할 필요가 있다. '북한 지도부 참수 작전', '서울 불바다'와 같은 험한 말을 상대에게 하면서 남북 평화를 주장하는 것은 앞뒤가 맞지 않는다.

상호인정은 상대에 대한 표현에서부터 실천되어야 할 일이다.

---

1) 최내경, 「프랑스적 가치 똘레랑스」, 『프랑스문화예술연구』 46, 프랑스문화예술학회, 2013, 329쪽.

2) 위 논문, 313쪽.

3) 윤태양, 「서(恕)와 똘레랑스(tolerance)의 네 가지 차이점: 서와 똘레랑스의 적절한 상보적 역할 부여를 위하여」, 『시대와 철학』 31(1), 한국철학사상연구회, 2020, 175쪽.

❀ 마지노선과 긴장관리 ❀

상호인정하는 관계를 조성하기 위해선 넘지 말아야 할 '마지노선'을 이해하는 것이 중요하다. 예컨대 미국이 양보할 수 없는 마지노선을 민주자본주의라고 보면, 중국에게는 공산당 이념인 사회주의와 '하나의 중국'[4] 원칙이 양보할 수 없는 마지노선이다. 남북 관계에 있어서는 안보 측면에서 '주한미군'이 남한의 마지노선인 것처럼, 북한은 안보 차원에서 '핵무력'을 양보하지 않을 것이다. 평화는 궁극적으로 국가안전보장과 국토방위를 통하여 이루어진다는 점에서 군사제도에 의할 수밖에 없기에, 각국의 군사제도를 통하여 평화국가원리의 실현이 가능함을 이해할 필요가 있다.[5]

일방적인 양보는 굴욕이기에, 국가 관계에 있어서 일방적 양보는 정부에 대한 국민의 지지 측면에서 기대할 수 없는 일이다. '주한미군 철수', '한미군사훈련 완전 폐지', '북한 핵무력의 완전한·검증가능한·불가역적인 선(先)폐기'(CVID)[6]와 같은 주장은 상대국 정부의 굴욕적인 양보를 요구하는 것이기에, 국가 간 긴장을 고조시키고 갈등을 조장할 수밖에 없다. 남북 관계의 긴장은 안보 딜레마(security dilemma)의 형태로 나타난다. 이는 남한이 자국 안보를 강화하기 위해 취하는 방어적 조치(예: 군사 훈련 확대)가 북한에게는 공격적 위협으로 해석되는 것이다. 이에 북한은 자국 안보를 위해 핵무력과 '극초음속 중장거리 탄도미사일'[7]을 개발하는 대응 조치를 취하게

---

4) 하나의 중국(一个中国) 원칙은 중국 대륙, 홍콩, 마카오, 대만이 하나의 중국이라는 원칙을 말한다.

5) 정극원, 「헌법의 기본원리, 기본질서 및 제도의 관계에 관한 일고찰」, 『국제법무』 12(2), 법과정책연구원, 2020, 253-254쪽.

6) CVID는 "Complete, Verifiable and Irreversible Dismantlement"의 약자이다.

7) 북한이 개발한 '극초음속 중장거리 탄도미사일'은 '마하 5'(1초에 약 1.7km 비행) 이상의 속도에서 지그재그 좌우상하로 비행하여 요격이 매우 어렵고 고체 연료를 사용하여 발사 위치 탐색도 어려우며 신속 발사가 가능한 미사일로서 평양에서 발사할 경우 서울까지 약 1분만에 도달하는 것으로 알려져 있다.

된다. 이러한 악순환은 양측의 마지노선을 더욱 강화하고 군비 경쟁과 상호 긴장만을 심화시킨다.

따라서 북한의 일방적 변화를 요구할 것이 아니라 북한의 선택지를 다양화하는 작업이 필요하고, 북한이 변화할 수 있는 환경 조성이 필요하다.[8)] 이런 관점에서 노태우 정부의 '7·7 선언'[9)]은 남한이 먼저 북한을 적이 아니라 동반자로 규정하는 선언을 하고, 그에 따른 다양한 조치를 제안하고 실천하여 북한의 변화와 남북 관계의 발전을 만들어 낼 수 있었다.[10)]

남한과 북한의 마지노선 충돌로 인한 긴장을 관리하고 상호인정 환경을 조성하기 위해서는 신뢰구축조치(CBMs)[11)] 도입이 필요하다. 신뢰구축조치는 군사 분야에서 투명성을 높여 오해와 불신을 줄이는 조치로서, 한반도의 서해 등 남북 간 우발적 충돌 가능성이 높은 지역에서 군사 통신선을 복원하여 상시 가동하고 군 수뇌부 간 핫라인을 개설하여 오판에 의한 충돌을 방지하는 것을 말한다.[12)] 또한 대규모 군사 훈련의 계획과 목적 및 규모를 사전에 상호 통보하고 상대국 옵서버를 초청하여 참관하도록 하여 군사적 투명성을 높여야 한다.[13)] 군사적 마지노선의 영향을 덜 받는 보건·방역, 환

---

8) 조동호, 「남북경협의 정부별 평가와 향후 추진방향」, 『국가안보와 전략』 22(3), 국가안보전략연구원, 2022, 61쪽.

9) '7·7 선언'은 제6공화국 노태우 정부에서 남북관계 개선과 공산권 국가들과의 관계개선 외교정책의 기본 방향을 1988년 7월 7일에 발표한 선언으로서 남북 동포의 상호 교류, 재외 동포의 남북 자유 왕래, 이산가족 생사 확인, 남북 교역 문호 개방, 비군사적 물자에 대한 우방국의 북한 무역 용인, 남북 간 대결 외교 종결, 북한의 대미일 관계 개선 촉구 등 내용을 담고 있다(한국민족문화대백과사전, http://encykorea.aks.ac.kr/Article/E0068516).

10) 조동호, 앞 논문, 같은 쪽.

11) 신뢰구축조치(CBMs, Confidence Building Measures)는 냉전기 유럽안보협력회의(CSCE)의 헬싱키 최종 의정(1975)과 스톡홀름 문서(1986)를 통해 제도화된 개념으로, 군비 통제 및 갈등 완화의 핵심적 내용이다.

12) 이 내용은 남북 간 군사공동위원회 구성 및 운영, 그리고 남북기본합의서의 부속 합의서(남북 군사 분야 합의서) 등에서 논의된 주요 사항이며, 2018년에 남북 간 체결된 「9·19 군사합의」('판문점 선언' 이행을 위한 군사 분야 합의서)'에서 군사 통신선 복원 및 공동경비구역(JSA) 비무장화 등 구체적으로 합의된 조치에 해당한다.

경보호, 재해예방과 같은 분야에서 협력과 교류를 증진하여 신뢰 기반을 다지는 노력이 필요하다.[14)]

❀ 이질성과 다양성 ❀

남북은 국가 이념이 다르고, 경제 체제도 다르며, 사회문화 전반에 이질적 요소가 갈수록 늘어나고 있다. 같은 언어를 사용하지만 '이질성'이 심화되고 있다. 이렇게 공통성이 줄어드는 상황에서, 남북의 평화 공존과 상생은 역설적으로 '다양성'에서 모색될 필요가 있다. '다양성'의 사전적 정의는 '서로 다름'이지만,[15)] 글로벌 환경에서 경쟁 우위를 모색하는 전략 차원에서 다양성은 중시되고 있다.[16)]

오늘날 남한 사회는 이전의 모습과는 상당히 다른 다문화 국가로 진전하고 있는데, 이것은 '다양성'의 수용과 서로를 인정하고 존중하는 변화이다.[17)] 사회과학에서 '다양성'이라는 말은 인종 또는 민족의 분류, 연령, 성, 종교, 신체적 능력, 사회경제적 배경, 성적 성향뿐만 아니라 기타 확인할 수 있는 특성에서의 차이점을 포용하는 것으로서, '다양성' 추구는 공적, 사적 부문에서 성공을 조장하는 다목적 전략이다.[18)] 세계화와 민주화의 과제를

---

13) 군사적 투명성 증진은 신뢰구축조치(CBMs)의 핵심이며, '남북기본합의서 부속합의서' 및 '판문점 선언' 등 여러 합의에서 군사훈련 사전통보 및 상호참관이 남북 간에 논의되었다.

14) 보건, 환경보호, 재해예방 등 비전통적 안보(non-traditional security) 분야에서의 협력은 정치적 부담이 적어 신뢰구축 초기 단계에서 협력의 동력을 확보하는 수단이 될 수 있다.

15) 최성주·이근주·최유진, 「다양성과 다양성 관리: 한국형 다양성 연구의 방향 모색」, 『한국인사행정학회보』 17(4), 한국인사행정학회, 2018, 2쪽.

16) 이종구·고영희, 「전략적 다양성 관리를 위한 다양성 통합 요인에 관한 연구: 오라클 사례를 중심으로」, Korea Business Review 17(2), 한국경영학회, 2013, 49쪽.

17) 지종화·정명주·김도경, 「한국의 다문화 국가 현상과 새로운 정책모형」, 『지방정부연구』 13(2), 한국지방정부학회, 2009, 109쪽.

18) 김영환, 「헌법에서의 다양성」, 『헌법학연구』 15(3), 한국헌법학회, 2009, 251쪽.

풀어가기 위해서도 지방분권이 실현되어야 하는데, 이것이 바람직하게 이루어지기 위해서 일차적으로 다원주의적 관점이 요구된다.[19]

남북의 다원화와 관련하여, 통일연구원의 「남북통합에 의한 국민의식 조사」(2017) 연구에 의하면, "남북이 한 민족이라고 해서 반드시 하나의 국가를 이룰 필요는 없다."는 질문에 '동의한 비율'이 '동의하지 않은 비율'보다 다소 높게 나타났다.[20]

【사진 6】 박근혜 대통령 때 개최된 2014 인천 아시안게임에 참가한 북한 선수단

(출처: 서울신문, 2014.09.20.)

이상을 고려하면, 남북이 평화롭게 공존하는 방향을 모색하는데 있어서, 기존의 1국가 1체제 남북통일만 지향할 것이 아니라 2국가 2체제 남북연합도 검토할 필요가 있다. 남한의 제6공화국 노태우 정부는 7·7선언에 의거 1989년 9월에 '한민족공동체통일방안'을 북한에 제의했는데 이 방안은 남한

19) 김석수, 「다원주의와 지방자치」, 『사회와 철학』 6, 한국사회와철학연구회, 2003, 157쪽.

20) 이성지·허성진·박상희, 「문화적 통일을 어떻게 이룰 것인가? 통일로 인한 위협과 다양성 이념의 완충 효과의 탐색」, 『사회과학연구』 34(1), 사회과학연구소, 2023, 285쪽.

에서 정당과 재야에 의해 제시된 '국가연합제' 내지 '국가연방제'와 같은 통일 방안을 감안하여 정부가 국민 여론을 바탕으로 만들어 낸 통일방안이다.[21)]

'한민족공동체통일방안'은 국가연합과 연방이라는 중간단계의 과도 체제를 통하여 남북 간 체제의 이질감을 극복하고, 통일 이후 발생하게 될 문제점을 보완하여 안정적인 단일통일국가로의 이행을 상정하고 있다.[22)] 이것은 북한의 고려연방제[23)]와 비슷한 통일방안이다. 노태우 정부는 통일문제를 남북한 두 국가체제 간의 문제로 보고 남북한에 현존하는 국가체제를 전제로 하는 남북연합 방안을 제시하였으며, 북한과는 당국 간 대화 체제를 구축하여 상호 체제 존중에 합의하였다.[24)]

노태우 대통령(1988~1993 재임)이 제안한 '한민족공동체통일방안'을 북한의 김일성 주석이 긍정적으로 받아들여 1992년 2월 19일 평양에서 열린 제6차 고위급회담에서 '남북기본합의서'[25)]가 정식으로 발효되었다. '남북기본합의서'에서 남북한은 상대방 체제 인정, 내정 간섭 금지를 명시하여 남북 관계를 잠정적 특수관계로 규정하였고, 이러한 통일 이전의 과도기적 관계 설정을 남한의 국무총리와 북한의 정무원총리가 서명하여 효력을 발생시켰다. 남북이 서로를 상호인정하고 체제를 보장하겠다는 남북기본합의서를 계기로 남북 정부 간에 합의와 선언이 이어질 수 있었다. 1992년의 「남

21) 조은희(2014). 「제6공화국의 통일정책」(행정안전부 국가기록원, archives.go.kr).

22) 강현철, 「남북한 통일헌법상의 정부형태에 관한 연구」, 『유럽헌법연구』 16, 유럽헌법학회, 2014, 68쪽.

23) 김일성 주석은 1960년 광복절 기념대회 연설에서 과도기적 성격을 지니는 '남북 연방제' 방안을 제안하였고, 이 제안을 수정하여 1973년 6월 23일 평화통일 5대 강령을 발표하며 '고려연방공화국'이라는 국호를 사용해 단일 국호로 국제기구(UN)에 가입하자고 제안하였고, 이를 다시 수정하여 1980년 10월 10일 조선로동당 제6차 대회 중앙위원회 사업총화보고에서 과도기적 형태가 아닌 종국적 형태의 '고려민주연방제' 통일방안을 제안하였다.

24) 김천식, 「탈냉전기 이후 한국 통일정책의 민족주의와 국가중심주의 성격」, 『통일과 평화』 6(2), 서울대학교 통일평화연구원, 2014, 3쪽.

25) '남북기본합의서'의 정식 명칭은 '남북 사이의 화해와 불가침 및 교류·협력에 관한 합의서'이다.

북기본합의서」, 2000년의 「6·15공동선언」, 2007년의 「10·4공동선언」을 합의 성취하였고, 2018년에 남북 정상 간에 「4·27 판문점선언」, 5·26 「통일각 정상회동」, 9·19 「평양공동선언」이 이어질 수 있었다.

❀ 평화체제의 토대, 상호인정 ❀

남북한 사이의 평화와 신뢰 구축의 출발은 상호인정이다. 상대를 인정하지 않고 모진 말로 비난하면서 남북 평화를 논하는 것은 사리에 맞지 않는다. 상대를 인정한 다음에야 군사적 긴장 완화의 대화가 가능하고 경제협력도 논할 수 있을 것이다.

남북한 간 상호인정의 실체는 상대를 '주권 국가'로 인정하는 것이다. "남한이 북한을 '미수복 지역'이라고 말하는 것"과 "북한이 남한을 '남조선 괴뢰 정권'[26]으로 말하는 것"은 상대를 인정하지 않음을 나타낸다.

남북한의 상호인정, 즉 남북한이 상대를 주권 국가로 인정하는 것은 일반적인 국가승인과는 다른 면이 있다. 남북한은 동일한 민족공동체에 속하며 통일을 지향한다는 점에서, 완전한 별개 국가로서 상대방을 승인하는 것과는 구별된다.[27] 남북한 간에 1992년 발효된 기본합의서 서문에 "쌍방 사이의 관계가 나라와 나라 사이의 관계가 아닌 통일을 지향하는 과정에서 잠정적으로 형성되는 특수 관계라는 것을 인정하며 평화 통일을 성취하기 위한 공동의 노력을 경주할 것을 다짐하면서"라고 남북한이 합의하여 규정한 것은 상대를 국가로 보지 않겠다는 말이 아니라, 주권국가인 남북한이 1개

---

26) '괴뢰(傀儡)'는 꼭두각시놀음에 나오는 인형인 '꼭두각시'를 말한다. 괴뢰정부/괴뢰정권이란 말은 외부 세력의 지령과 조종을 받아 움직이는 정부/정권이란 말로서, '남조선 괴뢰 정권'이란 말은 미국의 조종을 받아 주체성 없이 움직이는 정부/정권이란 의미라고 하겠다.

27) 제성호, 「남북한 상호인정 문제의 법적 조명」, 『서울국제법연구』 5(1), 서울국제법연구원, 1998, 12-15쪽.

민족, 1개 통일국가를 지향하고 있음을 선언한 것이다.

남북한 간 상호인정의 법적 쟁점은 헌법 제3조의 영토조항이다. 이 제3조에 규정된 "대한민국의 영토는 한반도와 그 부속 도서로 한다."[28]에 대하여 학계에서는 양립된 해석이 제시되어 왔다. 일부 학자들은 헌법 제3조(영토조항)와 제4조(통일조항)의 관계를 규범적 조화의 관점에서 해석하여 북한을 인정하는 것이 가능하다고 주장한다.[29] 이와 다르게 헌법 제3조와 제4조의 충돌을 지적하며 헌법개정 필요성을 제기한 견해도 있다.[30] 헌법재판소는 남북관계를 "통일을 지향하는 과정에서의 특수관계"로 보아, 양립된 해석을 반영하여 북한을 반국가단체이자 동시에 대화·협력의 동반자로 보는 이중적 지위를 모호하게 인정하였다.[31]

남한과 북한이 각각 유엔에 회원국으로 가입하여 활동 중인 주권 국가라는 현실을 반영하여 헌법 제3조에 규정된 "대한민국의 영토는 한반도와 그 부속 도서로 한다."를 개정할 필요가 있다. 이러한 규정을 개정해야, 헌법재판소 판결에서 "북한은 조국의 평화적 통일을 위한 대화와 협력의 동반자임과 동시에 대남적화노선을 고수하면서 우리 자유민주체제의 전복을 획책하고 있는 반국가단체"[32]라는 이중적인 법률 해석과 남한 국민 여론의 분열을 줄일 수 있을 것이다.

그렇지만 국제사회 입장에서 북한은 엄연히 국가라고 봄이 타당하다.[33]

---

28) 대한민국 헌법 제3조.

29) 류지성, 「헌법상 영토조항과 통일」, 『법제』 706, 법제처, 2024; 노기호, 「헌법 제3조 영토조항과 제4조 통일조항의 규범조화적 해석」, 『한양법학』 33(3), 한양법학회, 2022; 허영, 『한국헌법론』, 서울: 박영사, 2023.

30) 정극원, 「헌법규범 자체의 모순과 헌법규범 간 상충의 해결방안에 관한 일고찰」, 『공법학연구』 18(1), 한국비교공법학회, 2017; 이승현, 「남북관계의 측면에서 본 개헌논의: 영토조항을 중심으로」, 『국가전략』 12(2), 세종연구소, 2006; 계희열, 『헌법학(중)』, 서울: 박영사, 2007.

31) 헌법재판소 2000. 7. 20. 선고 98헌바63 결정(남북교류협력에관한법률 제9조 제3항 위헌소원).

32) 헌법재판소 1993. 7. 29. 선고 92헌바48(남북교류협력에관한법률 제3조 위헌소원).

33) 제성호, 「북한의 법적 지위 재검토: 국내법(헌법) 및 국제법적 측면의 종합적 이해를 위하여」,

남한 헌법의 관점에서 보면 북한을 국가로 인정할 수 없지만, 남한이 북한과 함께 작성한 「남북기본합의서」 등 문서의 서명란에서 남한 정부는 북한 수석대표의 직책을 조선민주주의인민공화국이라는 국호로 표기하였다.

독일의 통일 사례에서 볼 때, 남북한이 상대를 국가로 인정하는 것은 통일 포기가 아니라, 현실적인 토대 위에서 평화로운 통일의 여정을 시작하는 선언이라 할 수 있다. 분단국이었던 동독과 서독은 상대를 국가로 인정함으로써 적대관계를 해소하고 교류를 확대하여 통일 기반을 구축하였다. 구체적으로 1972년에 「동서독 기본조약」[34]을 체결하여 상호 간 국가 관계를 정립하였고 실제적인 교류를 하기로 합의하였다. 이 조약에서 동독과 서독은 상대국의 국권을 존중하고 영토를 보전하기로 하였으며, 경제, 과학기술, 교통, 문화, 보건 등 양국 국민 생활과 직결된 분야에서 협력을 추진하기로 하였다.

동서독은 기본조약에서 통일의 거론보다 실제적인 교류와 협력을 합의하고 추진[35]한 결과, 1973년 9월에 유엔에 동시 가입하고 국제사회에서 독립국으로 활동했으나 내부적으로는 특수관계를 유지하며 양국의 교류를 증진하는 가운데 통일을 실현하였다. 이를 고려할 때, 남한과 북한이 상호 존중하고 교류 협력을 증진해 나가는 것이 남북한의 대립과 긴장을 해소하는 평화체제의 기반임을 알 수 있다.

『법조』 60(4), 사단법인 법조협회, 2011, 37쪽.

34) '동서독 기본조약'의 정식 명칭은 「독일연방공화국과 독일민주공화국 간의 관계에 관한 기본조약」(Vertrag über die Grundlagen der Beziehungen zwischen der Bundesrepublik Deutschland und der Deutschen Demokratischen Republik)이며, 총 10개 조항과 제3조의 추가의정서와 제7조의 추가의정서로 이루어져 있다.

35) 박정진, 「남북기본합의서와 동서독기본조약 비교: '분단국갈등관리론' 모델의 적용」, 『국제정치논총』 53(2), 한국국제정치학회, 2013, 122쪽.

6장

경제특화

국가별 경제특화는 각국이 경쟁력 있는 생산 활동에 집중하는 것을 의미한다. 국가별 경제특화가 각국의 경제발전에 보다 유익하고 산업 발전에 기여할 수 있다. 글로벌 무역 체제에서 남북이 상호 협력하여 경제특화를 추진하면, 보다 큰 경제발전을 이룰 수 있을 것이다. 남북은 인력, 동력, 기계, 도구, 원료, 반제품, 토지 등 생산요소 측면에서 시너지 효과를 거둘 수 있는 강점을 각각 지니고 있기 때문이다.

❀ 북한의 특화 산업 ❀

동남아 지역 산업은 쌀, 기타 농산물, 가축, 임산물, 수산물, 원유와 가스, 기타 광산물, 섬유 가죽, 목재, 고무 등 부문에 특화되어 있고, 동북아지역은 화학제품, 금속제품, 기계, 수송 등 부문에서 특화 현상을 나타내고 있다.[1] 일제강점기 이래 북한은 다른 산업 부문에 비하여 공업과 광업이 발전하였다.

이러한 북한에 대한 1950년대 소련의 입장은 인민생활 개선 측면에서 농업 문제에 주력하고 공업화 정책 속도를 조절하길 권고했지만, 자국 안위가 우선인 북한은 자립 공업 구조를 갖추길 원해서, 소련이 제공한 무상 원조의 상당 부분을 일본이 식민 시기에 건설한 공업생산시설의 복구에 투입하였다.[2] 이 기조는 2020년대에도 바뀌지 않았다.

북한은 2021년 1월 개최된 8차 당 대회에서, 김정은 위원장이 2019년 12월에 당 중앙위 전체회의에서 제시한 '자력 갱생을 통한 정면 돌파전'의 실행계획인 '국가경제개발 5개년 계획(2021~2025년)'을 수립했는데, 이것은 금속공업과 화학공업을 중심 산업으로 발전시키고 이를 통해 농업과 경공업을 동반 발전시키는 계획으로서 자력 갱생과 중화학공업 우선 정책을 통해 사회주의 계획경제 전략을 구사한 것이다.[3]

남한 통계청의 『북한의 주요통계지표』에 따르면, 2017년 기준 북한의 광업 경제규모는 약 4조 2,660억 원으로 북한 총 경제규모 30조 8,820억 원의 약 13.81%를 차지했으며, 이는 약 2조 2,620억 원의 남한 광업 규모와 비교하여 크게 우위를 가지는 수치이고, 같은 해 기준 북한의 대외 수출액 비

1) 심승진, 「동아시아지역의 산업특화 구조분석」, 『국제지역연구』 10(2), 국제지역학회, 2006, 457쪽.

2) 이주호, 「1950년대 사회주의진영 국제분업론과 북한의 대응」, 『한국사연구』 199, 한국사연구회, 2022, 288-289쪽.

3) 김민경, 「북한 제8차 노동당 대회에서 드러난 생존전략: 경제문제를 중심으로」, 『통일문제연구』 34(1), 평화문제연구소, 2022, 143쪽.

중에서 석탄, 원광 및 광물 가공품 등 광물자원 상품 수출액은 전체 수출액의 약 39.1%에 달하기에, 광업은 북한의 경제 근간이 되는 산업분야로 간주할 수 있다.[4] 미국 경제전문매체 쿼츠(Quartz)에 의하면, "북조선은 손도 대지 않은 광물이 약 7조 달러(약 7,500조 원)에 달한다."고 분석되어서 남한의 최대 수출기업인 삼성전자 시가총액(약 350조 원)의 약 20배가 넘는 잠재 가치를 지니고 있는 것으로 평가되었다.[5] 특히 북한은 세계적인 사이버 공격 능력을 보유[6]하여 사이버 분야 역량이 글로벌 수준으로 알려져 있다. 이것은 사이버 영재교육의 한 가지 결과이다. 1982년 김정일 위원장의 지시로 시작된 북한의 사이버 영재교육은 지속적으로 추진된 영재교육정책에 기반하여 성공을 거두었으며 평양에 제1중학교를 설립하여 영재교육을 시작한 이래 각 도마다 한 개씩 제1중학교를 설립하여 영재교육을 적극적으로 추진하였다.[7] 북한은 소학교(초등학교)부터 수학과 과학에 재능이 있는 아이들을 선별하여 집중적으로 관리하고 있다. 이 같이 탄탄한 기초과학 교육과 우수한 소프트웨어 인력은 남북이 공동으로 미래 신산업을 개척하고 디지털 격차를 해소하는 데 귀중한 자산이 될 것이다.

위와 같은 북한의 특화 산업과 기술 및 인력은 남한 경제발전에 도움을 줄 수 있으며, 남한 역시 북한의 경제발전에 도움을 줄 수 있는 특화 산업과 기술 및 유휴 시설을 많이 갖고 있다.

---

4) 강일석·박영상·송재준, 「북한의 광업 및 암반공학 분야 최신 연구동향 분석」, 『터널과 지하공간』 30(1), 한국암반공학회, 2020, 30쪽.

5) 조계완, 「북한 광물자원 어마어마: 땅 밑에 삼성·현대 있는 셈」(한겨레, www.hani.co.kr.), 2018.5.2.

6) 이용석, 「북한의 사이버 공격에 대한 법적 대응방안」, 『입법과 정책』 16(2), 국회입법조사처, 2024, 65쪽.

7) 신진, 「북한의 사이버 전문가 영재교육과 그 성과」, 『대한정치학회보』 27(4), 대한정치학회, 2019, 73쪽.

❀ 유휴 시설 활용한 경제협력 ❀

제품에는 수명이 있다. 과학과 기술이 발전함에 따라서 제품은 새 제품으로 갱신되거나 대치된다. 예컨대 북한에서 '손전화기'로 호칭되는 핸드폰(cellular phone)은 남한에서 1년에 1~2차례 신제품이 나오기에, 1~2년 전에 시판된 '손전화기'는 남한에서 상품가치가 거의 없다. 남한의 시장구조와 산업구조가 빠르게 변화함에 따라서 내용 연한이 상당히 남은 설비 중 상당 부분이 유휴화하거나 가동률이 떨어지고 있다.[8)]

그렇지만 중공업에 비하여 소비재 산업이 낙후된 북한에서는, 남한에서 수명을 다한 경공업 시설과 그 제품이 유용할 수 있다. 북한의 주요 산업별 기술 수준을 남한과 비교하면 약 5년 뒤져 있는 것으로 평가되기 때문이다.[9)] 남한 사회에서 수명을 다한 소비재가 북한 주민에게 유용한 생활필수품인 경우가 적지 않은 것 같다. 북한에서는 소위 '7기', 즉 수상기(TV)·냉동기(냉장고)·세탁기·선풍기·재봉기·녹음기·사진기가 주민들 사이에서 선호되는 물품이다. 북한 청소년이 갖고 싶어 하는 전자 제품은 중학생들은 녹화기(VTR)를 갖고 싶어 하고 이 밖에도 청소년들이 워크맨을 갖고 싶어 한다.[10)]

그러하기에 남한에서 신기술 개발로 기업이익 창출이 안 되는 제품의 생산 기술을 사장시키거나 생산 시설을 폐기할 것이 아니라 북한에 제공하는 것은 북한 주민의 생활 향상과 남북 협력에 도움이 될 수 있다. 주거 생활과 가사에 여전히 요긴하지만, 남한에서 철 지난 모델인 백색 가전(白色家電,

---

8) 이석기·김수정·최설·정유석·조충희, 『북한 경공업 실태와 남북협력 방안』, 산업연구원(KIET) 연구보고서 2021-04, 2021, 225쪽.

9) 임철재, 「북한의 산업현황과 남북한 경제의 보완성 분석」, 『금융경제연구』 178, 한국은행 금융경제연구원, 2004, 1쪽.

10) 국립통일교육원, 「북한 청소년들이 갖고 싶어 하는 전자제품에는 어떤 것들이 있나요?」, 『청소년 지식사전(북한편)』(https://www.uniedu.go.kr/uniedu), 2016.12.29.

white goods) 생산 기술과 시설을 비롯하여, 농지가 적은 북한의 식량 증산에 도움이 되는 농업기술과 농기계는 북한 주민에게 도움이 될 수 있다. 그래서 남북 경제협력 모델은 기술 이전에 기반한 중장기적 계획을 통한 북한 농업의 기계화·시설화 부분이 병행되어야 남북협력 모델의 실효성을 거둘 수 있다.[11]

【사진 7】 남북 경제협력의 손길
(출처: 산업일보, 2019.10.29.)

남한에서 사용되지 않거나 가동률이 떨어지는 유휴 설비의 대북 이전 사업을 통하여 북한 경공업 설비의 생산 역량을 확충할 수 있을 것이다.[12] 남한 정부나 공공기관이, 이러한 유휴 설비를 조달하여 북한에 이전하는 유휴 설비 대북 이전사업은 남북경협을 활성화할 수 있을 뿐만 아니라 남한의 경공업 및 기업 구조조정을 촉진하는 역할도 할 수 있다.[13] 기업에는 새로운 활로를 열어 주고, 북한에는 민생경제 회복의 기반을 제공하는 상생 모델을

11) 금석헌·공인원·이정희, 『신기술을 활용한 남북한 경제협력 방안에 관한 연구: 농업분야를 중심으로』, 벤처창업연구, 한국벤처창업학회, 2025, 68쪽.

12) 이석기·김수정·최설·정유석·조충희, 『북한 경공업 실태와 남북협력 방안』, 산업연구원(KIET) 연구보고서 2021-04, 2021, 225쪽.

13) 위 보고서, 같은 쪽.

구축할 수 있다. 남한의 남북협력기금과 기업구조조정지원자금 등을 활용하여 북한 경공업 기업들에 부족한 기계와 설비를 유·무상 방식으로 공급할 수 있을 것이고 대북개발협력사업을 추진하는 지방정부, NGO(비정부 기구), 그리고 설비제공형 위탁가공교역을 추진하는 기업 등과 연계하여 사업을 추진할 수 있으며, 이러한 연계 추진을 통해 공적 자금의 투입 규모를 절감하면서 사업을 확대할 수 있을 것이다.[14)]

또한 남한보다 기후 온난화가 심각한 북한이, 기후위기를 체제위협 요인으로 인식하고 정책적 우선순위에 두어 적극 대응하고 있음을 고려하여 남한이 공동대응 및 협력할 필요가 있다.[15)] 한반도 온실가스 감축이라는 공동목표는 남한에게는 NDC[16)] 달성에 기여를, 북한에게는 탄소거래를 통한 경제적 이익과 기후기술 이전 그리고 재난 재해 대응이라는 국가적 현안을 해결하는 기회가 될 수 있다.[17)]

❀ 남북 경제협력 ❀

이상에서 알 수 있는 것처럼, 북한의 산업구조, 북한 산업의 기술수준, 북한 제품의 대외경쟁력 등을 고려할 때 남·북한 산업은 보완관계에 있다.[18)] 남북한 간 농업협력은 단순한 경제 교류의 범주를 넘어서 식량안보 확보, 인도적 지원, 상호신뢰 구축, 나아가 평화정착 기반 형성까지 포괄하

---

14) 이석기·김수정·최설·정유석·조충희, 앞의 보고서, 226쪽.

15) 윤병수, 『북한의 기후위기 대응정책과 남북 기후협력 방안 연구』, 한국휴먼이미지디자인 6(2), 한국휴먼이미지디자인학회, 2024, 270쪽 요약.

16) NDC는 국가온실가스감축목표(Nationally Determined Contributions)를 의미한다.

17) 이경희, 『한국의 NDC 이행을 위한 한반도감축사업 검토: 담대한 구상의 민생시범사업 연계를 중심으로』, 평화학연구 25(1), 사단법인 한국평화연구학회, 2024, 7쪽.

18) 임철재, 「북한의 산업현황과 남북한 경제의 보완성 분석」, 『금융경제연구』 178, 한국은행 금융경제연구원, 2004, 27쪽.

는 다층적 의미를 지니고 있다.[19] 기계공업 분야에서도 남북 협력의 실익과 유용성이 기대된다. 북한의 기계공업은 중공업을 핵심으로 육성되어온 데다 군수산업과 직결되기 때문에 군수 분야 기술 수준은 상당히 높으며 무기, 대형기계류 및 설비생산 부문에서는 자립적인 기술 기반을 보유하고 있는 것으로 평가되고 있다.[20]

위와 같이 남·북한 산업이 보완관계에 있음에도 불구하고, 남북 간 경제회담은 분단 40년 만인 1984년에야 처음으로 개최되어 1985년까지 다섯 차례 열렸다. 남북 경제협력(경협)이 실제로 시행된 것은 (서울올림픽이 열리는) 1988년 남한 노태우 대통령의 '7·7 선언'에 북한이 응함으로써 이루어졌다.[21] 남한은 1988년 10월에 북한 물자의 교역 및 중계를 허용하였고, 북한 원산지 표시 및 북한 상표 부착을 허용했으며, 남북 교역물자에 관세를 부과하지 않았고, 북한 선적의 남한 입항을 허용했으며, 남·북한 경제인의 상호 접촉과 방문을 허용함으로써 남북경협이 시작되었다.

남북경협은 한반도를 둘러싼 열강들의 국제정치 역학 관계 속에서 지속되지 못하였다. 2017년 이후 강화된 'UN의 대북 경제제재'로 남북경협은 불가능해졌고, 남·북한 합작투자 사업은 신규는 물론이고 기존 사업도 철수하게 되었으며, 북한으로부터 무연탄, 철광석 등 지하자원과 수산물, 의류 등 수입이 금지되었다. UN의 제재는 대외 교역 및 화물 운송, 무기 금수에서 나아가 핵개발 자금에 활용되는 외화 수입 관련 금융제재, 그리고 강도 높은 수준의 원유공급 금수 조치를 포괄한다.[22] 특히 2017년 8월의 유엔 안

19) 금석헌·공인원·이정희, 『신기술을 활용한 남북한 경제협력 방안에 관한 연구: 농업분야를 중심으로』, 벤처창업연구, 한국벤처창업학회, 2025, 65쪽.

20) 임철재, 「북한의 산업현황과 남북한 경제의 보완성 분석」, 『금융경제연구』 178, 한국은행 금융경제연구원, 2004, 12쪽.

21) 조동호, 「남북경협의 정부별 평가와 향후 추진방향」, 『국가안보와 전략』 22(3), 국가안보전략연구원, 2022, 32쪽.

22) 조선빈·김용호, 「대북 경제제재의 효과성 분석: 유엔안보리 대북제재가 경제-핵무력 병진노

전보장이사회(UNSC)의 대북제재 결의(UNSCR) 2371호[23)]와 그 이후의 제재 조치[24)]가 해제되거나 완화되지 않는다면 북한에서 생산해서 남한이나 제3국으로 수출하는 방식의 남북경협은 불가능하다.[25)] 이처럼 제재 강화 상황에서 북한 주민을 고려하여 인도적 차원의 제재 완화 필요성이 제기되어, 2022년 5월에 미국이 주도한 북한 제재안(유류 공급 추가 감축 등)은 중국과 러시아가 거부권(Veto)을 행사하여 부결되었다.

유엔의 대북 제재 상태에서도 북한 주민의 인도적 상황 악화 방지를 목적으로 예외 조항을 두고 있다. 2022년 12월에 채택된 2664호(UNSCR 2664)는 인도적 지원에 대한 포괄적 예외를 명문화하고 있다. 이 결의안은 유엔의 모든 제재에 공통적으로 적용되는 상설적 인도주의 예외 규정(Standing Humanitarian Carve-out)을 명시하여, 구호 단체의 인도적 활동을 방해해서는 안 된다는 점을 명확히 하고 있다. 안보리 제재를 받는 국가에 인도주의적 지원을 제재와 관계없이 허용한다는 내용이다. 이 결의안은 유엔 산하 기구들, 즉 국제적십자위원회(ICRC), 국제적십자연맹(IFRC), 유엔 인도주의

선에 미친 영향을 중심으로」, 『동서연구』 34(2), 연세대 동서문제연구원, 2022, 137쪽.

23) 'UNSCR 2371'(UN Security Council's Resolution 2371)은 2017년 8월 5일에 유엔 안전보장이사회에서 대북제재를 강화하기로 결의한 '2371호 결의안'을 의미한다. '2371호 결의안'은 안보리가 채택한 기존의 대북제재 결의 1718호(2006년), 1874호(2009년), 2087호(2013년), 2094호(2013년), 2270호(2016년), 2321호(2016년), 2356호(2017년 6월 2일)에 이어진 8번째 결의로서 그 주요 내용은 '기존 결의에서 예외가 인정되었던 북한의 석탄, 철, 철광석 수출을 전면 금지'하고 '납, 납광석, 해산물 수출금지' 및 '북한 노동자의 해외 고용 증대 금지'를 새로 도입하였고, '북한 WMD(Weapons of Mass Destruction, 대량살상무기) 및 재래식 무기 개발에 전용될 수 있는 이중용도 통제 품목의 추가 지정', '북한 제재위에 〈금지활동 연관 선박지정 권한〉 부여 및 지정 선박의 입항 불허 의무화', '북한과의 합작사업 신규 및 확대 금지', '인터폴에 제재 대상자 관련 특별공지 발부 요청 등 북한의 WMD 개발 관련 조달 네트워크를 차단하기 위한 조치' 등이 도입되었다(남한 외교부 홈페이지의 외교정책 자료, 「2017.8.6 유엔 안보리 대북제재 결의 2371호 채택」, https://www.mofa.go.kr).

24) 2017년 9월의 유엔 안보리 결의안 2375호(유류 공급 제한, 섬유 수출 금지 등), 2017년 12월의 유엔 안보리 결의안 2397호(정제유 공급 감축, 해외파견 근로자 2년 내 귀국 의무 등).

25) 이석기·김수정·최설·정유석·조충희, 『북한 경공업 실태와 남북협력 방안』, 산업연구원(KIET) 연구보고서 2021-04, 2021, 227쪽.

업무조정국(OCHA)의 조정을 받는 비영리 인도주의 단체(NGO) 등이 수행하는 활동에 적용된다.

【사진 8】 '남북 상생의 공간' 개성공단의 의미와 가치[26)]
(출처: 현대일보, 2021.08.26.)

남북한 간 경제협력은 UN 대북 제재로 전면 중단되었으나, 제재 대상이 아니거나 인도주의 목적에서 가능한 비군사 분야의 협력을 우선 추진하여 남북한 간 대화 채널과 신뢰 기반을 회복할 필요가 있다. 정치적 부담이 적고 실질적인 상생 효과를 기대할 수 있는 부문부터 시작하는 것이 바람직하다. 감염병 공동 방역 체계 구축, 결핵 및 말라리아 등 풍토병 퇴치를 위한 의약품 및 의료 장비 지원은 인도주의적 목적으로 추진이 용이하다. 황사 및 미세먼지 공동 관측, 공유 하천(임진강 등)의 홍수 방지 및 수질 관리를 위한 공동 협력은 재난 방지 및 환경 보호의 성격을 가지며 제재의 영향을 적게 받는다. DMZ 생물다양성 보전 활동, 언어 및 역사 공동 연구, 비정치적 성격의 문화·예술 교류는 상호 이해 증진에 기여할 수 있다. UN 대북 제재 상태이지만 남북한 간 상호 이익과 발전을 가져올 수 있는 비경제 분야에서의 협력은 향후 남북 경제협력과 경제특화 인프라를 구축하는 토대가 될 것이다.

---

26) 남북 간 경제 교류와 협력의 상징이었던 개성공단은 현재 유엔 안보리의 대북 제재로 폐쇄되어 운영이 중단된 상태이다(현대일보, 「'남북 상생의 공간' 개성공단의 의미와 가치」, 2021. 08.26.).

7장

중립화

한반도는 세계열강의 전략적 이익이 충돌하는 장소이다. 미국과 중국 등 세계 최강국들이 첨예하게 대립하는 동북아시아 중심에 있기 때문이다. 세계열강들이 자국 이익 중심의 정책을 강화하는 상황에서, 남한과 북한은 대외적 중립화의 장·단점을 면밀히 검토하여 강대국들의 패권 경쟁에서 벗어나 국권을 지키고 실익을 취할 필요가 있다. 이를 "1) 한반도 중립화 필요성", "2) 중립화 사례와 모델", "3) 한반도 중립화 방향", "4) 한반도 중립화 전략"으로 나누어 시론적으로 고찰하였다.

1) 한반도 중립화 필요성

❀ 미중 패권분쟁과 미국 우선주의 ❀

'미중 패권분쟁'과 '미국 우선주의'(MAGA, Make America Great Again)로 국제환경이 격변하고 있다. 미국과 중국은 각기 자국 편에 합류할 것을 남한을 비롯하여 관련 국가에 요구하고 있으며, 이러면서 미국은 자국 이익을 우선으로 하는 '자국우선주의 정책'을 대내외적으로 강력히 시행하고 있다.

미국 오바마 정권(2009.1~2017.1) 후반부터 중국에 대한 무역제재가 시작되었고 트럼프 정권 때 무역전쟁이 본격화하면서 미중 패권전쟁이 세계적으로 가시화되었으며 최근에는 여기에 대만 문제까지 더해지고 있다.[1] 또한 글로벌 원톱(global one-top)인 미국의 전통적인 리더십과 모순되게, 그동안 수행해 온 세계경찰 노릇을 하지 않겠다고 선언했고, 동맹국들에게 국방비 분담과 미국 산업발전에 기여할 것을 구체적인 금액을 미국 정부가 임의로 정해서 요구하고 있다. 특히 중국 봉쇄 전초기지인 미군 주둔지를 한반도에 두고 있다는 그간의 해석을 바꿔서, 남한을 보호해 주기 위해 미군이 한반도에 나와 주둔하고 있다고 주장하면서 기존의 약 아홉 배인 연간 100억 달러 방위비를 낼 것을 요구했고 주한미군기지[2] 토지를 미국에 영구적으로 양도(소유권 이전)하라는 요구도 있었다.[3]

---

1) 이행선, 「미·중 전쟁의 지정학과 패권의 변동: 엘리엇 애커먼, 제임스 스태브리디스, 『2034』」, 『인문사회과학연구』 33(1), 세명대학교 인문사회과학연구소, 2025, 490쪽.

2) 남한에 있는 미군 기지 중 평택에 있는 캠프 험프리스는 '거대한 요새(Big Fort)'라고 불리며 세계 최대 규모의 해외 미군 기지로 알려져 있다.

3) 남한이 무상으로 미국에 공여하고 있는 주한 미군 기지 소유권(ownership)을 원한다고 트럼프 미국 대통령이 한미 정상회담에서 요청했으나, 미국이 2024년 기준 51국 128개 해외주둔기지를 운영하고 있지만 미국이 해외주둔기지 부지를 소유하고 있는 사례는 찾기 어렵고 해

이 밖에도 모든 국가가 참여하는 WTO(세계무역기구) 등 다자간 협력체보다 미국이 주도하는 소다자(Minilateral) 협의체(AUKUS,[4] 칩4 동맹[5] 등)를 통해 미국 이익에 부합하지 못하는 국제기구를 무력화시키고 있다. 2026년 1월 7일 트럼프(D. J. Trump) 대통령은 66개 국제기구(유엔 산하 31개, 비유엔 기구 35개)에서 미국이 탈퇴하는 행정명령에 서명하였다(미국은 탈퇴한 66개 국제기구 명단을 공개하지 않았다).[6] 트럼프 대통령 취임 직후 탈퇴 선언에 따라 탈퇴절차가 진행 중인 '파리 기후변화협약'과 '세계보건기구'(WHO), 그리고 이미 탈퇴 결정한 '유엔 인권이사회'와 '팔레스타인 난민구호기구'(UNRWA), 유네스코(UNESCO)에서 탈퇴한 것으로 보인다고 보도되었다. 프랑스 마크롱 대통령은 연례 외교정책 연설에서 미국이 스스로 주도했던 국제 규범들로부터 벗어나고 있으며 다자주의를 떠받치던 국제기구들은 제 기능을 못 하게 되었다고 비판하였다.[7]

미국 경제학자 스티글리츠(Joseph Stiglitz)가 "기후위기는 제3차 세계대전과도 같다. 과감한 대응이 필요하다."라고 말한 것처럼 기후위기가 전시 상황에 비교될 정도로 심각하여 파리협정(Paris Agreement)을 체결하여 개별 국가들이 2050년 탄소중립을 실현하기 위해 함께 노력하는 상황인데,[8] 미

외주둔 기지 부지에 대한 소유권은 주둔 국가가 가지는 것이 원칙이다(조선일보, 「미군기지 소유권 달라는 트럼프, 어떤 나라도 사례 없다」(https://www.chosun.com, 2025.08.27.).

4) AUKUS(오커스)는 호주(Australia), 영국(UK), 미국(US) 3개국이 2021년 9월 결성한 3자 안보 소다자(Minilateral) 협의체로 인도-태평양 지역의 안정과 중국 군사력 견제를 목표로 한다.

5) 칩4 동맹(Chip 4 Alliance)은 중국의 '반도체 굴기'를 견제하여 미국이 주도해 결성된 미국, 남한, 일본, 대만 4개국의 반도체 공급망 협의체이다.

6) 연합뉴스, 「트럼프, '유엔 산하기관 등 66개 국제기구서 탈퇴' 서명」(www.yna.co.kr), 2026.01.08.

7) 한겨레, 「독일 대통령, 트럼프 직격 "세계가 도적 소굴이 되고 있다" 마크롱 대통령도 "스스로 주도했던 규범 이탈" 비판」(https://www.hani.co.kr), 2026.01.09.

8) 김재윤, 「탄소범죄의 관점에서 본 각국의 기후변화법상 탄소배출 감축 대응의 내용과 한계」, 『일감법학』 59, 건국대학교 법학연구소, 2024, 419쪽.

국이 '유엔 기후변화협약'(UNFCCC) 등 모든 기후 관련 국제기구에서 탈퇴하였다. 전 세계 대부분 국가가 준수하는 탄소배출규제 약속을 지키지 않고 미국에 매장량이 풍부한 석탄, 석유, 가스를 개발하여 화석연료를 개발 및 공급하는 전통산업을 활성화시키고,[9)] 국제조약이 부과하는 환경·노동 기준도 미국 기업들은 지키지 않게 함으로써 초강대국 미국의 국익만 챙기고 증가시키겠다는 국제 환경이 조성되고 있다. 미국의 이러한 자국 이익 중심 정책으로 인하여, 세계 주요국들 역시 기술패권화를 가속화하면서 보호무역과 자국의 이익 극대화를 도모하고 있다.[10)]

❀ 중립국 실익 ❀

스위스피스(Swisspeace)[11)]의 사무총장 겸 스위스 바젤대학[12)] 교수인 괴첼(Laurent Göetschel) 박사는 남한 외교가 다변화, 중립화 하는 것의 실익을 제언하였다. 즉, "한반도는 강대국으로 둘러싸여 있다. 남한은 상대적으로 작지만, 매우 선진적이며 혁신적이고 역동적이다. 큰 나라가 아니기 때문에 이 지역에서 더 창조적인 역할을 담당해야 한다. 외교도 다변화해야 얻을 수 있는 게 많아 보인다."라고 하며, "언젠가 남북이 다시 활발히 교류할 경

9) 트럼프 대통령이 취임 직후 바이든 행정부의 그린뉴딜을 종료하고 기후변화 대응 정책을 대거 폐기하는 한편 화석연료 개발 및 공급을 촉진하는 정책을 발표함에 따라, 미국의 기후정책은 후퇴할 것으로 전망된다(이정아, 「미국-EU 간 글로벌 지속가능 철강협정 (GSSA)에 관한 국제통상법적 검토」, 『경영법률』 35(2), 한국경영법률학회, 2025, 526쪽.).

10) 오동윤·이홍배, 「미중 무역분쟁이 한미일중 4개국간 무역에 미치는 영향 분석」, 『비교경제연구』 32(2), 한국비교경제학회, 2025, 149쪽.

11) '스위스 피스'(Swisspeace)는 국제법으로 중립국 지위를 보장받은 '영세중립국' 스위스를 대표하는 민간 평화연구소로서 외국 정부와 협력 활동을 하고 있으며, 스위스 외교부의 평화·인권 조직의 수장은 '스위스 피스'의 당연직 이사가 되고, '스위스 피스' 의장은 항상 스위스 고위 외교관 출신이 맡기에 현 의장은 국제적십자위원회(ICRC) 위원장을 지낸 '야콥 켈렌베르거'가 맡고 있다.

12) 바젤대학(University of Basel)은 1460년에 세워진 스위스 공립 종합대학교이다.

우에 대해서도 대비해야 한다."[13]고 하였다.

괴첼 박사가 설명한 '스위스가 추구하는 중립(neutrality)의 정의'에 의하면, 중립의 법적인 정의는 전쟁이나 분쟁이 일어났을 때 군사적으로 어느 쪽 편도 들지 않는 것이다. 중립국이 군사적으로 중립을 지켜서 분쟁 당사국 모두의 비난을 받는다면 중립을 잘 지키고 있는 것으로 이해할 수 있다. 그렇지만 중립국도 군사 관여 이외의 무력침공 반대와 같은 활동은 할 수 있다. "스위스는 유럽연합의 러시아 제재를 대부분 수용하고 있기에 러시아의 비난을 받고 있지만, 군사 제재가 아니기 때문에 중립성을 훼손한 것은 아니다."[14]

스위스의 이러한 중립은 군사력을 외국에 의존하는 중립이 아니라 자국의 군사력을 근간으로 하는 무장 중립(armed neutrality)이다. 제2차 세계대전 당시 스위스와 국경을 접하고 있는 독일의 히틀러와 이탈리아의 무솔리니가 스위스 점령 계획을 여러 차례 세웠으나 포기한 원인은 스위스의 국방력에서 찾을 수 있다. "제2차 대전시 전쟁의 위협이 다가오자 (스위스는) 전 국민의 1/10이 넘는 병력이 민병군으로 동원돼 국경 지역에 배치되었다. … 알프스가 저항거점으로 준비됐으며 장기전에 대비하여 식량과 탄약이 준비되었고 … 국민들에게는 배급제가 실시되었으며 … 이적 활동을 하는 조직들은 엄격한 법적조치를 받았고, 반역자들은 신속히 재판을 받고 처형되었다."[15]

"스위스 국경의 다리와 터널은 언제든지 외부 침입을 봉쇄할 수 있도록 설계되어 있다. 핵 공격을 당할 때 전 국민이 대피하는데 충분한 핵 대피소도 보유하고 있다. 세계에서 가장 큰 핵 대피소인 소넨베르크 터널(Sonnenberg Tunnel)은 스위스 루체른에 있다. 2만 명이 2주간 버틸 수 있는 세계 최대 방

---

13) 이용성, 「강대국에 둘러싸인 韓, 외교 다변화하고 창조적 역할해야」, 혁신 1위 스위스⑤, 2023.03.06.(ChosunBiz, https://biz.chosun.com).

14) 이용성, 위 자료.

15) 김용빈, 「제2차 세계대전시 독일의 침공을 억제한 스위스 방위전략의 특징과 교훈」, 『군사』 88, 국방부군사편찬연구소, 2013, 328-329쪽.

공호로서 출입구 두께가 1.5m를 넘고 자체 병원과 발전·급수시설, 공기정화 시스템을 완비하고 있다."[16]

❀ 중립화 의미와 대상 국가 ❀

중립(중립성)은 사용처에 따라서 의미와 범위가 달라지는 용어이다. 일상에서의 '중립'과 국제법에서의 '중립'은 차이가 난다. 법률적으로 사용될 때는 의미를 엄밀히 사용하여 범위가 좁아진다:

> "일상 언어에서 '중립'은 어느 한쪽 편을 들지 않고, 공정하거나 심지어 어느 한쪽의 입장이나 주장에 무관심한 것을 의미한다. 중립 원칙은 범위가 더 좁다. 이 원칙은 국가에만 적용되며, 국제적십자위원회(ICRC, International Committee of the Red Cross)와 같은 인도주의 단체의 중립에는 적용되지 않는다. 이는 국제 무력 충돌(IAC, international armed conflict) 상황에 적용되며, 제한된 범위의 의무에 관한 것이다. 핵심은 교전국에 지원을 제공하지 못하고, 중립국 영토를 분쟁 당사자에게 제공하지 않으며, 분쟁 당사자에게 전쟁 물자를 공급하지 않는 것이다.[17]

위에서 볼 수 있는 것처럼, '중립'(중립성, neutrality)[18]이란 국가 간 무력충돌을 전제로 하는 용어이며, 국제법상 무력충돌에 참가하지 않는 국가의 지위를 나타내는 용어로 사용되고, '중립법'(law of neutrality)은 UN안전보장이사회(안보리)의 구속력 있는 결의가 있는 경우를 제외하고 여전히 유효한 것

16) 이용성, 「강대국에 둘러싸인 韓, 외교 다변화하고 창조적 역할해야」, 혁신 1위 스위스⑤, 2023.03.06.(ChosunBiz, https://biz.chosun.com).

17) Schmid, E., Optional but not qualified: Neutrality, the UN Charter and humanitarian objectives. *International Review of the Red Cross*. International Committee of the Red Cross, 2025(https://international-review.icrc.org/articles).

18) '중립'은, 전쟁이나 군사 동맹에 관여하지 않음으로써 국제법상 독립 유지와 영토 보전을 보장받는 '영세중립'이나 '영구중립'을 줄인 말이다.

으로 간주되고 있다.[19] 다양한 이해관계가 충돌하는 다극화 시대에, 중립은 평화와 안정을 유지하기 위한 필수적인 가치로 부상하고 있다.[20] 중립화는 한 나라의 외교정책을 의미하며, 강대국이 약한 국가를 침략하는 것을 방지할 수 있는 외교정책이고 제도적 장치이다.[21]

'중립화'는 약소국이 강대국들 간 분쟁에 휘말리는 것을 피하면서 실용적 외교 전략을 펼칠 수 있는 방책이다. 약소국 입장에서는 어떠한 방법으로든 강대국들의 분쟁 대상에서 벗어나 자국의 독립과 안전을 보장받기를 원하며, 여기서 나온 것이 약소국의 중립 정책이다.[22] 그래서 국가의 '중립' 문제는 주로 국내·외 격변기에 대두되었다.

조선 말 혼란기에 고종(高宗, 조선 26대 왕)에 의해 1904년에 영세중립이 선포된 이래,[23] 남한 제1공화국 때 1960년 4·19 민주혁명 주체인 학생들이 중립화에 관심을 가졌다.[24] 이로부터 약 40년이 지난 1999년경 '중립화 통일운동'[25]이 다시 남한에서 부각되었다.[26]

---

19) 안준형, 「국제법상 중립법의 실효성과 한반도에서의 적용」, 『국제법학회논총』 61(3), 대한국제법학회, 2016, 131-138쪽.

20) 김반아, 「밖에서 본 한반도 중립화 운동」, 전남대학교 5·18연구소 전문가 콜로키움 자료집, 전남대학교 5·18연구소, 2023, 2쪽.

21) 김반아, 「한반도의 중립화를 위한 포용적·국제적 의미」(한겨레:온, www.hanion.co.kr), 2020.07.06.

22) 김진호·김순임, 「코스타리카 비무장 영세중립 정책 연구」, 『평화학연구』 10(4), 한국평화연구학회, 2009, 149쪽.

23) 고종은 일본의 조선 지배를 방지하고 조선에서 외국군들간 전쟁을 방지하기 위해 미국, 러시아, 중국, 일본 등이 조선의 영세중립 정책을 보장해 줄 것을 요청했으나, 지원을 받지 못하자 1904년 1월 일방적으로 영세중립을 선포했다(강종일, 「미국의 대한정책: 한반도의 영구적 평화와 안정을 위한 대안」, 『평화학연구』 7(3), 한국평화연구학회, 2006, 295쪽.).

24) 4·19 혁명 당시 중립화에 대한 학생들의 관심은 1955년 4월 인도네시아의 반둥회의(Bandung Conference)에서 있었던 제3세계 국가들의 '비동맹중립 선언'의 영향을 받은 것으로 보인다.

25) 남한과 북한이 두 국가라는 점에 주목하는 '중립화 통일운동'은 여타 통일추진 단체가 남북분단과 통일 문제에 접근해 온 것과 구별된다.

26) 1999년 8월에 '한반도중립화연구소'가 설립되었고, 2년 후 '영세중립통일협의회'가 NGO 단체로 발족되었다.

중립화 대상 국가는 '강대국의 침략과 헤게모니 경쟁의 대상국가', '지정학적으로 강대국에 포위된 국가', '주변국가의 침략을 많이 받았거나 받을 가능성이 있는 국가', '지리적으로 강대국과 강대국을 연결하는 교량 역할을 하는 국가'이다.[27] 이러한 '중립화 대상국가'의 조건을 한반도는 대부분 갖추고 있다. 또한 중립국을 선언하고 유지하기 위해서는 외부적으로 강대국들 힘의 균형이 필요하고 내부적으로 중립을 유지하기 위한 방위력과 의지가 필요한데,[28] 한반도의 현 상황은 남북한이 중립 외교정책을 하기에 좋은 조건을 갖추고 있다. 외적으로 남방 삼각관계(남한·미국·일본)와 북방 삼각관계(북한·중국·러시아) 사이에 힘의 균형이 형성되어 있고, 내적으로 1950년대와는 비교도 될 수 없는 힘을 남북한이 갖추고 있다.[29]

과거에 한반도는 강대국들에 둘러싸여 외침을 받았고 정치적 영향도 크게 받았다. 강대국의 이러한 영향을 받아오며 한민족 영토는 줄어들어 압록강과 두만강 남쪽으로 축소되었고,[30] 분단 후 남한은 한반도 남쪽에, 북한은 한반도 북쪽에 국한된 나라가 되었다. 그렇지만 남북한은 현재, 과거와 비교될 수 없는 힘을 갖고 있기에, 강대국들의 힘의 균형을 활용하여 중립을 추진해 국권 침해를 방지하고 국가의 경제적 이익을 제고할 여건이 형성되어 있다.

---

27) Cyril Black et. al., *Neutralization and World Politics*, Princeton, NJ: Princeton University Press, 1968, p. xi.

28) 박태균, 「미국의 대한정책을 통해 본 한반도 중립국화 방안」, 『한국과 국제정치』 35(3), 경남대학교 극동문제연구소, 2019, 86-87쪽.

29) 위 논문, 같은 쪽 참고.

30) 고조선 영토는, 한반도 북부 이외에 요동, 요서, 산둥반도를 포함하는 지역이었다.

❀ 남북한 중립화의 유용성 ❀

세계열강[미국, 중국, 러시아, 일본]의 대립이 심화되는 상황에서 이들의 접점인 한반도에 있는 남한과 북한의 통일 가능성은 희박한 실정이다. 설령 통일이 되더라도 남북한을 합한 국력은, 4대 강국인 미국, 중국, 러시아, 일본의 국력을 100으로 했을 경우, 국민총생산(GDP)은 약 3.0%, 군사비는 약 3.7%, 인구는 약 3.7%, 영토는 약 0.6%에 불과하다[31]는 사실을 직시해야 한다.

남북한은 각각 국가 안보를 위하여 현재처럼 남한은 미국과, 북한은 중국 및 러시아와 동맹할 수 있겠으나, 국력이 약한 동맹국은 강한 동맹국의 간섭을 받는 게 얼마나 큰 고충인가를 역사가 보여주고 있다. 남한이 이제 강대국이 되었으니 중립국이 될 필요가 없다는 견해가 있을 수 있겠으나, 분단국가인 남한은 국토 면적과 인구수 및 국력이 강대국들과 비교하여 매우 작기 때문에 지금까지의 고충을 벗어나기 힘들 것이다. 남북이 중립화가 된다면, 남북은 미국과 중국 및 러시아의 영향력을 줄일 수 있고 자주권을 강화할 수 있을 것이다.

남한은 미국과 중국의 패권분쟁에 끼어서 큰 손해를 감내하고 있다. 미국은 제4차 산업혁명의 핵심인 반도체 생산 시설의 미국 내 유치를 위하여 남한 등에 파격적 지원을 제안했었다. 미국 바이든(Joseph Robinette Biden Jr.) 대통령은 취임 후 첫 번째 아시아 순방의 첫 번째 일정으로 남한의 삼성전자를 2022년 5월에 방문하였다. 그 결과로 남한의 반도체 기업들은 미국으로부터 신규 반도체공장 미국투자 지원을 위한 세금 감면 등 인센티브 제공을 승인받아 약 1,676억 달러(약 218조 원)에 이르는 미국 장기투자에 착수하였다.[32] 미국은, 미국에 반도체 생산·연구 인프라를 구축하는 기업에 총 240

31) 강종일, 「한반도 영세중립 통일방안 연구」, 『한국국제정치논총』 41(1), 한국국제정치학회, 2001, 93-116쪽.

억 달러의 세금 공제 혜택을 제공하는 법안을 마련하였다.[33] 그러나 2023년 초에 공개된 반도체기업에 대한 미국의 보조금 지급기준에 의하면, 미국에 시설투자하는 기업은 10년간 중국에 반도체 시설투자가 제한되고, 기업기밀을 미국에 공개해야 하며, 초과이익을 미국에 반납해야 하고, 극도의 보안 유지가 필요한 반도체 공정 핵심기술을 미국에 제공해야 하기에, 중국에서의 반도체 생산에 수십조 원을 투자해온 남한의 삼성전자와 SK하이닉스는 중국투자를 날릴 위기에 처해 있다.[34] 재집권에 성공한 트럼프 대통령은 2025년 3월에 남한을 콕 집어 "한국이 미국 반도체 사업을 훔쳐갔다."는 거친 말을 하면서 미국에 반도체 공장을 짓는 외국 반도체회사에게 보조금을 주기로 한 반도체 법령을 폐지해야 한다는 주장을 재차 펼쳤다.[35] 이것은 중국의 반도체 굴기를 꺾기 위한 미국 전략에 남한이 휘말린 것을 나타낸다.

중국에 의한 남한 기업의 피해도 있다. 미국의 사드(THAAD, 고고도 미사일 방어 체계)가 남한에 배치되는 것에 반대하여, 중국은 자국 내 남한 기업들의 활동을 제한하는 조치를 내렸다. 예컨대 중국의 사드 보복에 의해서 2017년 3월부터 2018년 2월까지 1년간 남한의 롯데그룹이 입은 피해 규모만 약 2조 원에 달하는 것으로 추산된다.[36]

---

32) 김용원, 「삼성전자 미국 반도체 '218조 투자' 인센티브 승인 받아」, 비즈니스포스트(businesspost.co.kr), 2022.12.31.

33) 윤희석, 「바이든 9일 반도체법 서명」(전자신문, www.etnews.com), 2022.8.4.

34) 오정근, 「오정근 칼럼: 미국의 1988년 슈퍼 301조와 2023년 반도체과학법」(펜앤드마이크, pennmike.com), 2023.3.6.

35) 남한의 삼성전자, SK하이닉스는 미국에 각각 370억 달러(약 53조 원)와 38억7천만 달러(약 5조 6000억 원)를 투자해 반도체공장을 짓기로 미국 정부와 합의하여 삼성전자는 텍사스에 반도체공장을 건설 중이고, SK하이닉스는 인디애나에 고대역폭메모리(HBM) 등 반도체 패키징 시설을 준비 중인데, 미국의 '반도체법'에 따라 투자금의 11~13%를 보조금으로 주겠다고 남한기업의 미국 투자를 유치해 놓고서 트럼프 대통령이 안 주겠다고 말한 것이다.

36) 연합뉴스, 「사드보복 1년: 끝나지 않은 시련, 롯데그룹 손실액만 2조 원」(연합뉴스, yna.co.kr), 2018.3.4.

북한 역시 중국의 핵개발 반대 성명과 외교적 압박을 받아 왔다. 북한을 지원하면서도 견제하는 중국은, 북한이 국가 안보를 위해 주력하고 있는 핵개발을 반대하는 입장을 지속적으로 표명해 왔었다. 중국의 영향력에서 벗어나려는 북한을 달갑게 보지 않는 것이다. 2016년 1월 북한의 소위 '수소폭탄' 실험에 대하여 중국 외교부는 "오늘 조선민주주의인민공화국이 국제사회의 보편적 반대를 고려하지 않고 다시 핵실험을 진행하였다. 중국 정부는 이에 대해 확고한 반대를 표시한다."는 성명을 발표하고, 브리핑에 나온 화춘잉(華春瑩) 대변인은 "'중국이 북한 제재에 나설 것이냐?'는 질문에 '중국은 국제적 의무를 계속 이행할 것이며, 국제사회와 함께 한반도 무핵화 실현을 위해 노력할 것'이며, '중국은 주중 북조선 대사를 소환할 계획이냐?'는 질문에 '당연히 북한 측과 엄정한 교섭을 할 것'"이라고 답했다.[37] 또한 중국은 북핵 시설을 겨냥한 미국의 공격 움직임에 대해선 외교적으로 억제하겠지만 실제 공격이 이뤄지더라도 중국이 군사적으로 개입하지는 않겠다는 뜻을 내비쳤다.[38] 이처럼 남북한 모두 강대국의 자국 이익 우선 노선에서 소외당해 왔기에, 중립화 득실을 면밀히 검토할 필요가 있다.

남한과 북한의 중립화 가능성과 관련하여, '남한이 먼저 중립화'가 제안되었는데,[39] 이것은 북한보다 제반 여건이 좋은 남한의 현실에 맞는 제안으로 볼 수 있다. '남한의 중립화'는 그 자체가 목표가 아니라, 남북관계에 있어서 긴장 완화를 가져와서 '북한의 중립화'를 이끌어낼 가능성을 높일 수 있다는 것이다.[40]

---

37) 박승준, 「김정은의 수폭 실험 보는 중국의 속내」(주간조선, weekly.chosun.com), 2016.1.8.

38) 김진방, 「중국 마지노선제시. 미국의 '외과수술' 북핵타격 반대하나 군개입 않을 것」(한국경제, www.hankyung.com), 2017.4.22.

39) 윤하, 「7월 생명평화 고운울림 기도순례: 건국대 윤태룡 교수님을 만났습니다」(http://www.welife.org/board_AFlR87/83012), 2019.7.29.

40) 윤태룡 교수가 생각하는 한반도 중립화의 로드맵: (준비단계)남북대화/긴장완화 → (1단계)

남북한이 각각 중립화 하여 협력체제를 구축하면 남한의 우수 기술과 자금이 북한의 풍부한 지하자원과 성실한 노동력, 그리고 북한의 군사과학 및 기술과 결합하여 상호 이익을 거두는 방향이 모색될 수 있다. 이와 관련하여, 북한 군사과학 기술 전문가인 강호제 박사는 다음과 같이 말하였다. "조선을 단순히 노동력과 풍부한 지하자원을 제공하는 역할에 묶어두지 말고, 조선이 가진 과학기술, 쓸 만한 기술을 적극 활용할 수 있게 되면 통일경제, 평화경제도 풍성하게 발전할 수 있다. 이미 조선의 앞선 IT(정보기술, information technology)는 2000년대 초반에도 남북 협력사업의 핵심 중 하나였다. 요즘 거의 모든 주차장에 도입된 자동차 번호 자동인식 시스템이 만들어지는 과정에 당시 조선 IT기술자들의 기여가 있었다는 것은 공공연한 비밀이다. 이는 AI(인공지능) 기술 가운데 하나인 문서 인식, 글자 인식 기술이다. 요즘 AI 기술 중 난이도가 높은 얼굴인식 부문에서도 조선은 상당한 수준에 도달하였다. 이를 적극 활용하여 남북이 함께 스마트홈(smart home) 시스템을 비롯한 첨단 기술제품을 만든다면 새로운 차원의 남북교류협력 사업이 될 수 있다."[41]고 하였다.

한반도는 중국과 미국 문명이 충돌하는 현장으로서, 북한과 미국의 적대적 공생관계는 계속될 수밖에 없다.[42] 미국은 아시아와 한반도에서 중국과의 헤게모니 싸움에서 승리하는 것이 사활적 국익의 문제이기에 현재와 같은 미중 갈등은 고정변수로 작동할 가능성이 크다.[43] 그래서 '중립화 통일론'은 분단 이후 지속해 온 통일 담론 중 하나이다.[44]

남한만의 중립화 → (2단계)북한만의 중립화 → (3단계)남·북한 동시중립화(윤태룡, 「중립화에 대한 질의응답」(제주평화연구원, http://jpi.or.kr/?p=10692), 2015.9.8.

41) 강진규, 북한 과학기술의 평화적 활용 모색과 과학기술을 통한 남북협력 방안」(NK경제, http://www.nkeconomy.com), 2020.02.08.

42) 채진원, 「문명충돌을 막는 한반도 문명전환의 논리 탐색」, 『현상과 인식』 45(1), 한국인문사회과학회, 2021, 150쪽.

43) 위 논문, 142쪽.

이에 대한 연구는 1960년 4월 항쟁 직후에 집중되어 있고, 그 밖의 기간(1945~48년, 1953~54년, 1964~66년)의 중립화론은 미·소 냉전 체제에 저항하는 가운데 '제 3세계적 연대'를 통해 새로운 질서를 창출하고자 한 시도로 해석될 수 있다.[45] 해방기에는 '중간파' 노선이 국제적 현실성을 갖고 있었고, 6·25 전쟁 직후에는 무장 대립의 상황에서도 미·소 중심 체제에 대한 비판이 살아 있었으며, 1960년대에는 냉전 체제 밖 제 3세계적 대안이 있었다고 해석될 수 있다.[46] 특히 1950년대 중반에 '중립화 통일론'을 제안하여 센세이션을 일으킨 김삼규는 한반도 통일이 미·소·중·일 4대 강국의 보장 아래 중립적 통일을 이루어야 한다고 주장하였다.[47] 중립화통일론이 남한의 지식인과 학생에게 반향을 일으킨 것은 1960년 여름 이후인데, 9월에 고려대에서 열린 '남북통일에 관한 전국대학생 시국토론회' 참가자 25명 중 11명이 중립화통일론과 맥락을 같이 했고, 10월에 미국 맨스필드 상원의원의 보고서 제출을 계기로 중립화통일론은 더욱 호소력을 갖게 되었으며, 11월에 중립화통일론이 정당 및 사회운동과 연계되면서 통일운동의 흐름이 되었다.[48]

'중립화된 국가'란 열강들이 국제협약을 통해 그 국가의 독립과 통합을 보장하는 것으로서, 외부로부터의 공격에 대한 방어를 제외하고는 강대국들이 그 국가에 대해 무력 개입을 할 수 없음을 의미하는 것이다.[49] 이에 의

44) 김연철, 「한반도 중립화 통일론의 역사성과 한계」, 『북한연구학회보』 28(2), 북한연구학회, 2024, 8쪽.

45) 권보드래, 「중립의 꿈 1945~1968: 냉전 너머의 아시아, 혹은 최인훈론을 위한 시론」, 『상허학보』 34, 상허학회, 2012, 261쪽.

46) 위 논문, 같은 쪽.

47) 지충남, 「재일동포 사회의 '제3의 민족통일운동' 고찰」, 『한국동북아논총』 18(4), 한국동북아학회, 2013, 130쪽.

48) 장문석, 「현해탄을 오간 중립: 최인훈의 『광장』과 동아시아의 역사적 경험」, 『역사문제연구』 25(2), 역사문제연구소, 2021, 32쪽.

49) 박태균, 「미국의 대한정책을 통해 본 한반도 중립국화 방안」, 『한국과 국제정치』 35(3), 극동문제연구소, 2019, 72쪽.

하면, '중립화된 국가'는 항상 중립임을 일방적으로 선언해야 하며, 양자조약을 맺은 국가가 전쟁에 개입되더라도 중립을 지켜야만 한다. 예컨대, 남한이 미국과 안보조약을 맺었다고 하더라도 미국이 관련된 전쟁에 개입할 수 없음을 의미한다.[50]

한반도의 지정학적 위치와 국력은 유럽의 중립국과 유사하기에, 남북은 내전을 방지하고 주변 강대국의 침략을 방지하기 위해 유럽의 중립 문화를 교훈 삼아 중립 정책 채택을 신중하게 검토할 필요가 있다.[51] 특히 남한은 주한미군의 미래가 불투명한 상황에서 평화와 안보를 지키기 위해서 중립국을 하는 것이 안전한 선택이 될 수 있다.[52] 강대국들의 이해관계에 둘러싸인 한반도는 자주적 역량을 발휘하여 남북 화해를 이루고 생존권을 보장하기에는 넘기 힘든 정치적, 외교적, 군사적 장애물에 직면하고 있음을 부정하기 어렵기에,[53] 중립화만이 자주적 민족통일을 이룰 수 있는 유일한 길이라고 볼 수 있다.[54] 한반도 중립화는 강대국의 패권 경쟁에서 벗어나 민족의 생존권을 스스로 지켜내고, 지속 가능한 상생의 질서를 구축하기 위한 현실적이고 창조적인 대안이다. 그래서 한반도 문제 해결을 위한 방안의 하나로 중립화가 다시 거론되고 있다.[55]

---

50) 위 논문, 같은 쪽.

51) 강종일, 「유럽의 중립문화가 남북에 주는 함의와 교훈」, 『남북문화예술연구』 2, 남북문화예술학회, 2008, 201쪽.

52) 박태균, 앞 논문, 90쪽.

53) 임상우, 「오스트리아의 중립화에 비추어 본 한반도 중립화 통일론」, 『통합유럽연구』 12(3), 국제지역문화원, 2021, 127쪽.

54) 위 논문, 같은 쪽.

55) 김홍섭, 「오스트리아 모델: 친서방 영세중립의 성립과 발전」, 『독일언어문학』 88, 한국독일언어문학회, 2020, 207쪽.

❀ 핵무력 안보의 한계 ❀

북한은 혁명과업을 이루기 위한 '혁명 무력'으로서 인민군대를 규정해오면서, 남한 사회주의화의 걸림돌인 미제(미국 제국주의)를 제거하기 위한 '핵무력'(이하 '핵무력') 개발을 수십 년간 해왔다. 북한 노동당 규약 전문에는 북한에서 '사회주의 강성국가 건설'과 남한에서 '민족해방민주주의 혁명'을 완수함으로써 한반도를 북한식 사회주의화 하는 두 가지 혁명과업이 규정되어 있으며, 이 혁명과업 수행의 가장 큰 걸림돌인 '미제'를 제거하기 위해 핵무기를 보유해야 한다는 논리를 펼쳐왔다.[56)]

핵무기 개발 이후, 북한은 '혁명 무력'인 인민군대보다 '핵무력'을 핵심 군사력으로 강조하고 있다. 김정은 위원장은 2018년 신년사에서 이전의 신년사와는 다르게 '선군'[57)]이란 단어를 제외했으며 '핵무력 완성'이라는 말이 이를 대치하였다.[58)] 핵무력이 북한 군사력과 국제 협상의 핵심으로 부각된 것이다. 심지어 2022년 9월에 북한은 최고인민회의에서 '조선민주주의인민공화국 핵무력 정책에 대하여' 법령(이하 '핵무력 정책법')을 채택하여, 핵무기의 적극적 선제적 사용을 법령에 반영하였다.[59)]

북한은 핵보유국이 된 이후 '중립화'에 대하여 이전과 다른 입장을 취하고 있다. 핵보유 국가가 되었기 때문에 외세 침략을 받을 우려가 낮고, 외국 침략 의사가 없기 때문에 중립화를 추구할 필요가 없다는 입장인 것 같다.[60)]

---

56) 유판덕·박영택, 「북한 '핵무력'과 재래식 군사력 강화 방향 및 공세적 운용과의 관계 연구」, 『한국국가전략』 5(2), 한국국가전략연구원, 2020, 150쪽.

57) '선군'(先軍, military first)은 북한의 김정일 국방위원장이 1995년부터 내건 정치사상으로서 군(軍)이 정치의 중심이라는 방식이다.

58) 장광열, 「김정은 정권의 정치적 상징전략에 관한 연구: '핵무력 완성' 선언을 중심으로」, 『한국군사학논집』 74(3), 육군사관학교 화랑대연구소, 2018, 217쪽.

59) 북한의 '핵무력 정책법' 제6조 핵무기 사용조건, 제3조 및 제4조의 지휘통제 규정 등에는 전시뿐만 아니라 위기 시에도 핵무기를 선제적으로 사용할 수 있다는 점이 제시되어 있다(이동섭·송승종, 「북한 핵무력 정책법의 전략적 함의: 김정은 시기 핵전략의 목표-수단-방법을 중심으로」, 『안보군사학연구』 19(2), 안보군사연구원, 2022, 56쪽.).

【사진 9】 북한, 핵군축 요구하며 대미 강압전략 추진
(출처: 자유아시아방송, 2020.02.13.)

그러나 이 같은 입장은 핵보유가 영구평화를 위한 제도적 장치가 되지 못한다는 점을 간과하고 있다. 핵보유 강대국 소련이 1991년 붕괴된 역사에 주목할 필요가 있다. 특히 핵보유 약소국 역사에 주목할 필요가 있다. 핵보유 약소국 파키스탄이 핵무기에 대한 자신감을 바탕으로 1999년 카르길(Kargil) 전쟁을 일으켰을 때, 상대국이 핵전쟁 위기를 두려워하여 대규모 반격하지 못할 것이라는 예단과 다르게, 파키스탄이 국제 사회로부터 고립되고 경제 제재 및 군사적 압박을 당하여 전쟁에서 패한 역사[61]에서 교훈을 얻을 필요가 있다.

2018년 북·미 정상회담을 개최할 정도로 핵보유는 북한의 국제적 위상을 높였으나, 국제사회는 물론이거니와 혈맹인 중국조차 북한의 핵 포기를 강요하는 상황에서 극심한 경제 제재를 받고 있다. 북한이 핵무기 실험을 할수록 북한에 대한 국제 사회의 압력과 경제 제재의 수위가 높아지고 있다.

---

60) 평양 소재 평양호텔에서 장기풍 고수와의 면담자료(2017년 6월).

61) 손한별, 「핵보유국에 대한 '전략적 강압': 1999년 카르길(Kargil) 전쟁」, 『국가전략』 23(4), 세종연구소, 2017, 31-60쪽.

위와 같은 역사적 사실로부터, 핵무력이 국가 안보를 높이는 수단은 될 수 있으나 국가 안보를 보장하는 수단은 아니라는 사실을 이해할 수 있다. 핵무력을 통한 국가 안보에는 한계가 있다. 미국이 수천 개의 핵무기를 갖고 있어도 남한이 위협을 느끼지 않는 것은, 미국과 남한의 관계가 시장경제를 가치로 우호관계에 있다는 인지 때문이며, 이와 반대로 북한이 미국의 위협을 느끼는 것은 수십 년간 누적되어 온 적대 관계가 있기 때문이다.[62] 또한 모든 국가는 동등한 자격에서 동등한 국제법상의 권리를 부여받고 의무를 준수하는 것으로 국제법이 성립하지만, 모든 진영의 국가 간에 완전한 합의가 되어 있는 유일한 원칙인 '주권평등원칙'의 전제를 온전히 살리기 위해서는 '주권평등원칙'과 국가 주권을 제약하는 '국제규범'이 충돌한다는 사실을 이해할 필요가 있다.[63] 따라서 미국·중국·러시아의 헤게모니 분쟁이 심해지는 상황에서, 남북은 이들 국가 모두와 선린 외교를 하며 국익을 증대할 수 있는 중립화를 검토해 볼 필요가 있다.

---

62) 채진원, 「문명충돌을 막는 한반도 문명전환의 논리 탐색」, 『현상과 인식』 45(1), 한국인문사회과학회, 2021, 147쪽.

63) 서은아, 「국제법상 주권평등원칙의 재정립: 국제통상규범의 관계 및 개정방향을 중심으로」, 『법학논총』 38(2), 전남대학교 법학연구소, 2018, 249-263쪽.

2) 중립화 사례와 모델

❀ 중립화로 이룬 발전, 스위스[64] ❀

스위스는 지정학적 요충지라는 지리적 한계를 극복하고 중립국 지위를 활용하여 국익과 국제적 영향력을 확대한 대표적인 국가이다. 남북 관계에서 중립화가 거론될 때마다 스위스가 모델로 제시되는 이유는 단순히 전쟁을 피했기 때문이 아니라, 중립을 통해 국익을 도모한 전략이 주목받는 것이다.

남한은 지난 70여 년 동안 미국과 독일로부터 많은 것을 배웠다. 독일로부터 산업화와 민주화를, 미국으로부터 경제성장과 자유민주주의를 배웠다. 그 결과 남한은 경제 대국으로 성장하는 데 성공했으나, 좋은 면뿐만 아니라 나쁜 면도 배웠다. 특히 미국의 경우, 경제성장 과정에서 양극화와 빈부차, 지나친 개인주의 가치관을 야기하게 되었다. 이러한 미국 문화의 부정적인 면을 극복하기 위해 미국 뒤를 따라가기만 할 것이 아니라, 새로운 길을 모색할 필요가 있다.

중립국 스위스는 약 700년이 넘는 기간 동안 민주주의, 평화, 인권 등 글로벌 가치를 실현해 온 국가이다. 미국에 비하여 사치와 낭비가 없고 국민성이 우수한 중립국 스위스의 강점을 분석하면 도움이 될 만한 사실을 확인할 수 있다.

첫째, 스위스의 민주주의 실태에서 민주주의의 발전 방향을 찾을 수 있다. 스위스는 국민이 직접 법률을 제정하고 정책을 결정하는 직접민주주의 국가이다. 이러한 직접민주주의는 국민의 정치 참여를 확대하고, 정부의 책

64) 김반아, 「스위스, 한국의 귀감이 될 수 있는 나라」(한겨레:온, https://www.hanion.co.kr), 2023.12.18.을 발췌 및 보완하여 작성하였음.

임성을 높이는 데 기여할 수 있는 면이 있다. 남한은 광복 후 미국의 자본주의와 민주주의를 도입하여 적지 않은 발전을 하였으나, 정치적 갈등을 해소하는 방식과 포퓰리즘을 극복하는 방식을 스위스에서 배울 필요가 있다.

둘째, 스위스의 중립국 모델로부터 한반도 평화를 위한 아이디어를 배울 수 있다. 스위스는 1815년부터 중립국으로 평화를 유지해 온 국가이다. 한반도는 냉전의 상흔으로 인해 여전히 물리적으로, 심리적으로 분단 상태에 있으며, 군사적 긴장이 지속되고 있다. 이를 완화하고 궁극적으로 해소하는 데 스위스의 중립국 모델은 시사점을 줄 수 있다.

셋째, 스위스의 평화와 인권에 대한 가치로부터 도움을 받을 수 있다. 스위스는 평화와 인권을 중시하는 국가이다. 중립국으로서 전쟁에 참여하지 않고 평화를 유지하기 위해 노력해 왔으며, 인권 존중 법률과 제도를 마련하고 인권 보호 활동에 적극 참여해 왔다.

스위스는 남한에 비하여 정치 여건이 좋은 국가는 아니다. 남한은 한국어 단일 언어를 사용하지만 스위스는 독일어, 프랑스어, 이탈리아어, 로만슈어 등 4개 국어를 사용하는 다민족 국가이다. 종교 측면에서도 기독교, 이슬람교, 유대교 등 다양한 종교가 공존하는 나라이다. 국토의 약 75%가 산과 호수이고, 남한처럼 지하자원이 부족한 국가이다. 이러한 불리한 조건에서 스위스는 독일, 프랑스, 이탈리아, 오스트리아에 둘러싸여 외세에 시달린 역사를 갖고 있다. 그렇지만 열악한 여건을 극복하고 세계 최고 수준의 선진국으로 발전하였으며 국민통합도 이루었다. 다양성은 국민 반목과 갈등의 원인이기도 했지만, 다양한 배경과 가치를 가진 사람들이 단합하여 큰 발전을 성취할 수 있었다.

특히 스위스는 중립국을 표방하여 국가들 간 분쟁과 대립에 중립 자세를 취함으로써 주위 강대국들과 선린 관계를 유지하여 큰 자본과 우수한 기술의 유입을 촉진할 수 있었다. 그러하기에 스위스는 자유무역을 통한 국가

간 협력을 중시한다. 1848년 관세를 철폐하였다. 17세기부터 자유무역을 통해 주변 선진국들과 활발한 교역을 통해 기술과 자본을 받아들여 고도 산업화를 이루는 데 성공하였다.

이 같은 정치 및 경제 토대에서, 스위스 국민성의 핵심은 실용주의와 창의성에 있다. 전통을 중시하되 관습에 얽매이지 않고 새로운 발전방향을 모색하여 신기술 개발 역량이 뛰어나다. 스위스의 대표적 산업인 시계, 은행, 제약, 식품 등은 이러한 실용주의와 창의성이 바탕이 되어 발전할 수 있었다. 또한 스위스는 교육과 연구에 대한 투자를 중시하는 국가이다. 1인당 교육비가 세계 최고 수준이며, 세계적인 연구기관이 밀집한 국가로서 과학기술 분야에서 글로벌 경쟁력을 갖추고 있다. 정치 분야에서는 사회적 합의가 모범적인 국가이다. 연방제와 직접민주주의를 통해 다양한 이해관계를 조정하고 갈등을 최소화한다. 이러한 요인들이 복합적으로 작용하여 스위스는 선진국으로 성장할 수 있었다. 한반도는 스위스와 유사한 지정학적 조건을 지니고 있기에 스위스는 귀감이 될 수 있는 나라이다.

❀ 중립성 변화, 스위스 ❀

중립성(neutrality)이란, 국제법에 의해 정의된 국제 무력 충돌에 참여하지 않는 국가의 지위를 의미한다. 이 지위는 중립국과 교전국 간의 관계에서 권리와 의무를 수반하여 중립국은 분쟁으로 인해 불이익을 받지 않을 권리가 있으며, 분쟁에 불참 및 중립의 의무가 있다.[65] 이 관점에서 볼 때, 영세중립국 스위스의 중립성은 급변하는 국제 정세와 패권분쟁 속에서 시험대에 올라 있다. 국제법상 중립을 인정받은 영세중립국이 교전국을 지원한

---

65) Bothe, M., Neutrality, Concept and General Rules, Oxford Public International Law (https://opil.ouplaw.com).

경우 영세중립국 지위가 소멸된다고 볼 수 있기 때문이다.

스위스는 국제 무력 분쟁에서 줄곧 중립을 유지해 왔으나, 러시아-우크라이나 전쟁에 있어서 우크라이나에 대한 무기 지원은 거부했으나 재정 지원과 러시아 제재에 동참하였다. 스위스는 유럽연합의 러시아 제재에 동참하여 자국에 존재하는 러시아 자산에 대한 동결 조치를 시행했으나, 자국의 방산업체 루아크가 보유한 독일산 레오파르트1 전차의 우크라이나 수출을 불허하였고, 러시아 중앙은행 동결 자산에서 나온 수익을 유럽연합이 우크라이나 지원에 집행하기 시작한 조치에도 불참하였다.[66] 중립법에 근거하여 러시아와 우크라이나 양측 모두에게 전쟁 물자를 지원할 수 없다는 입장을 취하고 있으며, 독일이 스위스로부터 구입한 스위스제 무기들을 우크라이나에 다시 수출하는 것의 승인도 거부했고, 심지어 군용기가 전쟁물자 수송 등 군사적 목적을 가진 경우에 스위스 영공 통과도 금지하였다.[67] 왜냐하면 헤이그 협약(1907) 제1조 중립국 영토의 불가침 규정은 침략자이든 침략의 피해자이든 관계없이 중립국 육지뿐 아니라 해역과 영공에도 적용되기 때문에 영공 통과를 금지한 것이다.

러시아-우크라이나 전쟁 발발 이후 스위스가 유럽연합의 러시아 경제 제재에 일부 동참한 것은 '전통적인 중립'에서 탈피하여 '가치 지향적 중립'으로 변하고 있음을 나타내는 상징적 사건이다. 스위스는 1815년 이후 중립법을 준수해 왔다. 그렇지만 스위스 연방 평의회 보고서에 의하면 중립이 역사적 변화를 거듭해 왔고 이는 국익과 국제적 맥락에서 전략적 선택의 결과로 이루어져 왔다고 설명하고 있으며,[68] 국가 안보 측면에서 2023년 7월에

---

66) 박지홍, 「전시 중립법과 제한적 중립 개념의 등장 : 러시아-우크라이나 전쟁에서의 군사 지원을 중심으로」, 『한국군사학논집』 81(1), 육군사관학교 화랑대연구소, 2025, 3쪽.

67) 김영석, 「우크라이나와 러시아간의 무력충돌관련 우리나라에 대한 중립법의 적용 검토」, 『법학논집』 29(2), 이화여자대학교 법학연구소, 2024, 366쪽.

68) 박지홍, 앞 논문, 22쪽.

독일 주도의 유럽 방공 시스템인 ESSI(스카이실드, 유럽영공방어계획) 참여 의향서에 서명하기도 하였다.[69]

위와 같은 스위스 사례를 고려할 때, 중립화란 국제 여건의 변화와 강대국들과의 이해관계에 맞춰 조정해 나가는 '역동적인 프로세스'라는 것을 알 수 있다. 스위스가 유럽연합 블록과의 갈등 속에서도 자국의 중립성을 오랫동안 고수하며 외교적 균형을 모색하는 과정은, 스위스와 유사한 지정학적 조건을 지니고 미·중 패권 대립의 사이에서 지속적인 경제발전과 생존 전략을 짜야 하는 한반도에 시사하는 바가 있다.

❀ 중립성의 다양화 ❀

제1차 세계대전의 경험이 엄격한 중립을 추구하도록 유도했지만,[70] 국가들이 국제 무력 분쟁에 관여하는 방식을 설명하기 위하여, 중립에 대한 다양한 개념이 출현하였다.

그렇지만 어느 경우에도 영세중립국은 분쟁 당사국들에 군사 장비나 무기를 지원할 수 없다는 것이 예나 지금이나 동일하다. 이처럼 국가들 간 무력 분쟁 발생 시 어느 편도 들지 말아야 한다는 전통적인 엄격한 중립(strict neutrality) 개념이 있는 반면에, 국가들 간 무력 분쟁에 출병을 하지 않지만 침략당한 국가에 무기나 재정 지원 하는 것을 나타내는 용어가 통용되고 있다. 구체적으로 일반적 중립 외에 '차등적 중립'(differential neutrality), '제한적/조건부 중립'(qualified neutrality), '비전투/비교전'(non-belligerency)이란 용어가 사용되고 있다. 이들 개념을 비교하여 정리해보면 다음 【표 2】와 같다.

---

69) 박형수, 「푸틴이 부른 중립국 종말. 軍강국 스웨덴 이어 이 나라도 흔들」(The Joongang, https://www.joongang.co.kr), 2023.07.14.

70) 김영석, 「우크라이나와 러시아간의 무력충돌관련 우리나라에 대한 중립법의 적용 검토」, 『법학논집』 29(2), 이화여자대학교 법학연구소, 2024, 362쪽.

【표 2】 다양한 지위의 중립성 표기와 그 주요 내용 및 양상

구분	영문 표기	주요 내용	양상
일반적 중립	ordinary neutrality	◦ 고전적인 중립법 준수 ◦ 고전적인 중립법의 일부는 1907년 헤이그 협약 V(육상전)와 헤이그 협약 XIII(해상전)에 성문화되어 있으며 그 조항들은 관습법을 반영 ◦ 타국 군사활동에 기여하지 않음 등을 의무로 부과	◦ 스위스처럼 영구 중립을 약속한 "국제법이나 헌법 규범"에 따라 영구 중립을 약속한 국가가 중립을 이행하는 양상 ◦ 중립국 이외의 국가도 특정 무력 분쟁에 '일반적 중립' 지위를 선택할 수 있음
차등적 중립	differential neutrality	◦ 유엔 헌장에서 비롯된 의무가 중립국 의무와 충돌하는 경우에 유엔 의무가 우선이기에 중립 의무를 벗어날 수 있음 ◦ 유엔 안전보장이사회가 회원국에 무력 사용을 승인하는 경우에 중립국은 군사적 중립 의무가 없음 ◦ 유엔 총회가 '평화를 위한 단결' 결의안을 통해 행동할 때는 권고사항만 채택함	◦ 각국은 유엔의 권고 사항을 따를지 여부를 자유롭게 결정 ◦ 영세중립국인 스위스는 유엔 회원국으로서 유엔이 결정한 제재를 이행하는 것이 중립법에 위배되지 않음
제한적/조건부 중립	qualified neutrality	◦ 이 중립은 중립국이나 교전국의 중립에 기반함 ◦ 개념적 토대는 「전쟁방지법」(Jus contra bellum) 의 발전에서 비롯되었음 ◦ 유엔 총회가 특정 국가를 침략자로 결의안을 채택할 수 있기 때문에 이러한 제한적 중립이 허용됨	◦ 개별 국가는 피해국을 지원함으로써 침략국에 대한 제재를 가할 수 있음 ◦ 중립법상 문제 제기가 일어날 수 있고, 자국 중심 평가에 따라서 이중 잣대가 될 수 있음 ◦ 중립성에 조건을 붙이는 자체가 중립성 본질 훼손임
비전투/비교전주의	non-belligerency	◦ 중립국과 교전국이라는 이분법적 구분을 해체한 데서 비롯된 중간적 지위의 중립 ◦ 이 지위를 인정하면, 중립은 더 이상 국제 무력 분쟁에 참여하지 않기로 결정한 국가에게 의무적이고 불가피한 지위가 아님	◦ 1945.10월에 유엔 집단안보체제 출현으로, 중립과 참전 사이에 '무기만 지원하고 참전하지 않는 중간 지위'가 출현 ◦ 이 개념은 '제한적 중립'이라는 가변적인 모호한 범주를 피하는 대신, 비전투라는 실제 상태를 명확히 나타내 줌

		◦ 비전투/비교전 지위는 분쟁에 직접 참여하지 않지만, 한쪽 편을 군사적으로 지원하고자 하는 국가에게 하나의 선택지가 될 것임	◦ 교전국에 무기를 제공하면서 '교전국이 되지 않는 것'을 나타낼 수 있는 지위

출처: Kolb, R. & Meret, B., Clarifying Neutrality: The Rise of Different Statuses?, Articles of War, West Point Lieber Institute, 2025(https://lieber.westpoint.edu) 요약.

여기에서 '일반적 중립'은 국제법이나 헌법에 따라 영구 중립을 선언한 국가들과 이러한 중립을 선택한 국가들이 고전적인 중립법을 준수하는 것을 말한다. 대다수 국가에게 중립은 선택 사항이며, 국가가 무력 충돌의 당사국인지 여부에 대한 법적 판단은 중립법보다는 국제인도법[71]에 따라서 이루어지는 것이 타당하다.[72]

'차등적 중립'은 집단안보체제 출현에 따라서 일반적인 중립 의무에서 벗어나는 것이 중립법에 위배되지 않는다는 것을 말하고, '제한적/조건부 중립'은 중립국과 교전국에 기반한 개념으로서 침략을 당한 피해국을 지원함으로써 침략국에 대한 제재를 가할 수 있는 용어이지만 중립법상 이견 소지가 있는 개념이다. '비전투/비교전 주의'는 중립과 참전 사이의 지위로서 '교전국에 무기만 지원하고 참전하지 않는 비전투/비교전 상태'를 나타내는 용어이다. 학술적 관점에서 볼 때, 전통적인 국제법에 의한 중립성 외의 용어들은 법적 근거가 부족한 상태이며,[73] 국가들 간 무력 충돌이 발생할 때 관련 국가의 상태를 나타내기 위해 통용되고 있는 용어이다. 국제법상 중립

---

71) 국제인도법(IHL, International Humanitarian Law)은 군사적 측면에서 '무력충돌법'(LOAC, Law of Armed Conflict) 또는 '전쟁법'(Law of War)이라고도 하며, 무력 충돌 상황에서 전쟁 피해자 보호와 전쟁 수단 및 방법의 제한이 주요 내용이다.

72) Schmid, E., Optional but not qualified: Neutrality, the UN Charter and humanitarian objectives. *International Review of the Red Cross*. International Committee of the Red Cross, 2025(https://international-review.icrc.org/articles).

73) 침략국에 대한 제재와 피침략국에 대한 지원의 근거는 유엔 헌장에서 찾을 수 있다. 유엔 헌장은 무력 사용을 금지하고 있어서 국가 간 침략분쟁은 유엔 헌장 위반으로 볼 수 있다.

국의 지위 역시 국가들 간 무력 충돌이 발생할 때 발효된다.

러시아-우크라이나 전쟁에서 많이 나타난 '제한적/조건부 중립'이란, "중립국이 침략국에 대해 중립 의무를 다할 의무가 없으며, 침략당한 국가에 무기를 포함한 지원을 제공할 수 있다는 중립법 해석"을 의미한다.[74] 여기서 중립국은 영세중립국이 아닌 이 전쟁에 대하여 중립을 선언한 국가를 말하며, 영세중립국은 어떠한 경우에도 피해국에 군사 지원을 할 수 없다. '제한적/조건부 중립'은 영세중립국이 아닌 중립국들이 중립을 유지하면서 침략을 당한 피해 국가를 군사적으로 지원할 수 있다는 중립 지위를 나타내는 용어이다. 유엔 안전보장이사회의 무력 사용 승인 결의안이 없더라도, '제한적/조건부 중립' 개념을 사용하여 우크라이나와 같은 피해국에 전쟁 물자 등 군사 지원을 제공하면서도 중립을 유지할 수 있다. 이 용어는, 불법적인 침략행위를 저지른 국가보다 그로 인한 피해국을 옹호하려는 개념이며, 전통 중립법이 분쟁 당사자 사이에서 엄격한 공평성 유지를 요구한 것과는 차별화된 개념이다.[75] 전쟁 피해국에 무기, 군사정보, 또는 재정 지원을 하더라도, 군대가 직접 전투에 참여하지 않는 한 공동 교전국(co-belligerent, 전쟁 당사자)이 되지 않는다고 본다.

'제한적/조건부 중립' 개념은 제2차 세계대전에 참전하지 않고 영국 등 연합국에 무기와 재정만 지원하던 미국에 의해 사용되었고, 러시아-우크라이나 전쟁을 기점으로 확산되었다. 제1차 세계대전 이전에는 전통적 중립 개념에 따라서 중립국은 분쟁국에 군사지원과 무기를 제공하는 것이 엄격

74) Qualified neutrality denotes "an interpretation of the law of neutrality which holds that neutral States are not obligated to exercise the neutral duty of impartiality towards an aggressor State, and may provide assistance, including arms, to a victim of aggression."(Schmid, E., Optional but not qualified: Neutrality, the UN Charter and humanitarian objectives. *International Review of the Red Cross*. International Committee of the Red Cross, 2025 (https://international-review.icrc.org/articles)).

75) 박지홍, 「전시 중립법과 제한적 중립 개념의 등장 : 러시아-우크라이나 전쟁에서의 군사 지원을 중심으로」, 『한국군사학논집』 81(1), 육군사관학교 화랑대연구소, 2025, 8쪽.

히 금지되었다. 그렇지만 제2차 세계대전이 발발하자 미국은 중립을 유지하면서 침략행위를 저지른 독일에 의한 피해국들을 옹호할 수 있다는 '제한적/조건부 중립'을 근거로 연합국에 군사지원, 무기, 재정지원을 하였다. 러시아가 우크라이나를 침공하여 전쟁이 발발하자, 미국과 유럽연합 등 서방국가들은 '제한적/조건부 중립'에 근거하여 우크라이나에 살상 무기와 군비를 지원하고 있다.

❀ 중립화 교훈 ❀

중립국 정책은 세 유형으로 구분할 수 있다. 첫째로 국제법에 근거한 중립국[76]으로 1815년 비엔나 회의에서 승인된 스위스와 제2차 세계대전 후 1955년에 승인된 오스트리아, 둘째로 제2차 세계대전 이후 중립정책을 유지했었던 스웨덴과 핀란드[77], 셋째로 1955년부터 '평화공존 5원칙'을 모토로 대두한 '제3세력' 또는 '중도 정책'의 호칭을 가진 '비동맹' 국가들인데, 셋째 유형은 동서 대립의 조정자로서의 존재를 인정받게 되었다.[78] 이들 중립국 외에, 벨기에와 룩셈부르크는 독일의 공격으로 인해 1914년 중립화가 깨졌으며 1919년 베르사유 조약을 통해 중립화가 취소된 반면에,[79] 스웨덴처럼 2024년 3월에 NATO에 회원 가입하기 전까지 미국의 편에 있으면서 장기간 영세중립을 실현한 경우도 있었다.

유럽 이외 지역에서 영세중립국으로는 중앙아시아의 투르크메니스탄과

76) 영세중립국은 스위스, 오스트리아, 코스타리카, 몰도바, 투르크메니스탄 등이다.

77) 핀란드는 2023년 4월에 NATO(북대서양조약기구)에 31번째 회원국으로 가입하고 스웨덴은 2024년 3월에 NATO에 32번째 회원국으로 가입하여 영세중립국 지위를 상실하였다.

78) 김진호·김순임, 「코스타리카 비무장 영세중립 정책 연구」, 『평화학연구』 10(4), 한국평화연구학회, 2009, 149쪽.

79) 박태균, 「미국의 대한정책을 통해 본 한반도 중립국화 방안」, 『한국과 국제정치』 35(3), 극동문제연구소, 2019, 72쪽.

아메리카 대륙의 코스타리카가 있다. 헌법 제1조에 "투르크메니스탄은 법에 따라 영구 중립국의 지위를 가진다."고 명시되어 있는 투르크메니스탄은 1995년 유엔 총회에서 영세중립국 지위를 185개 회원국 만장일치로 공식적으로 인정받은 유일한 국가이다. 중앙아메리카에서 파나마와 국경을 접하고 있는 코스타리카는 세계에서 드물게 군대가 없는 영세중립국이자 비무장 국가이다. 스위스나 투르크메니스탄처럼 국제 조약이나 유엔 결의안을 통해 영세중립국 지위를 보장받은 경우와 다르게, 코스타리카는 자발적인 일방적 선언을 통해 중립국 지위를 유지하고 있으며 국제 사회의 묵시적 동의를 받고 있다. 루마니아와 우크라이나 사이에 위치한 내륙국 몰도바는 강대국 간의 갈등에 휘말리지 않기 위해 1994년 제정된 헌법 제11조를 통해 스스로 영세중립국으로 선포하여 군사 동맹에 가입하지 않고 자국 영토 내에 외국 군대의 주둔을 허용하지도 않는 국가이다.

이상과 같이 중립을 외교정책으로 채택하고 있는 국가들이 중립정책을 채택한 목적은 그들의 불리한 지정학을 극복하고 주변 강대국의 침략을 방지하는 것이었다.[80)]

역사적 사례로 보면, 체계적으로 정비된 군사력을 지닌 스위스의 중립화가 성공적이었다. 스위스는 외국의 무력 침략을 원천적으로 방지하기 위해 스위스 의회가 1515년 어떠한 전쟁도 부인하는 영세중립국이 될 것을 결의한 후, 300년이 지난 1815년에 나폴레옹 전쟁을 처리하는 비엔나 회의에서 주변 8개국으로부터 영세중립의 국제적 지위를 획득한 이래 오늘날까지 어떠한 외국 침략도 받지 않은 영세중립 국가로서의 국제적 지위를 유지하고 있다.

제2차 세계대전 때 대부분의 유럽 중립국들이 독일에 함락되었다. 그렇

---

80) 강종일, 「유럽의 중립문화가 남북에 주는 함의와 교훈」, 『남북문화예술연구』 2, 남북문화예술학회, 2008, 201쪽.

지만 스위스는 독일과 이탈리아 추축국(Axis Powers)에 포위되어 있었으나 독립을 유지하였다. 그 원인은 스위스가 평시 소규모 상비군을 유지하지만 전시에는 영세중립국임에도 불구하고 민병군을 동원하는 체제로 강력한 군사력을 보유한 무장 중립국임에서 찾을 수 있다.[81)]

❀ 중립성 연구 ❀

세계가 다수 국가와 블록이 영향력을 행사하는 다극화 시대(multipolar era)로 접어들면서 중립의 중요성이 더욱 부각되고 있다. 강대국 사이의 전략적 충돌을 피하고 자국의 실리를 극대화하려는 '신중립주의' 또는 '비동맹 전략'이 부각되었다.

미국과 소련을 중심으로 전 세계가 양분된 냉전 시대에는 국가들이 중립 상태를 유지하기가 힘들었으나, 소련 연방이 해체되고 미국이 국제경찰 역할을 포기하겠다고 선언한 오늘날 중립의 가치와 원칙인 중립성(neutrality)[82)]에 대한 학술적, 정책적 관심이 다시 증가하고 있다.

중립성 연구는 중립의 개념과 역사, 이론과 방법을 포괄한다. 이는 중립의 가치를 제고하고 실천 방안을 모색함으로써 분쟁 당사자 간 공정한 해결책을 제시하는 데 그 목적이 있다. 또한 분쟁이 일어난 원인을 파악하여 공정하고 합리적인 해결책을 제시하는 데 도움을 주고자 한다.

이러한 중립성 연구는 유럽에서 시작하여 발전하였다. 중세 유럽에서는 중립국의 권리와 의무에 대한 일반적 규범이 존재하지 않았고 중세 말기에 중립국이 교전국에 금전이나 병력 등을 제공하는 것을 방지하기 위한 수단

---

81) 김용빈, 「무장중립국 스위스의 제2차 세계대전시 국가비상대비 사례와 교훈」, 『전략연구』 25(1), 한국전략문제연구소, 2018, 181쪽.

82) 중립(neutrality)은 어느 쪽에도 속하지 않는 '상태'를 의미하고, 중립성(neutrality)은 중립의 '가치'와 '성질'을 의미한다.

으로써 조약[83] 체결이 흔히 이루어졌다.[84] 이러한 조약들이 쌓여가면서 국가들은 점점 전시에 제3국의 불편부당한 태도 유지를 기본으로 하는 중립 개념을 깨우쳐 갔다.[85] 16세기 경부터 국제법의 일부로서 중립법이 발전하고 중립성 연구가 이루어졌다.

이러한 전통 아래 스위스와 오스트리아에서 중립성 연구가 활발하다. 스위스 바젤에 본부를 둔 NGO인 스위스평화재단(Swisspeace)은 스위스 중립 모델을 활용한 중재 기법을 연구하여 실제 분쟁 지역에서 폭력을 줄이고 평화를 증진하는 기관이다.[86] 오스트리아 빈에 본부를 둔 국제평화연구소(IIP)는 유엔 경제사회이사회(ECOSOC)와 유네스코에서 자문 지위를 가진 국제 비정부기구(NGO 및 INGO)로서 중립성 원칙, 비동맹 운동(NAM)과 유럽 중립국의 관계 등을 연구하여 평화 유지 및 강화에 기여하고 세계 각지에서 비폭력 분쟁 해결을 장려하는 플랫폼을 제공하고 있다.[87] 이밖에도 스위스 제네바에 있는 제네바안보정책센터(GCSP),[88] 오스트리아 빈에 있는 오스트리아 국제정치연구소(oiip)[89]와 오스트리아유럽안보정책연구소(AIES)[90]가 중립 개념과 중립국의 경제적·정치적 전략 등을 연구하여 평화 구축에 기여하고 있다.

83) 조약이란 구두의 합의가 아닌 문서화된 약속을 의미하며, 외교나 군사 분야에서 장기적이고 공식적인 계약에 해당한다(곽덕환, 「유럽사에서 주권과 조약의 변천: 베르됭에서 리스본까지」, 『유럽연구』 34(2), 한국유럽학회, 2016, 314쪽.).

84) 김상걸, 「러시아-우크라이나 전쟁과 중립법의 진화: '제한적 중립' 개념을 중심으로」, 『아주법학』 17(4), 아주대학교 법학연구소, 2024, 235쪽.

85) 16세기말 모든 전쟁에서의 중립을 국가정책으로 채택한 스위스의 영세중립국 선언은 주목할만한 것이었다(김상걸, 「러시아-우크라이나 전쟁과 중립법의 진화: '제한적 중립' 개념을 중심으로」, 『아주법학』 17(4), 아주대학교 법학연구소, 2024, 235쪽.).

86) Swiss Peace(Swisspeace, https://www.swisspeace.ch).

87) International Institute for Peace(IIP, https://www.iipvienna.com).

88) Geneva Centre for Security Policy(GCSP, https://www.gcsp.ch).

89) Austrian Institute for International Affairs(oiip, https://www.oiip.ac.at/en)

90) Austria Institute for European and Security Policy(AIES, https://www.aies.at/english).

유럽 이외 지역에서 중립성 연구는 2차 세계대전 패전 후 헌법에 전쟁 포기를 규정한 일본에서 활발하다. 중립성 연구(neutrality studies) 프로젝트의 발상지인 와세다 대학 고등연구소(WIAS)[91]를 비롯하여 교토 대학의 중립성 연구 프로젝트,[92] 히로시마 대학의 평화센터,[93] 일본 외무성 산하의 싱크탱크인 국제문제연구소(JIIA)[94] 등에서 일본이 취할 수 있는 전략적 중립성, 중견 국가로서 일본의 중립적 역할 등을 연구하고 있다.

【사진 10】 중립성 연구자 로타즈 교수의 유튜브 채널

(출처: www.youtube.com/@neutralitystudies)

일본 교토 대학 법학대학원의 중립성 연구소 책임자인 로타즈(Pascal Lottaz) 교수는 2019년부터 2023년까지 와세다 대학에서 중립성 연구(Neutrality Studies) 프로젝트를 수행하였고, 2023년부터 교토 대학에서 중립성 연구를 해오고 있다. 필자와 면담한 그는 다극화된 세계 질서 속에서 중

91) Waseda Institute for Advanced Study(WIAS, https://www.waseda.jp/inst/wias/en).

92) 교토 대학 하쿠비 센터(The Hakubi Center)의 로타즈(Pascal Lottaz) 교수가 중립성 연구 프로젝트(Neutrality Studies)를 주도하고 있음.

93) 広島大学 平和センター(The Center for Peace in Hiroshima University, https://www.hiroshima-u.ac.jp/en/centers/gakunai/heiwa)

94) 公益財団法人日本国際問題研究所(The Japan Institute of International Affairs, JIIA, https://www.jiia.or.jp).

립의 중요성은 더욱 제고될 것이라고 하였고, 스위스 사례에서 보듯 중립성이 국가 정체성의 핵심 요소이자 비판할 수 없는 성역으로 자리 잡고 있다고 하였다.[95]

위와 같은 중립성 연구결과는 남북한에 시사하는 바가 있다. 북한이 남북관계를 '적대적 두 국가'로 규정하고 교류를 단절한 현 상황은 새로운 사고를 요구하기 때문이다. 실현 가능성이 희박해진 당위적 통일론에서 벗어나, '독립적인 두 주권 국가'로서 평화적으로 공존할 수 있는 방법을 모색할 필요가 있다. 한반도 평화정착을 위한 유일한 수단이 한반도 중립화라는 관점[96]에서 볼 때, 남북한의 상생은 강대국의 패권 다툼에서 벗어나 중립적 지위를 가질 때 그 가능성을 제고할 수 있을 것이다.

---

95) 김반아, 「평화를 위한 중립성 연구」(한겨레:온, https://www.hanion.co.kr), 2023.10.17.)을 발췌 및 보완하여 작성하였음.

96) 임상우, 「오스트리아의 중립화에 비추어 본 한반도 중립화 통일론」, 『통합유럽연구』 12(3), 서강대학교 유로메나연구소, 2021.

3) 한반도 중립화 방향

❀ 열강의 중립화 모색 ❀

‘중립’의 국제적 지위를 만드는 ‘중립화’는, 약소국이 ‘강대국의 침공이나 내정간섭에서 벗어나고자 추진한 경우’가 있고, 강대국이 ‘약소국이 적국에 동조하거나 이용당하는 것을 막기 위해 모색한 경우’가 있다. 한반도를 둘러싼 열강들은 한반도를 차지하는 경제적, 국제정치적 부담을 줄이기 위해 한반도 중립화를 자신들의 이익을 위해 모색한 적이 있다.

그리스와 터키, 그리고 6·25 전쟁 발발 이전에 한반도에서 공산주의 게릴라를 경험했던 미국은, ‘한반도의 중립화’를 통해 외부 세력의 개입에 의한 미국의 막대한 비용 부담을 막을 수 있다고 판단한 적이 있다.[97] 1950년 인천상륙작전 직후 미국의 무임소 대사인 제섭(Philip C. Jessup)이 중국이나 소련의 개입을 막는 방안으로 한반도 중립화를 활용하자고 제안했으나 미국 정부 내 합의로 이어지지는 못하였다.[98] 이어서 1953년 휴전협정 체결 무렵에 미국은 남한의 중립화를 통하여 중국과의 전면전을 피하고 군사비 지출을 줄이기 위한 방안을 다시 검토하였다. 한반도 중립화를 통해 한반도에서 미국이 주도권을 확보하는 것이, 중국이나 소련을 위협하는 것이 아니라는 점을 보여줄 수 있고 소련과 중국의 한반도 개입을 막을 수 있다는 계산이었다.[99]

---

97) 박태균, 「미국의 대한정책을 통해 본 한반도 중립국화 방안」, 『한국과 국제정치』 35(3), 극동문제연구소, 2019, 73쪽.

98) 김연철, 「한반도 중립화 통일론의 역사성과 한계」, 『북한연구학회보』 28, 북한연구학회, 2024, 16쪽.

99) 박태균, 앞 논문, 같은 쪽.

그 후, 주한 미지상군 감축을 시작한 미국 닉슨(Richard Nixon) 행정부는 '중국과 소련이 남한과 수교'하고 '미국과 일본이 북한과 수교'하면 한반도에서 긴장 완화가 가능하다고 판단하여 남북 간 대화를 지지하였고 남·북한 교차 승인을 추진하였다.[100] 이 역시 미국의 군사비 지출을 줄이기 위한 정책으로서 카터(Jimmy Carter) 행정부에서도 추진되었다.

일본 제국주의도 한반도 중립화를 모색한 적이 있다. 1884년 12월 갑신정변 이후 일본의 조선정책은 야마가타 아리토모(山縣有朋)의 의견서에 제시된 조선의 중립화였는데, 청일전쟁의 승리로 일시 '보호국 화' 정책을 취했으나, 삼국간섭과 명성황후 시해사건 영향으로 서양 열강이 조선 독립에 명확한 태도를 보이고 조선정부도 일본에 반발하면서 일본의 조선정책은 후퇴할 수밖에 없었다.[101] 이에 오이시 마사미(大石正已, 1855~1935)는 주한 일본공사로 부임하기(1892~1893년간) 전에 '태평양의 발칸반도'인 조선을 일본이 열강의 보호국 혹은 중립국으로 만들거나 청·영국과 동맹을 맺어야 한다고 역설하였다.[102]

이토 히로부미(伊藤博文)는 1894년 청일전쟁 이전에는 청일 협조 속에 조선의 '독립'을 추진하였고 청일전쟁 후에는 조선의 '중립화'를 제시하기도 했지만 그것은 어디까지나 힘에 의해 움직이는 국제정치에 대한 현실적 판단에서 나온 것이지 조선의 자립을 인정해서 한 것은 아니었다.[103] 일본이 군사적 우위를 갖게 되고 서양 열강이 일본의 의도를 용인할 경우 '보호국화' 등 조선에 대한 단독지배 정책을 추진하였다.[104]

---

100) 박태균, 「미국의 대한정책을 통해 본 한반도 중립국화 방안」, 『한국과 국제정치』 35(3), 극동문제연구소, 2019, 69쪽.

101) 방광석, 「러일전쟁 이전 이토 히로부미의 조선 인식과 정책」, 『한일관계사연구』 48, 한일관계사학회, 2014, 223-224쪽.

102) 한철호, 「일본 자유민권론자 大石正已(1855~1935)의 한국 인식」, 『사학연구』 88, 한국사학회, 2007, 1024쪽.

103) 방광석, 앞 논문, 224쪽.

❀ 남한의 중립화 모색 ❀

국권이 기울던 조선 말부터 국가 존립을 위해 다양한 형태의 중립 또는 중립 지향적 정책을 추진하였다. 구한말에 고종이 영세중립국을 시도하였다. 1904년 러일전쟁 직전에 고종이 중립을 선언하였다. 일본과 러시아 사이의 전쟁에 휘말리지 않기 위해 대한제국은 러일전쟁 직전 전시 중립을 선언했고 고종은 이용익을 페테르부르크로 파견하여 대한제국의 중립국 방안을 추진하였다.[105] 하지만 열강들로부터 이 선언은 보호받지 못하였다.

초대 대통령 이승만은 중립을 연구하였다. 미국 프린스턴 대학 박사학위 논문으로 1910년에 제출한 "Neutrality as influenced by the United States"(미국의 영향을 받은 중립)에서, 약소국이 강대국 사이에서 생존하기 위한 법적·정치적 중립 모델을 연구하였다. 또한 이승만은 1919년 미국 대통령 윌슨에게 제출한 위임통치 청원서에서 조선독립의 방략으로 영세중립을 제시하였고 그 이후에도 영세중립 독립방략을 계속 견지한 일제 강점기 중립화론의 대표자였다.[106] 이 청원서에서 이승만은 일본의 무단 통치에서 벗어나기 위해, 국제연맹의 위임통치를 거쳐 최종적으로 독립하되, 그 독립 국가의 형태는 국제적으로 보장받는 영세중립국이어야 한다고 주장하였다.

미국과 소련의 냉전 시대에는 미국이 공산 진영과 대결하는 상황 때문에 '중립'이라는 용어 사용 자체를 기피했으나, 비동맹 국가들과의 외교를 통해 실질적인 중립 외교를 펼쳤다. 1960~70년대에 박정희 정부는 수출 시장 확보를 위해 중립 성향의 제3세계 국가들과 적극적으로 수교하며 외교적 중립 지대를 넓혔다. 비동맹국 외교 확대가 이에 해당한다.

---

104) 위 논문, 같은 쪽.

105) 이항준, 「을사늑약과 헤이그평화회의 전후 고종의 외교적 대응」, 『한일관계사연구』 88, 한일관계사학회, 2014, 59쪽.

106) 정태욱, 「한국 중립화론의 역사와 이승만의 중립화론: 구한말과 일제 강점기」, 『법학연구』 26(2), 인하대학교 법학연구소, 2023, 180쪽.

1980년대 민주화 이후 미·중 사이에서 균형외교가 추진되었다. 지정학적 특성과 안보를 고려하여 한미 동맹을 유지하되 중국과의 경제협력을 강화하는 정책을 추진한 것이다. 이러한 1980년대 외교는 한 마디로 생존을 위해 난관을 타개(muddling through)한 것이었고 그 방법상 '동북아평화협력구상', '균형외교', '교량국가론'이었다.[107)]

노무현 정부는 '동북아 균형자론'를 내걸고 동북아시아에서 미·중 간 충돌을 방지하고 평화를 유지하는 균형자(balancer) 역할을 하겠다는 구상을 펼쳤다. 이는 한미 동맹을 바탕으로 하면서도 중국과의 경제관계를 독립적으로 확대하려는 시도였다. 그 후 문재인 정부에서도 한미 동맹을 중심으로 두면서 최대 교역국인 중국과의 관계를 고려하여 미·중 간 중립적 태도를 보였다. 2026년 현재도 미·중 대립 속에서 실용적 국익 외교와 균형 외교를 통하여 특정 진영에 편향되기보다 다극화된 세계에서 조정자이자 중견국으로서 중립적 실리를 지향하는 정책을 강화하고 있다.

❀ 북한의 중립화 모색 ❀

북한의 김일성 주석은 냉전 체제가 무너지던 1987년 미소 정상회담에서 고르바쵸프 소련 공산당 서기장을 통해 미국 레이건 대통령에게 친서[108)]로 한반도 중립 완충국 방안을 다음의 【표 3】과 같이 전달하였다.

이 친서 내용은 대체로 북한의 기존 주장과 다를 바가 없으나, 남북한이 통일될 국가를 '중립국'이자 '열강들의 완충지역'으로 선포하는 헌법을 채택하자는 점과 한반도 중립화 문제를 세계 열강들의 정상회담 의제 안건으로

107) 고봉준, 「1980년대 전반 한국외교: 현실주의적 안보정책의 복합화」, 『정치·정보연구』 23(2), 한국정치정보학회, 2020, 145쪽.

108) 김일성 주석의 이 제안은 남북은 물론 미소 간에도 기밀 취급되어 보안이 유지되었다가 2018년 기밀이 해제되어 공개되었다.

올림으로써 영세중립국의 국제법적 지위 획득을 시도한 점에서 의의를 찾을 수 있다.

【표 3】 김일성 주석이 미국 레이건 대통령에게 1987년 전달한 서신 전문[109)]

1. 남북한이 오직 자위 목적을 위해서만 필요한 정도의 규모로 단계적인 대규모 감군 단행, 즉 남북한이 각각 10만 미만의 병력 유지 및 핵무기를 포함한 모든 외국 군대 철수. 남북한이 서명하는 불가침 선언, 휴전협정을 평화협정으로 대체, 중립국 감시위원회의의 권한을 강화하여 감군 절차를 감독할 수 있는 권한 부여, 남북한 군을 단일한 민족군으로 통합.
2. 군사협정을 포함하여 남북한이 제3국가와 체결한 국가 간 단합에 위배되는 모든 협정 및 조약의 폐기.
3. 남북한으로 구성된 연방 공화국을 창설하고 동 공화국이 중립국가 및 완충지역임을 선포하는 헌법 채택.
4. 연방공화국의 단일 국호로 국제연합에 가입.

* 러시아어로 작성된 본 서신을 고르바초프 소련 공산당 서기장이 레이건 대통령에게 직접 건네 주었음.

위와 같이 북한이 미소정상 회담에 한반도의 중립화를 제안한 것에 대하여 남한의 전두환 대통령은 남북한 당사자 간 대화, 교차승인, 유엔 동시 가입 등 평화정착 방안과 '88서울올림픽'이 북한의 방해 없이 성공적으로 개최되어야 한다는 점을 강조해 줄 것을 미국에 요청하였다.[110)]

---

109) 외교부 보존문서, 외무부 번호: 미북 202-2549, 제목: 대통령 각하 친서 송부; 대한민국 외교부 정리보존문서목록, "미국 소련 정상회담 Washington. D.C., 1987. 12. 8-10"(대한민국 외교부 외교사료관, 등록번호: 21022, 등록일자 1993.10.21.), 189쪽을 정태욱, 「김일성의 한반도 중립화 제안: 1987년 미소 정상회담 의제를 중심으로」, 『민주법학』 83, 민주주의법학연구회, 2023, 215쪽에서 재인용.

110) 외교부 보존문서, 외무부 번호: 미북 202-2549, 제목: 대통령 각하 친서 송부; 대한민국 외교부 정리보존문서목록, "미국 소련 정상회담 Washington. D.C., 1987. 12. 8-10" (대한민국 외교부 외교사료관, 등록번호: 21022, 등록일자 1993.10.21.), 137-138쪽을 정태욱, 「김일성의 한반도 중립화 제안: 1987년 미소 정상회담 의제를 중심으로」, 『민주법학』 83, 민주주의법학연구회, 2023, 214쪽에서 재인용.

❀ 중립화 방향 ❀

현행 남한 헌법에는 '국제평화주의 요소'와 '국가안전보장 요소'가 상존하는데, 헌법 기본원리로서 '국제평화주의'는 헌법 전문의 선언과 함께 침략전쟁 부인, 외국인 지위보장, 국제법규 존중, 평화통일 원칙으로 구체화되어 있고, '국가안전보장'은 헌법 전문의 선언과 국군의 임무사항, 조약체결 동의권, 국가긴급권, 국가안전보장회의 등에 규정되어 있으며, 이 두 요소는 평화로운 질서를 목적한다는 점에서 상호 연관되어 있다.[111)]

그렇지만 위와 같은 헌법 규정으로 약소국이 제어하기 힘든 국제 정세가 일어나고 있다. 21세기에 중국의 국제적 급부상은 미국의 아시아 회귀(pivot to asia) 정책을 가속화시키면서 미·중 대립이 증가하였고, 향후 북한 문제로 대결과 경쟁 관계를 형성할 경우 한반도는 안보적 딜레마와 위기를 겪을 수밖에 없다.[112)] 이러한 가운데, 중국·러시아는 미국에 대항하여 전략적 세력 균형 차원에서 협력하고 있으며 가까운 시일 내에 두 나라가 반목할 가능성은 없다.[113)] 실제로 2025년 9월 3일에 북경에서 개최된 중국 전승절 80주년 기념행사와 열병식에서 중국, 러시아, 북한의 정상이 나란히 걷고 서는 장면이 국제적으로 주목을 받았다.

이런 상황에서 남한 정부는 미국과 중국의 충돌을 막는 중간 지대로서 '아시아 방파제론'을 제기할 필요가 있다.[114)] 방파제론으로써 중국에는 한반도가 미국의 중국진출 통로가 되지 않을 것임을, 그리고 미국과 일본에는

---

111) 황지영, 「한국헌법의 이중적 평화관념: 자유와 안전보장」, 『법학연구』 57(3), 법학연구소, 2016, 1쪽.

112) 정재홍, 「북한문제를 둘러싼 한중간 안보 딜레마: 시진핑 지도부의 대외전략과 대북정책을 중심으로」, 『국가안보와 전략』 15(3), 국가안보전략연구원, 2015, 70쪽.

113) 곽덕환, 「中國의 對러시아 外交關係 變化 硏究」, 『사회과학연구』 26(4), 충남대학교 사회과학연구소, 2015, 307쪽.

114) 채진원, 「문명충돌을 막는 한반도 문명전환의 논리 탐색」, 『현상과 인식』 45(1), 한국인문사회과학회, 2021, 158쪽.

남한·미·일 동맹의 전력 자산을 방어하는 아시아 방파제가 될 것임을 설득할 필요가 있다.[115] 다소 모순되게 보이는 방파제라는 말은 '최전방 방어기지'가 아니라 "서로 다른 문명이 만나는 완충지대(Buffer Zone)"를 의미한다. 이러한 노력이 있어야 인접 최강대국 중국의 협력을 기대할 수 있을 것이다. 남·북한의 관계 개선과 한반도 평화 정착을 위해 중국과의 실질적인 협력이 중요하기 때문이다.[116] 이를 위하여 미국과 중국의 중간에 있는 남한의 중립화 실익을 검토할 필요가 있다.

❀ 중립화와 균형외교[117] ❀

'중립화'와 '균형외교'는 국제정치에서 국가 입지를 강화하기 위한 주요 전략이지만 각 전략은 장단점을 지닌다. 현명한 선택은 두 전략의 장점을 이끌어 내서 국가안보를 확보하고 경제적 이익을 제고하는 데 있다.

균형외교는 강대국과의 관계에서 균형을 유지하며 독립적 외교정책을 추구하는 전략이다. 이는 강대국 간섭에서 어느 정도 벗어나는데 효과가 있으나, 어느 한쪽 강대국에 편입되어 국제 갈등에 휘말릴 가능성이 있다. 이와 다르게 중립화는 어느 한쪽 편을 들지 않고 중립적인 입장을 유지하는 전략이다. 이는 균형외교보다 평화를 유지하는 데 효과적일 수 있다.

따라서 열강들의 대립 속에서 안보를 유지하는 동시에 국제 사회에서 경제와 첨단산업 협력을 확대해야 하는 과제를 안고 있는 남한은 균형외교와 중립화의 장점을 전략적으로 채택하여 국익을 제고할 필요가 있다. 이를 위하여 주위 강대국들에게 유연하게 대응하고 다양한 국제 기구와 협력을 강

---

115) 위 논문, 158-159쪽.

116) 정재홍, 「북한문제를 둘러싼 한중간 안보 딜레마: 시진핑 지도부의 대외전략과 대북정책을 중심으로」, 『국가안보와 전략』 15(3), 국가안보전략연구원, 2015, 70쪽.

117) 김반아, 「균형 외교와 중립화의 혼합형 전략」(한겨레:온, https://www.hanion.co.kr), 2024.02.19.를 수정 및 보완하여 작성되었음.

화하여 국제 사회에서의 영향력을 확대해야 하겠다. 이러한 전략을 통하여 안보 위협을 줄이고, 전략적 이익을 공유하는 국가들과의 협력을 통해 경제, 문화, 기술 등 다양한 분야에서 국익을 모색해야 하겠다.

위와 같은 전략의 성공적 추진을 위해서는 다음과 같은 세 가지 요소가 필요하다. 첫째, 강력한 국방력. 국가안보를 강대국에 의존하지 않고 유지하기 위한 강력한 국방력이 필수적이다. 둘째, 실용 외교. 강대국들과 다차원적 외교를 균형 있게 유지하면서 동맹국과의 협력도 강화하는 실용외교가 필요하다. 셋째, 국민적 합의. 대내적으로 국민적 합의를 이끌어 내야 일관성을 유지하여 성공 가능성을 높일 수 있다. 중립 평화적 외교 노선의 실현과 국내 정치체계의 민주주의적 이행 과정은 긴밀하게 맞물려 있는 사안이기 때문이다.[118] 정권이 바뀔 때마다 외교 노선이 바뀌면, '중립화'와 '균형외교'의 추진은 가능하지 않다.

'중립화'는 강대국들과의 관계에서 어느 한쪽 편을 들지 않고 중립적 입장을 유지하는 전략이며, '균형외교'는 강대국들 사이에서 균형을 유지하며 독립적 외교정책을 추구하는 전략이다. '중립화'를 하면 '균형외교'는 성취할 가능성이 높다. 중립국은 어느 한 강대국에 편향되지 않고 분쟁하는 국가들 모두와 평화적 관계를 유지하기에 외교적 균형을 추진할 수 있다. 그렇지만 '균형외교'가 '중립화'를 담보하는 것은 아니다. '균형외교'의 목표는 국익 중심의 대외정책 결정권 제고에 있으며, 열강들의 국제분쟁에서 중립적인 입장을 취하는 것이 목표가 아니다. 이를 고려하면, 한반도는 중립화를 전략적 기저로 삼아 균형외교를 펼치는 것이 필요하다. 중립화를 통하여 남북이 상호 국권을 침해하지 않으며, 미국이나 중국 어느 한쪽으로 편향되지 않는 균형외교를 하는 것이 국익에 보다 유리하다.

---

118) 서현수, 「핀란드 중립 평화 외교정책의 형성과 진화: 대외 환경과 정책 결정 시스템의 변화를 중심으로」, 『스칸디나비아 연구』 22, 한국 스칸디나비아학회, 2018, 64쪽.

❀ 균형외교의 실패 원인 ❀

균형외교는 대립하는 강대국들 중 어느 한 국가에 편향되지 않고, 국익을 위해 대립하는 강대국 모두와 균형 잡힌 외교를 하는 전략을 의미한다. 한미 동맹을 유지하면서 중국과 경제 협력을 강화하는 것이 이에 해당한다. 안보 측면에서 한미 동맹을 유지하면서 중국 및 러시아와 교류를 강화하여 북한과의 관계를 개선하고 중국 수출을 확대할 수 있는 정책이다.

남한이 선택할 수 있는 최선의 정책 방향은 '남북관계 개선에 기반한 자기주도적 균형외교' 전략이라고 할 수 있다.[119] 균형외교는 강대국 사이에서 취할 수 있는 바람직한 정책이지만 그간 성공하지 못했다. 그 주된 원인은, '중립국'을 하지 않고서 균형외교를 한 점에서 찾을 수 있다. '균형'이란 말은 '중립'이 아니고, '중립국'이 아닌 상태에서 균형외교를 한다는 것은 현실적으로 매우 어렵다. 중립국이 균형외교를 펼치는 경우에 강대국들은 중립국의 균형외교를 수용할 수 있으나, 중립국이 아닌 나라가 균형외교를 하는 경우에 강대국들은 이 나라를 자기 진영으로 편입시키고자 압력을 가하는 것이 보통이다. 중립화라는 법적, 제도적 틀이 결여된 균형외교는 '진영 선택'을 강요받는 취약성을 지닌다. 강대국 속성은 패권을 추구하는 데 있으며, 자신의 국력을 증강시키거나 다른 나라를 제압할 수 있는 능력을 추구하는 것 이외의 다른 것을 선택하기란 어렵기 때문이다.[120]

'균형'이라는 가치를 국가 공식 전략으로 내세운 노무현 정부는, 미국 편향에서 벗어나 미중 균형외교를 과감하게 추진했으나 여전히 '한미동맹'에 중심이 있었다.[121] 균형외교는 미중 갈등 상황에서 미국 중심에서 벗어나

---

119) 이문기, 「박근혜 정부 시기 한중관계 평가와 바람직한 균형외교 전략의 모색」, 『현대중국연구』 18(2), 현대중국학회, 2016, 134쪽.

120) 김예경, 「중국의 영향력 균형(balance of influence) 전략과 제3세계 외교: 과거의 경험, 그리고 오늘날의 함의」, 『국가전략』 16(1), 세종연구소, 2010, 6쪽.

중국과의 반목을 줄이려는 시도였으나, '중립'이 아니었고 한미 군사동맹으로 중국을 계속 견제하였다. 구체적으로, 노무현 정부의 균형외교는 '대외관계에서 동시에 실현해 나갈 상이한 목표와 요구들 간 균형을 취하고, 설정된 목표를 달성하기 위해 외교적 유연성을 발휘하는 것'으로 정의되었으며, 한미동맹과 한중협력을 포함하여 국가 사이의 균형, 가치와 국익 사이의 균형, 세계화와 국가정체성 사이의 균형과 조화를 포괄적으로 담고 있었다.[122] 약소국 시절에 일방적으로 형성된 '불평등한' 대미 관계가 개선되어야 하며, 그러기 위해서 미국의 세계 전략에 동조할 필요가 없고, 대외 통상에서 큰 비중을 차지하는 중국을 고려해야 하겠다.[123]

중립국이 아닌 상태에서 최강대국 미국에 반하는 정책을 균형외교로 추진한 것이다. 한미동맹에 대한 과도한 의존을 줄이고 새롭게 부상하는 중국과 협력을 강화함으로써 미·중 사이에서 균형자 역할을 담당하겠다는 접근은, 노무현 정부로부터 문재인 정부에 이르기까지 일관되게 유지되었다.[124] 문재인 정부의 외교정책 역시 미·중 간 균형외교였으나, 국제정치 현실에서 벗어난 균형외교는 미·중 양쪽에서 신뢰 저하가 있어서 정부에 부담을 가져왔다.[125] 중국과의 통상 규모를 반영한 균형외교 기조는 당파가 다른 정권에서도 명칭과 초점을 달리하여 수용되었다. 노무현 정부는

---

121) 서승원, 「박근혜 정부 시기 한국의 대 중국 전략적 사고에 관한 고찰 : 북한/한반도 환원주의, 중견국 외교, 그리고 반도숙명론」, 『아세아연구』 60(2), 고려대학교 아세아문제연구원, 2017, 131쪽.

122) 국가안전보장회의, 『평화번영과 국가안보: 참여정부의 안보정책 구상』, 서울: 국가안전보장회의 사무처, 2004를 김상기, 「기로에 선 한반도: 2010년대 미중관계 변화와 한국의 전략」, 『한국정치학회보』 48(5), 한국정치학회, 2014, 242쪽에서 간접 인용.

123) 김태효, 「미-중 신냉전 시대 한국의 국가전략」, 『신아세아』 28(2), 신아시아연구소, 2021, 118쪽.

124) 위 논문, 같은 쪽.

125) 이성현, 「미·중 시각에서 본 문재인 정부의 '균형 외교'」, 『외교』 141, 한국외교협회, 2022, 41쪽.

'동북아 중심 국가론' 및 '동북아 균형자론'이란 명칭을 사용하여 추진했고, 이명박 정부에서는 '글로벌 코리아'라는 명칭으로 추진했으며, 박근혜 정부에서는 '책임있는 중견국 외교'라는 명칭으로 균형외교를 추진하였다. 그렇지만 중립이 배제된 균형외교는 미국과 중국의 신뢰를 못 받아서 성과를 거두지 못했다.

❀ 중립화와 연방제 ❀

유엔을 비롯하여 국제사회에서 독립 국가로 인정받고 있는 북한이 우리 헌법에서는 국가가 아니라 미수복 영토로 규정되어 있다. 그간 남한 정부는 핵무력을 지닌 북한을 남한에 편입하는 방식의 통일을 '평화통일'이라고 명목상 규정하며, 북한의 문호 개방과 대량 살상 무기 폐기를 전제 조건으로 제시해 왔다. 구체적으로 영토 조항인 헌법 3조와 '자유민주적 기본질서에 입각한 평화적 통일'이라는 헌법 4조에 근거하여 북한을 미수복 지역의 반국가단체로 규정하며 북한이 결코 수용할 수 없는 조건을 내세워 남·북한을 1민족 1국가로 하는 대북 정책을 추진해 왔다.

이러한 경직된 대북정책 상황에서, 남한의 통일부가 한국정치학회에 연구의뢰하여 2022년 12월에 제출된 보고서인 「사례연구를 통한 민족공동체 통일방안 발전방향 구체화」[126]의 연구결과는 의의가 있다. 이 연구보고서에서는, 남한 정부가 그간 제시해 온 '남·북한의 단일국가 통일' 방식과 다르게, '남·북한의 낮은 단계의 연방제'와 유사한 연방제통일 연구결과가 제출되었다.

이와 관련하여 북한이 주장해 온 남·북한 연방제 통일방안의 변천을 살

---

126) 이 연구에서 남한의 기존 민족공동체 통일방안의 대안으로 "평화체제구축 단계 → 국가연합 단계 → 연방형 단일국가 단계"와 같은 단계적 통일방안이 연구결과로 제시되었다.

펴보면 다음과 같다. 북한 김일성 주석은 남한의 4·19혁명 직후인 1960년 8월 14일에 8·15해방 15주년 기념사에서 남북 연방제를 처음으로 제안하였다. 즉, 남북통일 방안으로 '남북 총선'이 최선이지만, '남북 총선'이 현실적으로 어려운 상황에서 과도기적 안으로 연방제를 제안하였다. 이 제안은 1971년 4월 12일에 개최된 북한 최고인민회의 제4기 5차 회의에서 외상(외교 업무 책임자) 허담이 제시한 8개 평화통일방안에 이어졌다.

이어서 연방제 안을 공식화한 것은 1973년 6월에 김일성 주석이 발표한 '조국통일 5대강령' 선언이다.[127] 그 후 북한의 통일방안으로 체계화된 연방제 안은 1980년 10월 노동당 제6차 대회에서 김일성 주석 연설에 나온 '고려민주연방공화국창립방안'인데 그 주요 내용은 다음과 같다.

> 첫째, 북과 남이 현존 사상과 제도를 그대로 인정하고 동등하게 참가하는 민족 통일정부를 수립하고 그 밑에 동일한 권한과 의무를 지닌 각각의 지역 자치제를 실시하며, 둘째, 북과 남이 동수의 대표들과 적당한 수의 해외동포 대표들로 구성된 '최고민족연방회의'를 구성해 연방상설위원회를 조직하고, 셋째, 북과 남의 지역정부들은 연방정부의 지도 밑에 두며, 넷째, 연방국가 국호는 '고려민주연방공화국'으로 하고, 다섯째, '고려민주연방공화국'은 어떠한 정치적, 군사적 동맹이나 블록에 가담치 않는 중립국이어야 한다는 것이다.[128]

그 후 김일성 주석은 1991년 신년사에서 과도적 형태와 국가연합적인 수정된 연방제를 제안하였다. 1민족 1국가 2제도 2정부가 지속되는 연방제 방

---

127) 김일성 주석은 '조국통일 5대강령'에서 북과 남의 군사적 대치상태 해소와 긴장상태 완화, 북과 남 사이에 정치, 경제, 군사, 외교, 문화의 다방면적인 합작과 교류, 북과 남의 각계각층 민중과 각 정당, 사회단체 대표들로 구성되는 대민족회의 소집, 단일국호에 의한 남북연방제 실시, 고려연방공화국의 단일 국호로 UN가입을 남측에 제안했다(남광규, 「북한의 평화통일정책과 남북총선」, 『평화학연구』 18(4), 한국평화연구학회, 2017, 17쪽.).

128) 남광규, 「북한의 평화통일정책과 남북총선」, 『평화학연구』 18(4), 한국평화연구학회, 2017, 17-18쪽.

식으로 제도적 통합의 과정을 후대에 맡기자는 것이다.[129] 연방정부보다는 남북한 지역정부에 더 많은 권한을 부여한 다음에 점차 중앙정부의 기능을 높여 나가자는 것이다.

이상에서 알 수 있듯이, 북한이 제안한 연방제는 남북한 정부가 각각의 헌법을 통해 통치권 행사와 독자적인 대외 관계를 유지하는 것이기에 국가연합의 특징이 있고, 이처럼 두 체제의 공존이기에 남북 총선 같은 제도 통합을 언급하지 않은 것으로 볼 수 있다.[130]

남한에서는 이상과 같은 북한의 연방제 주장에 대하여 남한 헌법 규정에 근거하여 미수복 지역인 북한을 국가로 인정할 수 없다는 명분과 연방제가 자칫 남한 안보의 핵심인 미군 철수 주장을 불러올 수 있다는 우려에서 연방제를 거부해 왔다. 그렇지만 북한이 유엔과 국제 사회에서 독립 국가로 인정받는 상황에서, 연방제 안에 있는 독자적 대외 관계 측면에서 '미군의 남한 주둔'과 '북한의 핵무력'이 상호 인정된다면, 앞서 언급한 한국정치학회의 연구결과[131]로 제시된 낮은 단계 연방제의 득실과 그 실효성을 남·북한의 대외적 중립화와 함께 검토해 볼 필요가 있다.

---

129) 위 논문, 18쪽.

130) 위 논문, 같은 쪽.

131) 이 연구에서 남한의 기존 민족공동체 통일방안의 대안으로 "평화체제구축 단계 → 국가연합 단계 → 연방형 단일국가 단계"와 같은 단계적 통일방안이 연구결과로 제시되었다.

4) 한반도 중립화 전략

❀ K-중립(K-Neutrality) ❀

동아시아 및 한반도를 둘러싼 안보환경변동 양상의 키워드는 '위험지대(Danger Zone) 진입'으로 요약된다.[132] 미·중 전략경쟁의 심화, 러시아-북한 연대, 다발적 국제분쟁 발생은 전략적 정체성과 생존 공간 전반에 대한 근본적 재구성을 요구하고 있다.[133] 오늘날 국제 정세는 '중립 선언'만으로 평화를 담보할 수 없는 상태에 들어섰다. 또한 내부적으로 '중립화를 추진하는 것'에 대한 의지가 강하지 않은 상황에서 중립국화를 하는 것 자체가 어렵게 되었을 뿐만 아니라, 중립국이 된다고 하더라도 이를 유지하기가 쉽지 않게 되었다.[134] 북한이 2023년 말 남북 관계를 공식적으로 단절하고 '적대적 두 국가' 관계를 선포함에 따라, 기존의 '외교 합의'나 '민족 동질성'에 의존하는 기존 중립화론과 중립화 모델은 현재의 동북아 안보 지형에서는 실현 가능성이 낮은 담론에 머물러 있는 실정이다.

이 상황을 탈피하는 것과 관련하여, 중립화에 성공한 사례와 실패한 사례를 살펴보면 세 가지 변수, 즉 "자주국방(무장 국방력)", "국내 합의", "강대국들 힘의 균형"이 중요하다.[135] 이들 변수에 주목할 때, 한반도에는 열강들 사이에 힘의 균형이 이루어져 있다. 한반도의 군사적, 경제적 필요성을 중시하는 미국과 중국의 남북한에 대한 영향력이 과거보다 약해졌고 제한적

---

132) 이지용, 「트럼프 집권 2기 미중관계 변화의 국제지정학적 함의 분석」, 『신아세아』 32(2), 신아시아연구소, 2025, 5쪽.

133) 이재승, 「글로벌 질서 재편과 한국의 외교정책: '플러스 외교' 전략을 중심으로」, 『국방연구』 68(3), 국방대학교 국가안전보장문제연구소, 2025, 26쪽.

134) 김연철, 「한반도 중립화 통일론의 역사성과 한계」, 『북한연구학회보』 28(2), 북한연구학회, 2024, 7쪽.

135) 이지용, 앞 논문, 5쪽.

이기에 "자주국방(무장 국방력)"과 "국내 합의"가 중립화 실현의 관건이라고 할 수 있다.

남북한이 특정 열강에 치우치지 않고 모든 국가와 선린 관계를 유지하는 소위 '균형 외교'를 함으로써, 국제사회에서 '중립국에 비등한 나라'를 지향하는 것이 가능해졌다. 이는 앞으로도 지속될 미중 간 대립과 분쟁에 남북한이 휘말리지 않고 국익을 제고하는 한반도 중립화의 새로운 전략, 즉 'K-중립'이라고 하겠다. 그 구체적인 방향을 스마트 파워(smart power)[136] 측면에서 제시하면 다음과 같다.

첫째, 하드 파워(hard power) 측면에서 초무장 군사력, 글로벌 경제력을 기반으로 하는 중립이다. 국권을 지키기 위해서 핵무력(북한)과 첨단 재래식 억제력(남한)을 포괄하는 강력한 군사 자산을 바탕으로 균형외교를 하여 중립의 효과를 거두는 것을 말한다. 중국과 패권 경쟁하는 미국의 트럼프 대통령은 핵무력과 대륙간 탄도미사일 때문에 북한과의 대화를 원하는 것이며, 중국은 자국 경제발전을 위하여 글로벌 경제력을 지닌 남한의 안정과 남한과의 교류 증진을 원하고 있는 것이다.

둘째, 소프트 파워(soft power) 측면에서 국민의식의 제고이다. 이것은 한반도 평화와 국익 제고를 위해 국론 분열을 지양하고 광범위한 국민적 합의를 이루어내는 것을 말한다. 한반도 평화와 국익 중심의 국민의식은 국가 안정과 번영이 달린 사안으로서 국내 정치 변화와 관계없이 일관된 외교 정책을 추진할 수 있는 기반이다. 정치 변화와 관계없이 유지되는 광범위한 국내 합의는 대외 정책의 예측 가능성을 높여 국제사회의 지지를 확보하는 데 유리하다.

---

136) 미국 정치학자 조지프 나이(Joseph Nye Jr.)는 국가의 영향력을 설명하기 위해 하드파워(Hard Power: 군사력, 경제력 등 강요적 요소)와 소프트파워(Soft Power: 문화, 가치 등 매력과 설득을 통해 자발적 동의를 이끌어내는 힘)를 구분하였고, 이 두 가지를 모두 활용하는 것을 스마트파워(Smart Power)로 명명하며 현대 외교 정책의 핵심 전략으로 제시했다.

셋째, 국제평화에 대한 기여이다. 미국과 중국 및 미국과 러시아 간 패권 경쟁에 휘말리지 않고, 남북한이 이들 열강의 갈등과 분쟁을 억제하는 안정자(stabilizer) 역할을 함으로써 국제평화에 기여함을 말한다. 남북한은, 과거에 이들 강대국의 대외 정책 독트린과 요구를 맹목적으로 따르던 국력이 미약한 상태를 벗어났고 국권 외교(國權 外交)[137]를 펼칠 수 있는 발전을 이룩하였다.

위와 같은 스마트 파워를 제고하여 한반도 평화와 한민족 국익을 추구해야 하겠다. 남한·미국·일본의 남방 블록과 북한·중국·러시아의 북방 블록 간 대결 구도에서, 남북한은 안정자(stabilizer) 역할을 함으로써 국제평화에 기여하는 동시에 국익을 제고할 수 있다.

❀ 국권 외교, K-Stabilizer ❀

북한은, 미국과 국제기구가 핵무기 원료인 핵농축을 제지하는 단계를 벗어나 핵무기 보유국이 되었다. 남한은 국내총생산(GDP) 기준 세계 10위 안팎의 경제력을 바탕으로 전술 핵무기 수준의 파괴력을 지닌 '현무-5'(8~9톤에 달하는 탄두, 마하 5 낙하 속도) 탄도미사일을 생산 · 보유한 첨단반도체 핵심 제조 국가가 되었다.

위와 같은 군사력, 경제력을 바탕으로 남북한은 패권 경쟁하는 열강들 세력의 평형을 맞추는 '균형자'(balancer)가 되기보다는 한반도 평화를 주도하는 '능동적 안정자'(active stabilizer)가 되는 것이 국가발전에 유리하다. 균형자(balancer)는 힘의 균형을 맞춰 평화를 유지하는 행위자를 의미하는 반

137) 국권 외교(國權 外交)는 국가 주권을 바탕으로 자국 이익을 확고히 추구하고 국제사회에서 자국 위상을 높이는 외교 활동을 의미한다. 남한 외교부의 공공외교 기본계획 비전인 "국민과 함께 K-이니셔티브를 통한 글로벌 성장과 평화에 기여"는 국익 증진을 목표로 하는 국권 외교의 지향점을 보여준다.

면, 안정자(stabilizer)는 중립적인 의미로서 적대 쌍방 양측 모두를 억지함으로써 지역 안정을 유지하고 위협을 관리하는 역할을 수행하는 행위자를 의미한다.[138]

중립(neutrality)과 안정(stability)이 가져오는 상태는 비슷하나 차이가 있다. 중립은 강대국들의 패권 경쟁에서 이탈하여 처분을 기다리는 경향이 있는 반면에, 안정은 억제력을 발휘하여 평형 상태를 유지하게 만드는 것이다. 약소국이 선포하는 중립은 주변 강대국들이 서로를 견제하기 위해 해당 지역을 중립 상태로 두기로 합의할 때 유지되는 경우가 많아서, 어느 한쪽이 압도적인 우위에 서게 될 경우 중립국의 지위는 강대국의 처분에 의해 위협받을 수 있다. 이에 비하여 안정은 어느 한 세력이 질서를 깨뜨리려 할 때 안정자가 이를 억제하기에 평형이 능동적으로 관리되는 상태에 가깝다.

남북한이 위와 같은 안정(stability)을 창출하는 주체가 될 때, 주변 열강과의 관계에서 주도권을 가질 수 있으며 국익을 지켜낼 수 있다. 이 같은 안정을 추구하는 것이 우리 국민의 안전과 국가 번영을 보장하는 길이다. 남북한이 군사력과 경제력을 바탕으로 안정자가 된다는 것은 글로벌 중추 국가(GPS, Global Pivotal State)로서 세계 질서의 중심적 역할을 수행하는 능동적 조정자 역할을 수행하는 것을 말한다. 남북한이 핵무력과 글로벌 경제력을 기반으로 동북아에서 안정자 역할을 하면, 미국과 중국 사이에서 어느 한쪽을 맹목적으로 따르고 다른 쪽을 적대시하기보다 한반도 평화와 국익을 고려하여 아래와 같은 K-안정자(K-stabilizer) 비전을 갖고서 균형 잡힌 외교를 펼칠 필요가 있다.

첫째, 군사적 억지력을 확보해야 한다(hard power stabilization). 남북한의 강력한 군사적 억지력을 바탕으로 한반도에서의 무력 분쟁 가능성을 줄

138) 안경모, 「정전체제와 관련한 북한의 입장과 함의: 주한미군 문제를 중심으로」, 『한국과 국제정치』 39(3), 경남대학교 극동문제연구소, 2023, 104쪽.

일 필요가 있다. 한미방위조약과 북러방위조약은 이 축의 토대이지만 강대국과의 관계를 '군사적 의존'에서 '공동 파트너십'으로 변화시키고, 첨단 군사 역량을 갖춤으로써 한반도 정세의 급격한 악화를 막고 안정적으로 관리하는 '한반도 안정의 최고 책임자'(stabilizer-in-chief on the peninsula) 역할을 할 필요가 있다.

둘째, 기술 가치 동맹을 강화해야 한다(soft power stabilization). 기술 가치 동맹(tech-value alliance)을 강화하여 미래 사회와 경제계 지형도가 바뀌는 제4차 산업혁명에서 뒤떨어지지 말아야 한다. 반도체, 인공지능(AI), 이차전지 등 첨단 분야에서 기술력 우위는 군사력보다 강한 전략 무기가 될 것이다. 특정 진영에 종속되지 않는 제4차 산업혁명의 글로벌 생태계와 공급망에 기여하며 신흥국 시장 및 자원 보유국들과의 연대를 강화하는 탈(脫)진영 외교를 펼칠 필요가 있다.

셋째, 역내 외교를 유연하게 관리해야 한다(diplomatic stabilization). 이것은 열강의 진영 논리에서 벗어나 국익 중심의 유연한 외교 노선을 추진하는 것을 말한다. 세계 패권을 놓치지 않으려는 미국, 중국, 러시아, 일본 및 유럽연합 등과 실용적 관계를 강화하는 것이 핵심이다. APEC(아시아태평양경제협력체),[139] 아세안(ASEAN),[140] 쿼드(Quad)[141] 등 다자 협력체를 활용하

139) APEC(아시아태평양경제협력체, Asia-Pacific Economic Cooperation)은 전 세계 인구의 약 37%, GDP의 약 61%, 교역량의 약 50%를 점유하며 현재 21개 회원국이 활동 중이다. 회원국은 아시아(남한, 중국, 일본, 대만, 홍콩, 아세안 7개국[인도네시아, 말레이시아, 베트남, 태국, 필리핀, 싱가포르, 브루나이]), 미주(미국, 캐나다, 멕시코, 페루, 칠레), 오세아니아 및 기타(호주, 뉴질랜드, 파푸아뉴기니, 러시아)이며, 2020년에 장기 비전인 "푸트라자야 비전 2040"을 채택하여 2040년까지 개방적이고 역동적이며 평화로운 아시아·태평양 공동체 구축을 목표로 하고 있다.

140) 아세안(ASEAN, 동남아시아국가연합)은 2025년 12월 현재 동남아시아 11개 국가, 즉 인도네시아, 태국, 말레이시아, 필리핀, 싱가포르, 브루나이, 베트남, 라오스, 미얀마, 캄보디아, 동티모르가 회원국인 세계 5대 경제권으로 성장한 지역 협력체이며, 회원국 내부 문제에 서로 간섭하지 않는 비간섭 원칙, 전원 합의를 통한 만장일치의 원칙, 무력 사용을 배제하고 대화를 통한 갈등 해결을 지향하는 평화적 해결 원칙으로 운영되는 경제 협력체이다.

여 외교 지렛대를 확장하고, 특정 강대국에 기대지 않는 실용 외교를 펼쳐야 한다. 제4차 산업혁명의 주도권을 잡기 위해 경쟁이 더욱 심화될 신냉전 시대에, 남북한은 강대국 사이에 끼어 있는 나라라는 의식에서 벗어나 열강의 처분을 기다리지 않고 자본주의, 사회주의 국가를 가리지 않고 선린 외교를 하며 국익을 제고하는 외교를 추진해야 하겠다.

❀ 중립화 전략의 패러다임 전환 ❀

2026년 현재, 중립국의 전통적 특징이 변하고 있다. '강대국에 국가안보를 의존'하고 '국제분쟁에 개입하지 않는 것'에서 벗어나고 있다. 러시아-우크라이나 전쟁으로 인한 동향을 중심으로 볼 때, 중립을 표방한 국가들이 무장 중립과 공동 방위를 강화하고, 영세중립국이 집단안보체제와 교류를 강화하며 분쟁국에 재정 지원을 하는 등 과거에 볼 수 없던 양상이 나타나고 있다.

영세중립국 스위스는 러시아의 우크라이나 침공 이후 유럽연합의 대러시아 경제 제재에 동참했고, 영세중립국 오스트리아는 군사적 비동맹은 유지하되 유럽연합의 공동안보 방위정책에 협력하고 있다. 이러한 중립성 변화는 유엔 창립에 따라서 예견되었다. 유엔의 집단안보체제(collective security system)가 작동함에 따라 중립법상 중립국이 향유하던 권리와 의무 내용이 영향을 받게 되었기 때문이다.[142] 따라서 과거 중립화 모델이, '강대국

141) 쿼드(Quad, Quadrilateral Security Dialogue)는 인도·태평양 지역의 자유와 개방을 목적으로 미국, 일본, 인도, 호주 4개국이 결성한 비공식 안보 협의체이다. 초기에는 중국의 패권주의 견제를 위한 안보 동맹 성격이 강했으나, 현재는 보건, 기후변화, 첨단 기술, 사이버 안보 등 비전통적 안보 분야로 협력 범위를 넓힌 다자 협의체로 진화했으며, 쿼드 4개국에 남한, 뉴질랜드, 베트남 등을 포함시켜 협력의 범위를 확장하려는 구상이 있고, 남한은 공식 회원국은 아니나 쿼드 산하의 백신, 기후변화, 신기술 워킹그룹 등에 부분적으로 참여하며 실무적 협력을 지속하고 있다.

142) 김성원, 「현대 국제법상 중립법의 실효성에 관한 고찰」, 『동아법학』 56, 동아대학교 법학연구소, 2012, 390쪽.

우산의 안전보장'과 '국제 무력분쟁 비개입'을 원칙으로 했던 것과 다르게, 현 상황과 여건에 적합한 한반도 중립화 전략의 수립이 필요하다. 미국의 대 중국 AI반도체 공급망 봉쇄, 대만 등 아시아에서의 군사 대립, 관세 전쟁과 첨단기술 규제로 무역, 군사, 외교 등 다방면에서 미중 대치가 극심하게 일어나는 상황에서 어느 한쪽만 택하고 그 블록에 들어가야 한다는 고정관념을 버릴 시기가 되었다. "진영논리를 넘어서는 중견국 다자외교를 통해 미·중 신냉전구도를 차단하고 협력과 통합의 새로운 지역 질서를 만들어 나가는 '초월적 외교'"[143]의 추진을 검토할 필요가 있다.

'초월적 외교'(transcendence diplomacy)란 기존 관례와 진영 논리를 뛰어넘는 외교를 말한다. 패권 대결하는 미·중 양 강대국과 모두 친선을 유지하는 중견국의 실용적 외교 전략이라고 하겠다. 이러한 중견국 외교 전략들이 노무현 정부 이래로 명칭을 달리하여 추진되었으나 소기의 성과를 거두지 못하였다. 그 한 가지 원인은 일관성을 유지하지 못한 점에서 찾을 수 있다. 남한의 중견국 외교 정체성은 노무현, 이명박, 박근혜 정권에서 미묘한 차이가 있었으며 대통령의 개인적 의제에 영향을 받는 남한의 중견국 외교는 행정부에 따라 일관성이 없었다.[144] 따라서 중견국가로서 '초월적 외교'를 수행하기 위해서는 관련 법률을 제정하지는 못할지언정 지침이나 기준을 마련해야 한다. 한반도 평화 공존체제 수립·이행을 위한 외교정책 노선에 대한 광범위한 정치적, 사회적 합의를 도출하여 정부 교체에 따른 외교정책 노선의 변경과 혼선을 피하도록,[145] 「한반도 평화 및 중립성 유지」와 같은 지침이나 기준이 마련되어 있어야 정책의 대내외 예측 가능성을 높여 중견

143) 문정인, 「미·중 패권경쟁과 한국의 선택」, 경제·인문사회연구회(www.nrc.re.kr).

144) 김소연·이지은, 「한국의 중견국 외교 연구: 북방정책과 카자흐스탄 사례를 중심으로」, 『아시아연구』 25(2), 한국아시아학회, 2022, 255쪽.

145) 서현수, 「핀란드 중립 평화 외교정책의 형성과 진화: 대외 환경과 정책 결정 시스템의 변화를 중심으로」, 『스칸디나비아 연구』 22, 한국 스칸디나비아학회, 2018, 64쪽 참고.

국 외교의 성과를 높일 수 있겠다. 초월적 외교의 성공 여부는 정권의 성격과 관계없이 지속될 수 있는 '국가안보 기본지침'으로서 중립화를 공식화하고, 이를 국가전략의 기저로 삼아 추진할 수 있는 제도적 토대를 구축하는 데 달려 있다.

또한 중견국가로서 남한과 북한이 각기 지향하는 차이에서 일어나는 갈등을 줄일 필요가 있다. 남한은 글로벌 중견국가[146]를 지향하여 G7과의 협력 및 G20, APEC 등 다자 기구에서 한반도 비핵화를 강조하여 북한을 압박해 온 경향이 있다. 반면에, 북한은 북·중·러 군사 블록 내에서 영향력을 강화하는 '전략적 중견국'을 지향하고 있다고 볼 수 있다. 이러한 차이와 갈등은, 남북한이 중립성을 지향하여 강대국 영향력을 줄일 때 완화될 수 있다. 강대국의 정치적 영향에서 벗어나되 문화적 유대를 강화해 나가기 위해선 한류 콘텐츠 소프트웨어를 활용한 공공외교[147]를 강화하여 한민족의 이미지와 국가 브랜드를 관리할 필요가 있다.[148]

특히 중국의 '일대일로 공동체'와 미국의 '인도-태평양 공동체' 중 어느 것을 선택하느냐가 비강대국의 운명을 결정하게 될 것이기에,[149] 중견국으로서 기존 방식에서 벗어나 새롭게 추진하는 다자협력이 이러한 함정에서 벗어나 자유롭게 되는 데 도움이 될 수 있다.[150] 미중 양국이 설정하는 안보 담론의 이분법이 아니라, 다양한 스펙트럼에서 제기되는 안보 담론을 상황

146) 대표적인 중견국가로는 캐나다, 호주, 노르웨이, 덴마크, 스웨덴 등이 제시될 수 있다.

147) 공공외교의 장(場)은 정부 주도의 기존 외교정책과 달리 비정부 부분에서 참여할 수 있는 것이 핵심이다(진달용, 「한류시더의 소프트파워와 문화외교: 담론분석」, 『공공외교: 이론과 실천』 1(1), 한국공공외교학회, 2021, 55쪽.).

148) 진달용, 「한류시대의 소프트파워와 문화외교: 담론분석」, 『공공외교: 이론과 실천』 1(1), 한국공공외교학회, 2021, 59쪽.

149) 김태효, 「미-중 신냉전 시대 한국의 국가전략」, 『신아세아』 28(2), 신아시아연구소, 2021, 118쪽.

150) 반길주, 「중견국 이론 정교화 : 구조적 접근과 한국의 중견국 정치」, 『한국과 국제정치』 36(2), 경남대학교 극동문제연구소, 2020, 45쪽.

에 맞추어 유연하게 채택하는 '신흥안보(emerging security) 담론'의 정립이 필요하다.[151] "미중 사이에서 전략적으로 중요한 '위치'를 잡아 양국의 이익을 '중개'하는 전략"과 "패권 질서 하에서 자국의 주권 침해를 염려하는 동지국가들과 연대하는 전략"을 마련해야 하겠다.[152] 미국이나 중국이 주도하는 연합 속에서 포인트를 찾아 역량을 발휘하는 동시에 중견국 주도의 연합전선을 구축할 필요가 있다.[153]

무엇보다도 중립을 표방하여 남북한이 미·중 양국이 요구하는 대로 끌려갈 것이 아니라 북한은 미국과, 남한은 중국과 국익 중심으로 호혜협력 친선하는 중립 중견국 국가전략을 수립하여 국익을 제고할 필요가 있다. 헤이그 협약에 의거하면, 중립국의 영토는 불가침이고 이 영토에서 어떠한 적대 행위도 저지르는 것은 금지되어 있음[154]을 반영하여, 미·중 패권전쟁에 휩쓸리지 않도록 남북한이 중립을 지향하여 한반도가 열강들의 대립과 분쟁에 휘말리지 않고 남북이 상생하는 한반도 영구평화 토대를 구축할 필요가 있다. 한반도를 대립의 현장이 아닌 글로벌 평화와 번영을 견인하는 신질서의 발원지로 만들어야 하겠다.

151) 김상배, 「미중 인공지능 패권경쟁과 한국: 국제정치의 전환과 중견국의 국가전략」, 『국가전략』 31(2), 세종연구소, 2025, 123쪽 참고.

152) 위 논문, 125쪽.

153) 반길주, 「중견국 이론 정교화 : 구조적 접근과 한국의 중견국 정치」, 『한국과 국제정치』 36(2), 경남대학교 극동문제연구소, 2020, 37쪽.

154) Bothe, M., Neutrality, Concept and General Rules, Oxford Public International Law (https://opil.ouplaw.com).

8장

광복과 새 나라의 이상

일본 제국주의에 항거하는 독립운동은 다양하게 전개되었다. 미래 세대 양성을 위한 교육운동, 애국계몽운동, 민족문화수호운동, 순국투쟁, 비밀결사 활동, 무장 투쟁, 만세운동 등 방법이 다양했다. 해방에 도움만 된다면 자본주의, 사회주의, 공산주의를 가리지 않고 수용하였다. 그 결과 한반도를 둘러싼 열강인 미국과 중국 및 소련으로부터 모두 도움을 받았다. 일제 강점기와 광복 무렵 정세와 인물들로부터, 21세기에 한반도가 열강의 갈취와 싸움에서 벗어나는 시사점을 찾아볼 필요가 있다.

❀ 다양한 노선의 독립운동 ❀

일본 제국주의에 항거하여 광복을 성취하고자 하는 독립운동은 자본주의, 사회주의, 공산주의 등 사상이나 이념을 가리지 않고 수용하여 전개되었다. 1940년대 이후 국내·외 독립운동 세력은 상호 연락·연대에 기초한 민족통일전선 결성을 추구하였고, 좌·우익을 막론하고 해방 이후 민족국가의 경제·사회정책이 같은 방향으로 나갔으며, 좌·우파 독립운동 세력이 상정한 나라는 여러 부분에서 교집합이 있었다는 것이 일반적 견해이다.[1)]좌·우파 독립운동세력, 즉 대한민국 임시정부의 「대한민국 건국강령」과 조선공산당의 「현정세와 우리의 임무」, 즉 「8월 테제」를 중심으로 볼 때, 좌·우 독립운동세력은 토지 국유화와 분급(나누어 줌), 대생산기관의 국유화 등 경제적 세계관이 일치하였고, 서로 상대의 존재와 가치를 인정해 협동과 통일전선을 이루었던 역사적 경험을 공유하고 있었다.[2)] 좌·우파 독립운동 세력은 식민지 시기에 일본과 친일 지주에게 집중된 농지 소유 구조를 민생을 구제하기 위해 개혁해야 한다는 데 인식을 같이하였다. 「대한민국 건국강령」은 토지 국유화 후 균등 분급을 통해 경자유전(耕者有田)을 실현하려 했고, 「8월 테제」는 친일파 토지를 국유화하여 농민에게 무상 분배할 것을 주장했다. 또한 주요 기간산업의 국유화 역시 좌우를 막론하고 정파를 떠나서 민족 세력이 공유했던 국가 건설의 핵심 원칙이었다. 철도, 광산, 대규모 공장 등 일제 수탈의 핵심 산업이며 국민 생활에 직결되는 기간산업의 국유화에도 인식을 같이했다. 좌우익 모두 개인의 무한한 사유재산 인정이라는 순수한 자본주의 노선보다는, 일제가 남긴 산업 시설과 귀속재산을 국유화하

1) 변은진, 「8·15 직전 국내 독립운동세력의 정세관과 건국준비운동」, 『한국독립운동사연구』 53, 한국독립운동사연구소, 2016, 143쪽.

2) 김용달, 「광복 전후 좌·우파 독립운동세력의 국가건설론」, 『한국독립운동사연구』 46, 한국독립운동사연구소, 2013, 20쪽.

여 민생을 구제하고 일제 잔재를 청산해야 한다는 합의를 이루고 있었다. 이러한 경제관의 공유는 광복 직후 민족국가 건설을 위한 좌우 합작의 토대가 되었다.

전통적으로 사회주의와 배치되는 경향이 있던 종교 및 유교 세력조차 일제로부터 해방이라는 시대적 과제를 위해 사회주의 사상을 수용하고 협력했다. 오늘날의 인식과 달리, 항일 독립운동 시기에 기독교와 사회주의는 광복을 위해 협력 관계에 있었다. 연희전문학교(연전, 연세대학교의 전신)는 기독교 정신에 근거하여 설립된 교육기관인데, 연전 학생들이 주도한 6·10 만세운동 등은 일제 강점기에 기독교와 사회주의가 민족 독립과 해방이라는 시대적 과제를 달성하기 위해 협력한 사례이며, 연전 학생들은 기독교가 시대와 민족의 요구에 부응하지 못하고 있다고 인식하면서 사회주의에 관심을 가졌다.[3] YMCA(기독교청년회) 학생운동은 1920년대 전반에 기존의 종교운동 영역을 넘어 신문화 계몽자로서 폭넓은 활동을 전개했는데, 특히 신문화·사회개조·기독교사회주의·민중화 등을 화두로 사상운동 방면에서 두각을 나타냈다.[4]

유교 역시 항일 독립운동 시기에 사회주의와 협력 관계에 있었다. 유교문화의 대표 지역인 안동은 사회주의 운동이 다른 지역에 비하여 빨리 흡수된 곳이며, 이 지역의 사회주의 운동에는 유교 가치를 교육받고 자란 인물들이 유교 가치 위에 사회주의를 받아들여, 예컨대 김재봉은 제1차 조선공산당 책임비서로 초기 국내 사회주의 운동을 지도했으며 김응섭은 만주지역 사회주의 운동을 선도하였다.[5] 이밖에도 일제하 공산주의 운동 참가자

---

3) 홍성표, 「기독교 학교 학생들의 민족운동과 사회주의: 연희전문학교 학생회를 중심으로」, 『한국독립운동사연구』 68, 한국독립운동사연구소, 2019, 220-221쪽.

4) 장규식, 「1920~30년대 YMCA학생운동의 전개와 일상활동」, 『한국기독교와 역사』 27, 한국기독교역사학회, 2007, 103쪽.

5) 심상훈, 「일제강점기 유학적 지식인들의 사회주의수용 양상과 민족운동」, 『한국사상과 문화』

들의 참여 동기와 사상 전향자들의 전향동기를 분석한 연구결과에 의하면, 전통적 유교 문화와 가치관이 초기 공산주의 운동의 외연 확산에 긍정적 영향을 주었다.[6] 정인보와 김태준은 유교 계 우파와 좌파를 각각 대표하였는데 해방 이후 정인보는 유교 혁신 및 부흥 운동을 전개하면서 이를 통해 완전 독립을 향한 국민운동에 나섰고, 김태준은 좌파 유교 운동을 조직화하여 유교 정치의 좌파적 이상을 실현하려 했다.[7]

일제의 한민족 지배와 착취 및 친일파와 일제의 결탁에 맞선 무장독립운동단체인 의열단(義烈團)이 공산주의 노선을 수용했다는 것 또한 널리 알려져 있는 일반적 사실이다. 의열단의 독립투쟁노선과 행동강령이 잘 나타나 있는 '조선혁명선언'은 신채호가 1923년 1월에 완성·발표하였고, 의열단은 한국민족운동사에서 지도적 위치에 있던 김구·김규식·김창숙·신채호 등을 실질상 고문으로, 장개석(蔣介石) 중화민국 총통의 후원을 받았다.[8] 또한 3·1운동 이후 소련이 조선 독립운동을 지원하는 것을 보고서 대표적인 민족지도자 여운형도 공산주의를 수용하였다. 여운형은 동학, 유학, 기독교, 민족자결주의, 공산주의 등 다양한 이념의 영향을 받았는데, 소련이 조선 독립운동을 지원하는 것을 계기로 공산주의를 조선 현실에 맞게 변형하여 수용했으며, 그가 구상한 새 정치체제는 인민에 의해 운영되고 계급이 없는 평등사회였다.[9]

70, 한국사상문화학회, 2013, 264쪽.

6) 조진형, 「유교문화, 경제적 요인이 일제하 초기공산주의 운동에 미친 영향」, 『북한학연구』 9(2), 북한학연구소, 2013, 223쪽.

7) 이황직, 「해방 전후 유교계의 이념 분립에 대한 연구: 정 인보와 김 태준을 중심으로」, 『사회이론』 49, 한국사회이론학회, 2016, 215쪽.

8) 김창수, 「의열단」, 한국민족문화대백과사전(https://encykorea.aks.ac.kr/Article/E0043334).

9) 전재호, 「여운형의 정치이념: 민족주의, 공산주의, 민주주의에 대한 인식을 중심으로」, 『현대정치연구』 6(1), 현대정치연구소, 2013, 83쪽.

【사진 11】 신간회
(출처: 국가보훈처, 신간회 창립 90주년 기념 자료)

이러한 좌우 협력의 정점은 1927년 창립된 신간회(新幹會)였다. 일제강점기 최대 규모의 좌·우익 합작 민족협동전선이었던 신간회는 '비타협 민족주의자'와 '사회주의자'가 결합하여 우경적 타협론을 배척하고 민족주의 중 좌익 전선을 형성하는 것을 목표로 했다.

신간회는 일제 강점기에 최초이자 최대 규모의 정치·이념을 초월한 좌·우익 합작 민족협동전선의 최고기관으로서 1930년경 전국에 140여 개 지회를 설립하고 3만 9천여 명의 회원을 확보하였다.[10] 가장 규모가 컸던 국내 항일 단체인 신간회는 '비타협 민족주의자(좌익 민족주의자)'와 '사회(공산)주의자' 두 세력이 결합하여 1927년에 창립되었기에,[11] 《조선일보》·《동아일보》·《중외일보》 등 신문은 신간회 목표가 "우경적 사상(右傾的 思想)을 배척하고 민족주의 중 좌익 전선을 형성"하는 데 있다고 보도하였다.[12] 이밖에

10) 국가보훈처, 「신간회 창립 90주년 기념식」, 보도자료, 2017. 2. 14.

11) 김인식, 「창립기 신간회의 성격 재검토」, 『한국민족운동사연구』 92, 한국민족운동사학회, 2017, 132쪽.

도 대표적 보수 언론인 동아일보 사장을 지낸 송진우는 소련과 공산주의에 대립적 인식을 유지했으나 독립을 위해서는 협력의 의사를 표시하기도 하였다.[13]

일제 강점기에 국내 지역 상황도 다를 바가 없었다. 충남 부여 지역의 민족운동과 사회운동을 대표하는 노명우는 혁명적 대중운동으로서 농민조합을 결성하여 자신 소유의 토지를 무상 제공하는 등 헌신적 활동을 하였고, 계급 해방과 공산주의 사회 실현을 지향하며 사회주의 사상을 연구하는 비밀결사인 공산주의연구협의회와 공산주의자협의회를 결성하여 활동하였다.[14] 같은 지역의 독립운동가인 유기섭 또한 민중의 비참한 현실을 목격하고 사회해방의 신념을 키웠다.[15] 광복 직전 1943~1945년에 활동한 조선민족해방협동당은 당명 그대로 '협동'의 이념 하에 국내에서 독립과 건국을 준비했던 대표적 항일 비밀결사인데 전국 13개 도를 무대로 경성제대 의학부생 10여 명을 포함하여 당원이 약 200~300명이 되었으며, 이념적으로 자본주의도 공산주의도 아닌, 사유와 국유를 결합하는 제도를 지향하면서 '협동'의 이념에 기초한 이상적인 사회를 추구하였다.[16]

해방 공간의 민족지도자들 역시 이념의 틀에 갇히지 않았다. 해방 직후 대한민국임시정부 군무부장 자격으로 1945년 12월 귀국한 김원봉은 "우리 군대는 농민 즉 인민의 군대다. 농민의 이익을 위하여 싸우고 또 보호하겠다."고 하며 국군은 대다수 피지배 계급의 안전을 지켜주어야 한다고 했고, 남한만의 단독선거 가능성이 높아짐에 따라, '비공산주의 계열의 좌익 지도

12) 위 논문, 133-135쪽.

13) 양준석, 「송진우의 국제지역 인식과 국가건설 사상」, 『문화와융합』 44(10), 한국문화융합학회, 2022, 451-452쪽.

14) 허종, 「일제강점기 盧明愚의 민족운동과 사회운동」, 『대구사학』 143, 대구사학회, 2021, 2쪽.

15) 위 논문, 73쪽.

16) 변은진, 「해방전 조선민족해방협동당의 결성과 비밀결사운동」, 『한국민족운동사연구』 70, 한국민족운동사학회, 2012, 340쪽.

자'라는 평가처럼 새 활동무대로 평양에 대한 기대감을 갖고서 1948년 4월 '남북연석회의' 참가 명목으로 북행하였다.[17] 이와 비슷한 삶을 산 김상덕은, 김원봉이 이끌던 조선민족혁명당에 합류하여 활약하였고 대한민국임시정부에 합류하여 1945년 11월 문화부장이 되어 김구 주석, 김규식 부주석과 함께 제1진의 한 사람으로 귀국했으며, '민족좌파'로서 공산주의를 받아들였지만 좌우 합작을 도모하는 데 앞장섰다.[18]

대표적 항일 지도자인 안창호도 사회주의에 포용적 태도를 취하여 사회주의의 장점을 취한 대공주의(大公主義)[19]를 제시했는데, 이는 사회주의 사상이 들어오면서 분열되기 시작한 독립운동의 통합을 촉구하기 위해서였고, 서구열강의 무관심과 미국의 빈부격차 및 인종차별에 실망하면서 한국독립을 도와줄 외세로 소련에 의지할 생각을 갖게 되었다.[20] 또다른 대표적 항일 독립운동가인 김구는 해방 직전 임시정부를 좌우연합정부로 개편하면서 독립을 위한 준비기관으로 면모를 일신하였고, 이를 바탕으로 해방 직후 임시정부가 대외적으로는 미국과 소련에 대한 중도적 노선과 민족국가 수립을 위한 민족통일전선의 구축을 통해 통일국가를 수립하려 하였다.[21] 광복 후 미국식 민주주의를 정치체제로 도입한, 남한의 초대 대통령 이승만은 개인을 우선하는 미국식 개인주의를 비판하고 경제부문에서 미국식 자유주의와 다른 공익산업기관의 국유화와 상업의 정부 검열 등을 주장하였

17) 한상도, 「해방정국기 김원봉의 정치활동: 독립운동가에서 정치가의 길로」 『한국독립운동사연구』 64, 한국독립운동사연구소, 2018, 161-162쪽.

18) 김희곤, 「김상덕(金尙德)의 독립운동」, 『영남학』 42, 경북대학교퇴계연구소, 2008, 209-210쪽.

19) 항일민족운동의 분열을 극복하는 통합이 필요했기에, 안창호는 대공주의를 제시한 것으로 판단된다(박병철, 「도산 안창호의 대공주의에 관한 연구」, 『민족사상』 10(2), 한국민족사상학회, 2016, 9쪽.)

20) 이나미, 「일제시기 재미한인의 정치이념: 사회주의관을 중심으로」, 『평화연구』 15(2), 고려대학교 평화와 민주주의연구소, 2007, 96쪽.

21) 남광규, 「김구 통일운동의 기본 성격과 현실적 한계」, 『민족사상』 8(3), 한국민족사상학회, 2014, 35쪽.

다.[22] 기독교 신앙 속에서 성장한 남한의 제4대 대통령 윤보선은 민족이 이념보다 위에 있다는 관점에서 공산주의를 받아들였던 이동휘를 민족 지도자로 평가했다.[23] 이밖에도 김성수,[24] 김활란[25]처럼 일제 강점기에 식민지 권력에 어느 정도 협력하는 태도를 보이면서 민족인재 육성과 민족문화 보존 및 계몽 운동을 위해 학교나 신문사 혹은 민족기업을 경영한 경우도 있었다.

위의 역사적 사실들은, 현재의 이념적 관점에서 부정적으로 평가될 수 있다. 오늘날 우리는 해방과 같은 전 민족 공통의 목표에서 벗어나 분단된 국가의 틀 속에서 사고하기 때문이다. 정치적 측면에서 보수와 진보가 비이성적으로 대립하는 상황에서, 보수주의자의 눈으로 보면 덜 보수적인 가치는 상대적으로 진보적인 것으로 비치는 법이고 진보주의자 입장에서 자신의 기준에 못 미치면 보수로 치부해 버리기에,[26] 편향된 이념을 극복하는 관점에서 한민족과 한반도 문제에 접근할 필요가 있다.

---

22) 양승태·전재호, 「미군정기(1945~1948) 한국의 자유주의: 이승만의 '반공적' 자유주의」, 『한국철학논집』 21, 한국철학사연구회, 2007, 242쪽.

23) 김정회, 「해위 윤보선과 상해임시정부」, 『한국정치외교사논총』 43(2), 한국정치외교사학회, 2022, 6쪽.

24) 김성수(1891~1955)는 일제 강점기에 동아일보, 고려대학교를 발전시킨 언론인 겸 교육자로서 경성방직 기업을 경영하며 3·1운동 계획에 참여하고 물산장려운동을 펼쳤으며, 광복 후에는 미군정청 한국인고문단 의장으로 활동하였고 김구, 조소앙과 함께 신탁통치반대운동 등도 했으나, 일제 시대에 행한 연설과 글 및 맡았던 직책 등을 이유로 『친일인명사전』에 등재되었다.

25) 김활란(1899-1970)은 일제 강점기에 이화여자대학교를 발전시킨 여성운동가 및 총장으로서 여성교육과 여성계몽에 공헌했으나 일제 시대에 행한 연설과 글 및 맡았던 직책 등을 이유로 『친일인명사전』에 등재되었다.

26) 한상도, 「제2차 세계대전기 김원봉의 임시정부 참여와 통합임정 체제 내의 동향」, 『한국독립운동사연구』 44, 한국독립운동사연구소, 2013, 203쪽.

❀ 북에서 남으로, 남에서 북으로 ❀

일제 식민 치하에서 조선인들은 자본주의나 사회주의, 공산주의 사회를 제대로 체험하지 못하였다. 그래서 조선인들은 식민지 시대와 달리 하나의 민족에 남·북한 두 개의 국가가 형성되기 시작한 해방 공간에서 서로 다른 지배 체제와 권력의지의 배타적 대립과 충돌의 혼란상을 극명하게 드러냈다.[27] 광복 이후 조선인들은 자신이 옳다고 생각하는 자본주의나 사회주의 혹은 공산주의를 추종하며 새로운 국가의 이상을 모색했고, 한반도가 분단되면서 이상적 국가를 찾아 북에서 남으로 월남하거나 그 반대로 남에서 북으로 월북하는 경우가 있었다.

38선 이북에 소련군이 진주하자 사회주의를 지향하는 사회가 구축되기 시작했고 이에 거부감을 갖고 있었던 사람들은 남한으로 이주했고, 이와 반대로 사회주의에 대한 동경, 개인적인 지향점을 이유로 북한 체제를 택하여 정착하는 사람도 있었다.[28] 구체적으로 북한 지역에 있는 대다수 기독교 교역자와 교인들은 박해를 피해 남한으로 피난하였다.[29] 기독교인들은 부농, 지주, 자본가 계층이 많았고 무상몰수, 무상분배라는 토지개혁 방법과 생산수단의 국유화 과정이 진행되는 사회주의 혁명과정에서 청산 대상이었기 때문이다.[30] 특히 전통적 지주 계급에 기독교 배경을 가진 서북(황해도, 평안도) 출신들은 월남 후 북한 체제에 대한 적대감으로 미군정 체제와 이승만 정권에서 주류 세력으로 성장했고,[31] 사회주의를 피해 월남한 기독교인들

27) 홍용희, 「해방공간과 이념적 선택의 도상학」, 『한민족문화연구』 40, 한민족문화학회, 2012, 382쪽.

28) 이준희, 「평양고보 출신 엘리트의 월남과정과 정착지」, 『학림』 42, 연세사학연구회, 2018, 84쪽.

29) 조이제, 「해방 후 평양 감리교인의 월남과 교회 재건」, 『한국기독교와 역사』 42, 한국기독교역사학회, 2015, 148쪽.

30) 김권정, 「해방 후 기독교세력의 동향과 국가건설운동」, 『숭실사학』 29, 숭실사학회, 2012, 203쪽.

은 기독교적 국가건설을 꿈꾸었다.[32] 기독교인 외에 학생들의 월남도 있었다. 월남한 사람들에 대한 구술 생애사 연구결과에 의하면, 평양고등보통학교 출신인 한두진과 김원희는 민주개혁조치에 의한 가정경제 악화로 소련군과 북한체제에 부정적 인식이 중요한 월남 동기였고, 류필립과 홍세호도 민주개혁조치로 인해 가정경제가 악화된 것은 마찬가지였지만 학업과 관련하여 월남 동기를 강조했으며 류필립은 종교적 문제로 김일성종합대학에 입학할 수 없어 월남하였다.[33] 소련 군정에 반대하는 학생들의 월남도 있었다. 광복 직후 1945년 11월에 평안북도 신의주에서 중고등학생 약 3천 5백 명이 실정을 비판하는 시위를 했는데 그 진압 과정에서 희생자가 나오자 약 8백 명이 월남하여 남한에서 1946년 서북학생총연맹을 조직했다.[34] 이밖에도 신광렬은 북간도의 동흥 중학교에 입학한 뒤 사회주의 사상을 수용하고 공산주의자들과 교류하면서 항일운동에 뛰어들었지만 1946년 분단 상황에서 북에 가족을 남겨 놓고 홀로 남하하였다.[35]

위와 반대의 월북도 있었다. 미군정의 대학 통제가 강화되는 가운데 '국대안 파동'[36] 속에서 서울대학교의 진보적 교수가 해직되거나 스스로 교수직에서 물러나면서 북한을 선택하는 분위기가 있었고, 북한이 김일성종합

31) 류진희, 「월남 여성작가의 '이북'공간: 임옥인의 '월남전후'와 박순녀의 '어떤 파리'의 경우」, 『여성문학연구』 49, 한국여성문학학회, 2020, 215쪽.

32) 윤은순, 「1950년대 월남 기독교인의 국가윤리와 사회인식」, 『기독교사회윤리』 41, 한국기독교사회윤리학회, 2018, 160쪽.

33) 이준희, 「평양고보 출신 엘리트의 월남과정과 정착지」, 『학림』 42, 연세사학연구회, 2018, 93-94쪽.

34) 안서현, 「월남의 뿌리, 반공-학생의 기원: 신의주 학생사건의 재현 방식 연구」, 『상허학보』 55, 상허학회, 2019, 347-349쪽.

35) 이계형·신민식·정상규, 「'越南遺書'를 통해 본 申光烈의 생애와 독립운동」, 『민족문화논총』 82, 영남대학교 민족문화연구소, 2022, 451-452쪽.

36) 국대안 파동(國大案 波動)은 미군정청이 남한의 여러 단과대학들을 통폐합하여 종합대학인 서울대학교를 설립하겠다는 국립대학 설치 안을 1946년 발표하자 1948년까지 약 2년간 통폐합 대상 단과대학들의 교수와 학생들이 반대한 사건을 말한다.

대학과 홍남공업대학 등 설립을 통해 남한 지식인 유치를 강화되는 가운데[37] 국문학자 김두봉, 물리학자 도상록, 화학자 이승기 등이 북한으로 가는 길을 택하였다.[38] 특히 북한은 "우리민족을 부흥시키고 우리나라를 민주주의적 독립국가로 만들기 위하여서는 문화인, 예술인, 과학자, 기술자가 있어야 합니다."라는 김일성 교시에 따라 우수 인력에 대해서는 친일을 문제 삼지 않는 가운데 각 분야 인재를 북한으로 유치한 결과 1946년부터 1948년까지 약 150명의 문인들과 예술인들이 북으로 갔다.[39] 예를 들면, 시인 이찬은 친일에 대한 면죄부를 김일성으로부터 직접 받고 북한 찬양 시문학을 하였고, 박세영은 자신의 이념을 지키기 위해 월북하여 '김일성 전문시인'으로 불릴 만큼 김일성 체제에 공감하였다.[40] 1948년 12월 남한에서 시행된 '국가보안법'에 따라 좌익사상에 물든 사람들을 전향시켜 보호한다는 취지로 (반공 단체인) 보도연맹[41]이 결성되자 미술가인 김주경, 길진섭, 조규봉, 김정수 등이 6·25 전쟁 전에 자발적으로 북한으로 갔다.[42]

금광 사업으로 큰 재력을 지닌 자본가이면서 한학에 소양이 깊었던 이종만은 광복을 맞이하여 평소 신념인 대동(大同) 사회의 이념을 찾아서 북한으

37) 북한에서는 김일성의 이름으로 남한의 진보적 지식인을 초치하는 데 온힘을 기울였다(이준식, 「지식인의 월북과 남북 국어학계의 재편: 언어정책을 중심으로」, 『동방학지』 168, 연세대학교 국학연구원, 2014, 10쪽.)

38) 이준식, 「지식인의 월북과 남북 국어학계의 재편: 언어정책을 중심으로」, 『동방학지』 168, 연세대학교 국학연구원, 2014, 8-11쪽.

39) 오세준, 「최승희의 월북 요인과 남편 안막의 영향」, 『한국무용교육학회지』 26(2), 한국무용교육학회, 2015, 91쪽.

40) 우대식, 「해방 후 월북 시인의 행방: 카프 시인들을 중심으로」, 『한국문학과 예술』 12, 한국문학과예술연구소, 2013, 85쪽.

41) 좌익 전향자들을 계몽·관리하기 위해 1949년 4월에 조직된 '국민보도연맹'에 등재된 좌익 전향자들이 북한 인민군에 가담하거나 부역하는 것을 우려하여, 1950년 6·25 전쟁이 일어나자 국군과 경찰이 이들을 학살한 '보도연맹(保導聯盟) 사건'이 발생하였다.

42) 오병희, 「월북미술가의 북한에서 작품 및 활동 연구: 사회주의적 사실주의를 따른 작품의 주제별 연구를 중심으로」, 『기초조형학연구』 19(4), 한국기초조형학회, 2018, 272쪽.

로 가는 길을 택하였다. 이종만이 쓴 「대동교학회 취지서」 전문(全文)에 의하면, 그는 "올바른 산업은 신성하고 유쾌한 근로를 바탕으로 한다."고 했으며, "일터와 배움터가 하나 됨에서 수련과 보은의 인생이 이루어진다." 하였고, "정성을 다하는 신성한 근로는 자기완성의 길"이라는 '노동'을 강조한 글[43]을 발표함으로써 자신의 이념을 밝혔다.

이종만의 사상은 그가 쓴 「대동교학회 취지서」 말미에 있는 다음과 같은 '대동인의 실천 강령'의 '대동주의 표어'에서 엿볼 수 있다:[44] "1. '나' 라고 말자. 오직 '우리'라고 하자.", "2. 일하면서 가르치고 배우면서 일하자.", "3. 사람이 되면서 일을 하고, 일을 하면서 사람이 되자.", "4. 내가 만드는 물건은 동포가 쓸 물건.", "5. 살자고 하는 일인가 일하고자 사는 목숨이지." 광복 후 이종만은 조선산업건설협의회 위원장을 맡고 있으면서 8·15 광복 후 직장을 사수해온 근로자 대중의 복리를 위한 시책에 중점을 둘 것과 협동조합 국가를 지향해야 한다고 역설했고,[45] 남북 분단을 반대하는 김구 선생의 권유로[46] 1949년에 월북하여 사회주의 건설을 위해 힘썼고 1977년 사망 후 북한에서 자본가로서는 유일하게 '애국렬사릉'에 안장되었다.

이상에서 볼 수 있듯이, 한민족의 공통된 목표인 해방이 실현된 후부터 이념대립이 표출되기 시작하였다. 8·15 광복 후 남한에 진주한 미군과 북한에 진주한 소련군의 군정 치하에서 사람들은 자신이 처한 여건이나 신념을 따라서 북에서 남으로 내려오거나, 남에서 북으로 올라가는 경우가 있었고, 민주자본주의와 사회주의 내지 공산주의 이념의 충돌이 일어나게 되었다.

---

43) 송순현, 「'대동교학회 취지서'에 따른 '대동교학회' 발족의 시대적 요청」, 『이종만 선생의 생애와 사상 재조명』, 2022, 14-17쪽 참고.

44) 위 논문, 20쪽.

45) '공업신문' 1947년 5월 6일자 기사를 (이달호, 「민족자본가 이종만 선생의 대동사상 실천운동」, 『이종만 선생의 생애와 사상 재조명』, 2022, 33쪽)에서 재인용.

46) 이달호, 「민족자본가 이종만 선생의 대동사상 실천운동」, 『이종만 선생의 생애와 사상 재조명』, 2022, 49쪽.

한반도에서의 이념 대립은 한반도에 동북아 거점을 마련하고자 하는 열강들, 미군과 소련군의 군정으로부터 비롯되었다.

❀ 남북한의 대동(大同) ❀

'대동'(大同)이란 말은 중국 고전인 『장자(莊子)』[47]와 『열자(列子)』[48]에 나오고 『서경(書經)』[49]의 「홍범(洪範)」에도 나오지만, 공자가 말한 대동 사상은 『예기(禮記)』의 「예운(禮運)」[50] 편에 소개되면서 널리 퍼졌다. 한민족에게 있어선 율곡(栗谷) 이이(李珥) 이래 우리가 지향해야 할 이상으로 대동(大同)이 제시되어 왔다.

『예기(禮記)』「예운(禮運)」[51]에 나오는 공자가 추구한 '대동(大同)'은 유

47) 장자(莊子, 기원전 4세기)는 중국 전국 시대의 도가(道家) 사상가이며, 그의 성명과 같은 저서 『장자(莊子)』가 전해지고 있다. 『장자(莊子)』의 「천하(天下)」에는 대동(大同)이 다음과 같이 기록되어 있다: "大同而與小同異"[(만물이 본래 하나라는) 대동(大同)은 (인간이 만들어 낸) 소동(小同)과 다르다.] / 또한 「재유(在宥)」에는 대동(大同)이 다음과 같이 기록되어 있다: "頌論形軀 合乎大同 大同而無己"(육신을 논하며 기리는 것은 대동데 합치되는 것이니, 대동의 경지에 이르면 곧 '나'라는 집착이 없어진다.)/ 郭象의 莊子 注에서는 이 구절을 "有己則不能大同也"[자기(사사로운 나)가 있으면 대동(세상 모두가 하나 됨)에 이를 수 없다.]라고 해석하였다.

48) 열자(列子, 기원전 4세기)는 중국 전국 시대의 도가(道家) 사상가이며, 그의 성명과 같은 저서 『열자(列子)』 8권 8편이 전해지고 있다. 『열자(列子)』「황제(黃帝)」에는 대동(大同)이 다음과 같이 기록되어 있다: "和者大同於物 物無得傷閡者 游金石 蹈水火 皆可也"(만물과 화합하는 것은 대동(大同)하게 되어 만물은 그를 상하게 하거나 방해할 수가 없으며, 쇠나 돌 속으로 들어가고 물이나 불을 밟아도 괜찮다.).

49) 『서경(書經)』은 중국 고대의 정치를 사관들이 기록한 내용을 공자가 수집해 정리한 역사 경전이다. 『서경(書經)』의 「홍범(洪範)」 제7주(疇)에는 대동(大同)이 다음과 같이 기록되어 있다: "汝則從 龜從筮從卿士從庶民從 是之謂大同 身其康彊 子孫其逢吉"[네가 따르고, '거북점'(거북이나 그 형상을 이용한 점)이 따르고, 시초점(서(筮); 시초(蓍草) 즉 가새풀로 점을 치는 것)이 따르고, 경사(卿士, 고대 중국의 통치 계급)가 따르고, 서인(庶人, 서민)이 따르면, 이것을 대동(大同)이라 하니, 몸이 건강하고 자손이 길함을 만날 것이다.).

50) 『예기(禮記)』의 「예운(禮運)」은 공자(孔子)가 제자인 자유(子遊)에게 남긴 말인데, 「예운(禮運)」은 자유(子游)의 제자들이 편집한 것으로 알려져 있다.

51) 『예기(禮記)』□권(卷)9 「예운(禮運)」, "大道之行也, 天下爲公. 選賢與能, 講信修睦, 故人不

학적 이상 사회의 한 비전을 보여주는 것으로서 '대동(大同)'이란 서로 간에 존재하는 작은 차이를 넘어서 너와 나의 구분 없이 전체가 하나 되는 것을 의미하며, 대동 사회는 보편적 인류애를 실천하는 사회이고 안정된 삶과 복지가 구현된 사회이며 사회적 신뢰 회복과 국제적 평화가 실현된 사회를 말한다.[52] 구체적으로 『예기(禮記)』「예운(禮運)」에 나오는 대동 사회는 노인들이 제 수명을 마칠 수 있고, 장년은 각자 직분을 지니며, 아이들은 길러지고, 홀아비·과부·고아·독신·불구자가 모두 부양받을 수 있는 사회구성원의 안정된 삶이 보장되는 사회이다.[53] 『예기(禮記)』「예운(禮運)」에 나오는 전통의 대동 철학에서는 세상을 사적인 것이 아니라 공적인 것으로 여긴다.[54] 사적인 소유를 부정하고 모든 것을 공적인 것으로 여기며, 도덕성에 기초한 공유 의식으로서의 공의로움이 펼쳐지는 사회의 건설을 추구한다.[55] 이 대동사회론(大同社會論)에서 공공 사회의 이상을 볼 수 있다.[56]

獨親其親, 不獨子其子, 使老有所終, 壯有所用, 幼有所長, 矜寡孤獨廢疾者, 皆有所養. 男有分, 女有歸, 貨惡其弃於地也, 不必藏於己, 力惡其不出於身也, 不必爲己, 是故, 謀閉而不興, 盜竊亂賊而不作, 故外戶而不閉, 是謂大同."(큰 도가 행해지면 천하는 [세상 사람의] 공유물이다. 현명하고 능력있는 사람을 선출하여 믿음을 중시하고 화목함을 닦게 된다. 그런 까닭에 사람들은 자기 부모만 공경하지 않고, 자기 자식만 돌보지 않으며, 늙은이는 여생을 평안하게 마치게 되고, 젊은이는 [능력에 따라] 쓰임이 있고, 어린 아이는 잘 성장하고, 홀아비와 홀어미, 고아, 의지할 곳 없는 외로운 사람, 장애인은 부양받게 된다. 남성은 자기 분수에 맞는 일을 하게 되고, 여성은 시집가게 된다. 재물이 아무렇게나 땅에 버려지는 것을 추하게 여기고, 자신에게 감춰두는 것이 없다. 자신이 노력하지 않는 것을 싫어하지만 반드시 자기만 위한 것이 없다. 그런 까닭에 권모술수가 필요치 않게 되고, 도둑이나 난적들이 생겨나지 않는다. 그러므로 집집마다 문을 열어두고 닫아두는 일이 없으니, 이런 사회를 대동이라고 말한다.).

52) 권정안·복대형, 「『禮記』 大同社會에 대한 고찰」, 『漢文古典研究』 36(1), 한국한문고전학회, 2018, 357-358쪽.

53) 윤경호·김인규, 「『예기』「예운」 편에 나타난 공자의 사회복지사상」, 『동양문화연구』 31, 동양문화연구원, 2019, 8쪽.

54) 이철승, 「현대 사회의 私有 문제와 '大同'철학의 현실적 의의」, 『유교사상문화연구』 74, 한국유교학회, 2018, 312쪽.

55) 위 논문, 310쪽.

56) 조남욱, 「유가에서 본 공공사회와 공공윤리 제고론」, 『윤리교육연구』 12, 한국윤리교육학

이러한 중국 유학에서의 대동(大同)과 다르게, 조선시대 율곡 이이(李珥)는 『성학집요(聖學輯要)』의 「성현도통(聖賢道統)」 편에서 『예기(禮記)』 「예운(禮運)」에서 구분된 대동(大同)과 소강(小康) 개념을 혁신하여 소강(小康)을 대동(大同)에 흡수·통합함으로써 대동(大同) 개념을 확장하였다.[57] 대동과 소강은 대립되거나 반대되는 사회가 아니라, 소강은 대동이라는 이상을 향해 나아가기 위한 과정과 단계로 볼 수 있기 때문이다.[58]

국권 침탈 시기에 유학자들은 이러한 대동(大同)에 주목하여 박은식은 종교적이고 사해동포[59]적인 대동사상을, 이상룡은 정치이념적이고 사회주의적인 대동사상을 강조했는데, 정치권력 측면에서 박은식은 다소 막연한 민주주의, 이상룡은 보다 구체적인 인민민주주의를 제시했고, 사회경제 측면에서 박은식은 사회주의에 회의적이었으나 이상룡은 사회주의를 적극적으로 지향하였다.[60] 백범 김구도 국민 전체가 자유롭고 행복하게 살아가는 대동주의적 민족국가를 지향하였다.[61] 한편 대동(大同)의 실현을 추구한 단체도 있었다. 대동회(大同會)는 명륜학원[62] 출신들로 구성된 청년 유림 단

회, 2007, 1쪽.

57) 강정인, 「율곡 이이(李珥))의 정치사상에 나타난 대동(大同)·소강(小康)·소강(少康): 시론적 개념 분석」, 『한국정치학회보』 44(1), 한국정치학회, 2010, 5-7쪽.

58) 김일환, 「동양 이상사회론의 연원과 그 이념적 성격」, 『동양문화연구』 7, 동양문화연구원, 2011, 93쪽.

59) 사해동포(四海同胞)는 온 세상 사람들이 모두 형제와 같다는 말로서 『논어(論語)』의 「안연(顔淵)」 편에서 '사해 안에 있는 사람을 모두 형제라고 한 것'에서 유래한다.

60) 함규진, 「일제강점기 전후의 대동사상: 박은식, 이상룡, 안인식을 중심으로」, 『유교사상문화연구』 66, 한국유교학회, 2016, 196쪽.

61) 문중섭, 「백범 김구의 이상국가론과 민족주의, 그리고 세계화(1): 이상국가론의 내용 분석」, 『한국동양정치사상사연구』 8(2), 한국동양정치사상사학회, 2009, 135쪽.

62) 명륜학원(明倫学院)은 1930년 조선총독부가 경학원(經學院, 성균관, 1911년 설립)에 설치한 유교 교육기관인데, 조선총독부의 조선지배 정책에 따라 1939년에 명륜전문학원으로 개편되었고 다시 1942년에 명륜전문학교로 개편되었으며, 1944년에는 조선 명륜 청년연성소로 전락되어 해방을 맞이하였다(류미나, 「식민지기 조선의 명륜학원: 조선총독부의 유교지식인 정책과 조선인의 대응」, 『교육사학연구』 17(1), 교육사학회, 2007, 53쪽).

체로서 해방 초기에 유교 계에서 강력한 조직력을 발휘하여 유교 계가 자주독립국가 건설에 기여할 수 있는 길을 제공하였고, 1946년 하반기부터 중간 노선에서 이탈하여 정치사회단체 '민족대동회'로 확대·개편하여 통일국가 수립 운동을 벌였지만, 분단을 피할 수 없는 상황에서 대동회 주축 세력은 북한을 택했다.[63] 대동(大同)의 실현을 추구한 기업 집단(Konzern, 콘체른)도 있었다. 금광 재벌이지만 작은 집에서 청빈한 삶을 산 이종만[64]은 일제 치하에서 고통받던 농민의 자작농 육성과 이상적 농촌건설을 목적으로 1937년에 당시 50만원(현 화폐가치로 약 500억 원) 사재를 출연하여 '대동농촌사' 설립을 시작으로, 함께 잘 사는 꿈을 이루기 위해 '대동공업전문학교(현 김책공업종합대학의 전신)', '대동광산조합', '대동출판사' 등 '대동콘체른(大同 Konzern, 1938년) 기업 집단'을 설립하였다.[65] 그 역시 해방 후 자신의 이념 실현을 위해 북한을 택했다.

이상에서 짐작할 수 있듯이, 대동(大同)은 진보적 사상이다.[66] 대동은 사회주의나 공산주의에 가깝다. 대동의 관점과 유사하게, 사회주의와 공산주의의 바탕인 마르크스 주의에서는 사적 소유를 사회 모순의 주요 원인으로 보고 있기 때문이다.[67]

동양 고대와 중세 사회에서 이상이라고 제시해온 대동(大同)의 주요 양상은 ① 군주[통치자]는 세상을 공유물로 인식하고, ② 백성[국민]은 재물을

63) 이황직, 「해방정국의 청년 유교단체 '대동회' 연구」, 『사회이론』 45, 한국사회이론학회, 2014, 109-110쪽.

64) 이달호, 「민족자본가 이종만 선생의 대동사상 실천운동」, 『이종만 선생의 생애와 사상 재조명』, 2022, 32-33쪽.

65) 이병철, 「'대동교학회 취지서'에 담긴 '이종만의 사상과 이상'에 대한 토론문」, 『이종만 선생의 생애와 사상 재조명』, 2022, 23쪽.

66) 김일환, 「동양 이상사회론의 연원과 그 이념적 성격」, 『동양문화연구』 7, 영산대학교 동양문화연구원, 2011, 96쪽.

67) 이철승, 「현대 사회의 私有 문제와 '大同'철학의 현실적 의의」, 『유교사상문화연구』 74, 한국유교학회, 2018, 320쪽.

공동으로 향유하며, ③ 만민은 노동에 종사하고, ④ 비전론(非戰論: 전쟁불가, 평화론)을 강조하는 점에서 찾을 수 있다.[68] 이러한 동양의 고대 및 중세의 이상이 동유럽에서 공산주의 국가들이 붕괴한 현대 사회에서 이상적이라고 단정할 수 없으나, 국가들 간 평화적 관계와 복지국가 지향에 시사하는 바가 있다. 환경 변화에 직면하고 자원이 한정된 지구촌 사회에서는 국가들 간 자국 이기적 대립을 넘어서는 환경보호와 자원개발에 대한 공동 대처가 절실하기 때문이다. 특히 지구의 자원이 유한하고 초연결 사회로 진입한 21세기에, 대동(大同)은 제4차 산업혁명 시대의 모델인 '공유 경제'와, 또한 기후 위기 극복을 위한 인류의 '공존 철학' 관점에서 재조명될 가치가 있다. 또한 유엔헌장 및 다수의 다자간 환경 협약은 국가들 간 분쟁이 발생할 경우 유엔헌장에 따라 평화적으로 또한 적절한 방법으로 해결하여야 한다고 선언하고 있음[69]을 고려할 때, 대동은 제4차 산업혁명의 '공유 경제'와 기후 위기 시대의 '인류 공존'을 이끌어낼 미래 지향적인 철학적 대안으로 평가할 수 있다.

❀ 분단의 골을 넘은 의사, 오인동[70] ❀

분단이 고착화된 현대에 이르러 그 끊어진 허리를 의술과 신뢰로 잇고자 했던 인물이 있다. 바로 오인동(1939~2025) 박사이다. 오인동(1939~2025)은 정형외과 전문의로서 미국에서 성공적인 의학 경력을 쌓았지만, 인생 후반부를 한반도 분단 극복과 통일운동에 헌신한 인물이다. 그는 의업(醫業)과

68) 김일환, 앞 논문, 89-90쪽.

69) 최성열, 「생물다양성협약 상 분쟁해결제도 연구」, 『법학연구』 28(2), 경상국립대학교 법학연구소, 2020, 65-67쪽.

70) 김반아, 「의사 오인동 박사의 삶과 사상」(한겨레:온, https://www.hanion.co.kr), 2025.07.02.에 박세진이 쓴 글을 발췌 및 보완하여 작성하였음.

통일이라는 두 갈래 길을 병행한 보기 드문 의사이며, 인간과 인간 사이의 신뢰가 남북 평화와 통일의 첫걸음임을 실천으로 보여주었다.

황해도 옹진 출신인 오 박사는 1970년 미국으로 건너가 하버드 의대 정형외과 조교수, MIT 생체공학 강사로 활동했고, 인공고관절 수술기법과 관련한 다수의 특허와 학술상을 받으며 국제적 명성을 얻었다. 그는 미국 내 아시아계 최고 전문가 중 한 명으로 손꼽힌다.

그의 삶은 1992년, 재미한인의사회 학술교류단 일원으로 평양을 처음 방문하면서 전환점을 맞았다. 그는 "평양에 처음 도착한 밤에 잠을 이루지 못했다."고 고백하였다. 북녘에서 마주한 얼굴들에 깊은 충격을 받으며 냉전 체제에서 주입된 '빨간 괴물들'의 이미지가 깨졌고, 그곳에도 자신과 같은 동포들이 살고 있다는 자각은 그의 인생 궤도를 바꾸었다.

【사진 12】 세계 3대 첨단의학인 인공고관절 수술법 개발자인 남한 출신 의사가 남과 북을 아우르는 민족정체성과 세계인식의 균형을 강조한 책.
(출처: 오인동, 『평양에 두고 온 수술가방』, 창비, 2010.)

첫 방북 후 그는 북한 의료의 열악함과 북한 의료진의 갈증을 목격하고, 인공관절 수술 기법을 북한 의사들에게 전수하기 위한 계획을 수립하였다. 사재를 털어 수술 기구를 준비하고, 매년 평양을 방문하여 북한 의사들과 함께 수술을 집도하며 '의료 교류'를 통한 민간 통일운동을 실천하였다. 그의 저서 『평양에 두고 온 수술가방』은 그 과정을 담은 생생한 기록이다.

처음에는 북녘 의사들을 경계하였지만, 몇 차례의 협업과 대화를 거치며 점차 '의학적 동지애'가 형성된 것을 회상하며, 그는 회고록에서 "남과 북의 마음을 고친 건 수술 기술이 아니라 신뢰였다."고 하였다. 후에도 그는 "통일은 체제 논쟁 이전에 사람과 사람 사이의 신뢰에서 출발해야 한다."고 반복적으로 강조하였다.

그가 수술가방을 평양에 두고 온 이유가 여기에 있다고 한다. 수술가방을 평양에 두고 온 것은, 단지 물리적 기증이 아니라 다음을 기약하는 신뢰의 상징이자 "나는 다시 돌아오겠다."는 약속이었다.

오인동 박사는 의사일 뿐만 아니라 명확한 현실 인식과 대안을 제시한 사상가이기도 하다. 그는 『밖에서 본 한반도』와 『밖에서 그려보는 남북연합방』 시리즈를 통해 '남북연합방'이라는 새로운 통일 모델을 제안하였다. 그가 구상한 '연합방'은 남북이 각각 체제를 유지한 채, 경제공동체를 우선 구성하고 점진적으로 정치 통합으로 나아가는 모델이다. 이는 독일식 흡수 통일을 경계하며, 남북이 대등한 주체로서 상호 의존과 평화공존을 꾀하는 접근법이다. 그는 이를 '진짜 통일대박론'이라 부르며, 구체적인 재정 계획과 사회간접자본 확충 방안까지 제시하였다.

그는 '민족경제의 시너지 효과'를 강조하며, 남한의 자본·기술과 북한의 자원·노동력이 결합될 때 한반도는 세계 5대 경제 강국 반열에 오를 수 있다고 역설하였고, "통일은 비용이 아니라 투자이며, 분단비용을 줄이고 공동이익을 키우는 구조 전환"임을 강조하였다.

그는 미국의 동맹 정책이 남북통일을 방해하고 있다고 지적하면서, 미국 내 여론과 의회 정치와도 적극적으로 소통하였고, 클린턴·오바마 정부 시절 백악관에 한반도 정책 건의서를 제출하였으며, 미국 주요 언론에 기고를 이어갔다.

또한 그는 북한 당국자에게도 고언을 아끼지 않았다. 북한의 인권 현실과 지나친 체제 방어 본능에 대해 "형제 사이에도 쓴소리는 있어야 한다."며 고위 간부 앞에서도 직언을 마다하지 않았다. 그는 "비판은 진심 어린 신뢰에서 나온다."며, 이런 정직함이 관계를 단단하게 만든다고 믿었다.

그는 자신의 삶을 '남과 북의 병든 다리를 고치는 정형외과 의사'로 비유하였다. 어느 한쪽만의 의지로는 설 수 없고, 양쪽이 균형 있게 서야 한다는 신념이었다. 통일이 일상의 따뜻한 접촉과 신뢰로부터 출발해야 한다는 오박사의 메시지는, 오랜 분단 속에서 지친 이들에게 새로운 희망의 실마리를 던져 주고 있다. 2025년, 오박사의 타계 소식이 전해졌을 때, 많은 이들이 "그는 단지 환자의 무릎만 고친 것이 아니라, 민족의 마음을 꿰매고 있었다."고 그를 추모하였다. 오인동은 물리적 통일의 기반인 심리적 통일을 지향한 '진정한 의사'이자 '남북 간에 다리 놓는 사람'이었다.

❀ 분단의 골을 넘은 기업가, 이종만[71] ❀

환갑이 되던 1945년에 해방을 맞은 이종만 선생은, 광명을 찾은 한민족 모두가 '다 같이 잘 사는 세상', 즉 '대동의 새 나라'를 건국하겠다는 대의를 위해 헌신한 기업가였다. 금광 부호로서 여생을 가족과 함께 편안히 살 수 있었으나, 광복을 맞은 새 나라의 공동선 실현과 자신의 신념을 지키기 위

71) 김반아, 「남호 이종만, 애국열사능에 묻힌 유일한 자본가 (1)」(한겨레:온, https://www.hanion.co.kr), 2021.11.30.을 발췌하고 소장 자료를 보완하여 작성하였음.

해 대의멸친(大義滅親)의 자세로 여생을 살았다.

그의 이러한 대동 의식은 하루아침에 만들어진 것이 아니라 평생에 걸쳐 형성된 것이다. 그는 스무 살 되던 해, 일제 관리의 학정에 분개하여 여비만 갖고 고향인 울산 포구를 떠나 상경하였다. 1912년에 농림주식회사를 세웠고 1919년에 3·1운동에 참가하였다. 1923년에는 고학생을 위한 고학당을 운영했고 50원에 팔려 가는 15세 소녀를 70원을 주고 구출한 일화가 알려져 있다.

그를 거부로 만들어준 대동광업(주)을 1937년에 설립하여 광주(금광 소유자인 이종만)와 광부들이 함께 조합원이 되어서 기업이익을 나누는 사회주의적 공동체를 운영하였다. 회사 주식을 종업원과 나누되 일하는 종업원 외에 주식을 매매 양도 못하게 했으며, 공로 있는 자는 퇴직 후에 주식을 소유할 수 있으나, 공로가 있는 종업원의 상속인이 아니면 주식을 상속과 증여할 수 없게 하여, '일하는 사람이 주인이 되는 공동체'를 꿈꾸었다.

대동광업(주)을 경영하면서도 이종만 선생은 자신의 꿈이 교육사업에 있음을 말하곤 하다가 신사참배 거부로 폐교된 평양의 숭실전문학교를 인수하여 대동공업전문학교를 세워 광산과와 기계과를 설치하고 1938년 학생 80명을 모집하여 개교하였다. 그의 어록에 있는 "나의 소유는 사회의 소유이며 … 일하는 사람이 다 잘 사는 세상, 그것이 대동이다."라는 말은 그가 사회사상가임을 보여준다. 또한 시인 이육사(본명 이원록)의 동생 이원조를 주간대리(편집책임자 대리)로 하여 대동출판사를 설립하여 농업과 광업 정보를 민간에 보급하는 월간 『농업조선』과 『광업조선』 잡지를 간행하였다.

1941년 12월 태평양전쟁이 확대되면서 산금정책(産金政策)[72] 폐지로 금

72) 산금정책(産金政策)은 일제가 조선에서 금 생산을 장려하고 수탈한 정책을 말한다. 1929년 세계 대공황 이후 일제가 금본위제를 도입하면서 금 수요가 급증했고 또한 1930년대 침략전쟁 자금을 확보하고 금본위제도 유지를 위해 조선총독부는 금광 기업가에게 지원금을 지급했고 제련 시설을 확충하여 조선이 일시적으로 세계적인 금 생산국가가 되었으나 1940년대 태평양전쟁이 격화되면서 군수물자 생산에 치중하여 금 열풍이 사라졌다.

광 중심으로 운영되던 대동공동체가 해체되었다. 해방 후 이종만 선생은 조선산업건설협의회 위원장을 맡아 활동하며 해방 직후 『독립신보』를 창간하여 새 나라의 비전을 제시하려 했으나, 미군정 하에서 좌절을 겪었다. 그는 미군정의 '적산불하'[73] 정책이 민족 산업을 파괴한다고 군정 정책에 반대하며 우리산업보호, 근로자복리시책, 협동조합국가 지향을 역설하였다.

건국준비위원장으로 좌우 합작을 추진하던 몽양 여운형과의 교분은 그의 행보에 영향을 미쳤다. 그는 여운형과 온천 여행을 함께 할 정도로 막역한 사이였으며, 손기정 선수의 일장기 말소 사건으로 몽양의 조선중앙일보가 폐간되자 사옥을 매입해 돕기도 하였다. 1947년 여운형의 암살은 그에게 충격과 상실감을 안겨주었다.

이종만은 1948년 4월에 평양에서 열린 남북조선 정당 및 사회단체 대표자 연석회의 초청장을 받고도 참석하지 않았으나 이 회의에 참가했던 김구 선생 권유와 건국준비위원장으로 좌우 합작을 추진하던 여운형의 암살이, 평양개최 차기회의 참석과 향후 북행에 영향을 미친 것으로 알려져 있다.

이종만은 남북 분단이 고착화되어 가는 현실을 안타까워하다 1948년 가을에 한민족이 대동하는 길을 찾기 위해 평양행을 택했고 이듬해 조국전선 결성대회에 참석한 그는 남으로 돌아오지 않았다. 1949년 6월 평양 모란봉 극장에서 개최된 남북 71개 정당 및 사회단체 대표 704명이 참석한 조선통일민주주의전선 결성대회에, 이종만은 조선산업건설협의회 위원장 자격으로 참석했다. 김일성 주석은 회의참가자들에게 이종만 선생을 소개하고 자

---

73) 해방 후 남한에 진주한 미군정이 실시한 적산불하(敵產拂下)는 일본 정부, 기업, 개인 소유의 재산(이를 '적산' 또는 '귀속재산'이라 하며 토지, 가옥, 공장, 각종 설비, 기업체 등을 말함)을 미군정이 매각하는 조치로서 남한 경제 재건과 자본주의 시장경제 도입을 위해 추진되었으나, 적산 불하 과정에서 해당 관리인으로 임명된 친일 인사들이 헐값에 우선 인수하는 경우가 많았고, 미군정이 이들에게 우선 불하하고 매각 대금을 장기 분할 납부(10년간 연리 7%) 할 수 있게 함으로써 남한 경제와 민족 전체의 이익에 실제적인 도움을 주지 못했을 뿐만 아니라 친일 인사가 해방 후에도 남한 경제권을 차지하는 계기가 되었다.

신의 곁에 앉도록 배려하였다. 북한에서 그는 양심적 민족 기업가이자 조국 통일을 위해 헌신한 애국 인사로 인정받아, 기업가로서는 유일하게 사후 북한의 애국열사릉에 안장되었다.

【사진 13】 평양 애국열사릉에 있는 이종만 선생 묘소
(출처: 김반아, 「대동의 꿈과 영세중립 평화통일」, 한겨레:온, 2025.09.06.)

한학을 배운 이종만은 자신의 낙이 도(道)를 닦는 데 있다고 말하곤 하였고, 그의 대동사상은 유교, 불교, 기독교를 아우르며 다 같이 잘 사는 것에 목적을 두었다. 이종만의 대동사상은 그가 1941년에 발표한 아래와 같은 〈대동일람〉에서 엿볼 수 있다:

> 사심을 버리고 대자아(大自我)의 활연한 심경에 이르면 우리 눈앞에는 어느 것이나 차이나 구분이 없이 모든 것이 다 같은 본 모습으로 나타나는 것입니다. 그러므로 개인과 사회가 이해화복을 같이 하는 동시에

> 우리는 비로소 노동과 자본의 조화로운 협조 속에서 공존공영의 이상향으로 나아갈 수 있는 것이니 이것이 곧 불초의 가슴에 품어온 대동사상의 핵심인 것입니다.

위와 같은 이종만의 대동사상에는 남한과 북한의 평화를 포함하여 온 인류의 공동 번영에 대한 갈망이 담겨 있다고 하겠다.

❀ 국익 중심의 시민의식[74] ❀

우리에게는 '중립국 시민의식'이 필요하다. 이 말은, "미국이냐 중국이냐?"라는 이분법적 양자택일의 프레임에서 벗어나 국익 중심의 유연한 사고를 촉구한다. 어느 진영에도 맹목적으로 속하지 않는 우리 국익 중심의 시각에서 한반도 문제를 인식할 것을 말한다. 다시 말해서 '중립국 시민의식'은 외국에서 도출된 이념의 종속에서 해방된 자주적이고 주체적인 사고를 말한다. 우리 국가 안보와 발전을 위해 실용적이고 합리적인 관점에서 국익 중심으로 사유하자는 것이다.

우리 사회는 외국에서 유입된 민주주의, 공산주의, 신자유주의, 진보, 보수 등 외래 이념으로 내부 갈등을 겪고 있다. 이러한 외래 이념을 맹신하는 대신에, '국익 우선'이라는 원칙 아래 대내적으로는 다양성을 존중하여 갈등을 줄이고 대외적으로는 다자주의를 지향하여 외교 지평을 확대할 필요가 있다. 이러한 시민의식이 형성되어야 우리 사회의 고질적 병폐인 보수와 진보라는 이분법을 넘어설 수 있을 것 같다. 진보-보수와 같은 이분법적 이념에 휘둘리지 않는 시민이 많아질수록, 사회적 합의 기준은 "얼마나 합리적이고 실용적인가?", "우리 국익에 도움이 되는가?"로 옮겨갈 수 있다. '친구

74) 김반아, 「한국 국민에게 필요한 시긘의식: '중립국'을 넘어선 '전략적 자주성'을 향해」 (한겨레:온, https://www.hanion.co.kr), 2025.06.05.를 발췌 및 보완하여 작성하였음.

가 아니면 적'이라는 획일적인 이분법적 사고를 지양하고 균형 잡힌 관점에서 사회적 이슈를 이해하는 시민의식이 필요하다. 또한, 열강에 막연히 의존하는 기대와 종속에서 벗어나 우리 힘으로 국가를 지키고 공동체 발전에 기여하는 주체적 안보 의식의 형성도 필요하다. 이러한 시민의식이 절실하게 필요한 이유는, 이념이 다른 미국과 중국이 제4차 산업혁명의 주도권을 잡기 위해 충돌하는 접점에 우리가 놓여 있고 남북으로 분단 되어 있기 때문이다.

우리 공동체를 발전시키는 데 도움이 되면, 특정 블록에 상관없이 국익 중심으로 교류하며 한반도와 세계 평화에 기여하는 전략적인 시민의식이 필요하다. 우리 국민이 이러한 시민의식을 갖기 위해선 다음과 같은 실천적 노력이 요구된다.

첫째, 이분법적 사고에서 벗어나 다원적 이해를 제고해야 한다. 파란색, 빨간색으로 갈라진 현 상황에서 벗어나야 하겠다. 과거에 매몰되어 대립을 하기보다, 현재 상황에서 대다수 국민에게 이익을 주고 국권을 수호하려는 시민의식의 형성이 중요하다.

둘째, 자주적 안보에 대한 이해를 제고해야 한다. 안보는 강대국에 의존하는 것에 한계가 있으며 우리 자신을 스스로 지킬 수 있는 역량이 중요하다는 사실을 인식하여 물리적, 정신적 국방력을 강화해야 하겠다. 징병제 등 안보 의무에 대중영합주의 식의 공약을 하기보다는 '공동체 생존을 위한 필수 과정'으로 자각하는 국민의식 형성이 필요하다.

셋째, 실용주의 국익 지향에 대한 사회적 합의를 제고해야 한다. 이념과 진영 논쟁에서 벗어나 급변하는 글로벌 질서 속에서 국익을 최우선으로 하는 사회적 합의가 중요하다. 지정학적 갈등과 기술 패권 경쟁 속에서 명분보다는 실리를, 진영보다는 국가 발전을 우선시하는 실용주의적 태도 형성이 필요하다.

넷째, 사회적 갈등을 관리하여 통합을 이끌어 내는 노력이 필요하다. 지역, 세대, 젠더 등 우리 사회의 다층적인 갈등을 완화하고 타협점을 찾는 노력은 한반도 평화와 남북 협력을 추진하기 위한 '내부적 토대'(internal foundation)'를 다지는 과제이다. 다양한 의견과 가치관을 상호 존중하고 포용하는 문화가 조성되어야 하겠다.

위와 같은 시민의식의 형성은 장기적 교육과 공론의 장 확대를 통해 점진적으로 성취할 수 있다. 각종 교육을 통하여 균형 잡힌 안목을 형성해야 하고, 정확한 정보로 소통이 가능한 개방적이고 건설적인 공론의 장을 마련하여 국민적 공감대를 형성해야 하겠다. 이를 위하여 국민 개개인의 의식 변화가 필요하다. 지역감정과 진영을 중심으로 한 편향된 시각에서 벗어나 유연한 사고를 지녀야 한다. 이러한 노력 속에서, 편향된 관성에 휘둘리지 않는 건강한 시민의식은 사회 내부의 갈등을 치유할 뿐만 아니라 장기적으로 남북 관계를 안정적으로 이끌어가는 한반도 평화와 번영을 지탱하는 사회적 인프라를 구축할 수 있을 것이다.

❀ 언어가 형성하는 의식[75] ❀

부모와의 초기 경험은 인간의 의식과 자아 형성, 정서 발달에 큰 영향을 미치고 있다. 어린 시절, 특히 영유아 초기의 부모-자녀 관계의 질이 이후의 아동발달성장과 성인심리에 큰 영향을 줄 수 있다는 인식은 이미 보편화되어 있다.[76]

이와 관련하여 볼비(John Bowlby)가 정립한 애착 이론(Attachment Theory)

75) 김반아, 「언어를 바꿀 때, 마음의 풍경이 달라진다」(한겨레:온, https://www.hanion.co.kr), 2025.03.28.을 발췌 및 보완하여 작성하였음.

76) 임정아, 「부모와의 관계경험과 하나님 표상 형성의 상관관계에 관한 목회신학적 연구」, 『신학과 실천』 69, 한국실천신학회, 2020, 439-440쪽.

은 인간이 생존과 정서적 안정을 위해 생애 초기에 주 양육자와 형성하는 친밀한 유대가 이후 전 생애에 걸친 심리 발달과 대인관계 양식에 결정적인 영향을 미친다고 본다.[77] 이 이론은, 어린 시절 경험이 한 개인의 정서 안정과 평생의 인간관계에 결정적인 영향을 미치는 것을 과학적으로 설명해 주었고 심리치료 분야에 큰 영향을 미쳤다. 그는 자신의 저서 『안전 기지: 부모-아동 애착과 건강한 인간』(*A Secure Base: Parent-Child Attachment and Healthy Human Development*, 1988)에서, 아이가 양육자를 세상 탐험의 출발점이자 위협을 느낄 때 언제든 돌아올 수 있는 안전한 피난처로 인식할 때 비로소 건강한 자율성과 자신감을 발달시킬 수 있다고 설명하였다.[78] 이 이론에 의하면, 신생아 및 유아와 양육자(주로 부모) 사이의 정서적 유대가 평생의 성격 발달과 대인 관계에 지속적으로 영향을 미친다. 아기는 울기, 미소 짓기 등 행동을 통해 주 양육자와의 근접성을 유지하려고 하며, 생애 초기에 형성된 애착 경험은 자신과 타인에 대한 정신적 표상, 즉 내적 작동 모델을 형성하고, 이 모델은 미래의 모든 관계에 대한 기대와 행동 방식을 결정하는 필터 역할을 하게 된다. 그래서 성공적인 애착을 형성한 아이는 안정감을 갖고 성장하지만, 초기 애착에 실패했을 경우 타인을 불신하며 불안정한 심리 상태를 보이고, 이를 보상하기 위한 행동을 한다.

이와 관련하여, 에인스워스(Mary Ainsworth)는 '낯선 상황 실험(Strange Situation Procedure)'이라는 체계적인 관찰법을 통해 애착의 질을 크게 '안정 애착'과 '불안정 애착'으로 구분하고, 불안정 애착을 다시 '회피형'과 '저항형(양가형)'으로 구분하였다.[79]

---

77) 강민철, 「존 웨슬리의 공적 성공과 사적 실패에 대한 애착 이론적 재조명: 수산나 웨슬리의 신앙교육은 '약(藥)'인가, '독(毒)'인가?」, 『신학과 실천』 97, 한국실천신학회, 2025, 880쪽.

78) 위 논문, 880-881쪽.

79) 이현재·김현실, 「불안정 애착 영유아에 관한 이해이론 적용 가능성 탐색」, 『심리운동연구』 9(3), 한독심리운동학회, 2023, 98쪽. / 강민철, 「존 웨슬리의 공적 성공과 사적 실패에 대한

안정 애착(Secure Attachment)은 양육자가 일관되고 반응적인 돌봄을 제공할 때 형성된다. 아이는 양육자와 분리될 때 불안해하지만, 다시 만났을 때 쉽게 안정을 찾는다. 성인이 되어서도 건강하고 안정적인 관계를 형성하는 경향이 있다.

불안정-회피형 애착(Insecure-Avoidant Attachment)은 양육자가 아이의 요구에 둔감하거나 요구를 무시할 때 형성된다. 아이는 양육자와 분리될 때 큰 동요를 보이지 않고, 다시 만났을 때도 회피하거나 무시한다. 혼자 있는 것을 편하게 느끼는 경향이 있다.

불안정-저항/양가형 애착(Insecure-Resistant/Ambivalent Attachment)은 양육자의 반응이 일관되지 않고 예측 불가능할 때 형성된다. 아이는 양육자와 분리 시 극심한 불안을 보이고, 다시 만났을 때 양육자에게 매달리면서도 화를 내는 등 모순된 행동을 보인다. 타인에게 의존적이고 감정 기복이 심한 경향이 있다.

위 유형 가운데 '불안정-회피형 애착'은 주 양육자가 부재하거나, 양육자가 지속적으로 아이에게 무관심하거나 거부적인 반응을 보일 때 형성된다. 이런 경우에 아이는 자신을 보호하기 위해 감정을 억누르고 타인에게 의존하는 것을 피하게 된다. 흔히 '엄마 문제'로 일컬어지는 관계의 어려움을 겪는 이들은 대부분 '불안정-회피형 애착'을 겪는다.

전통적으로 사용되는 '엄마 문제'라는 용어는 개인의 어려움을 과거의 특정 인물에게 책임을 돌리는 듯한 뉘앙스를 주며 문제의 복잡성을 간과하게 만들 수 있다. 하지만, '초기 애착 경험의 영향' 또는 '안정적인 관계 형성의 어려움'과 같은 표현을 사용하면, 성장 과정에서 겪은 관계 경험의 결과로 이해할 수 있고 변화의 가능성을 열어둘 수 있다.

애착 이론적 재조명: 수산나 웨슬리의 신앙교육은 '약(藥)'인가, '독(毒)'인가?」, 『신학과 실천』 97, 한국실천신학회, 2025, 881쪽.

'불안정-회피형 애착' 내지 '회피형 애착'이라는 용어를 사용하는 것은 자신의 경험을 보편적인 인간발달 과정의 한 유형으로 이해하도록 도와준다. 특히 심리 문제를 다룰 때, 어떤 언어를 사용하느냐는 개인의 인식 변화와 치유 과정에 중요한 변곡점이 될 수 있다. '회피형 애착'을 변화시키는 여정은 마치 굳어진 땅을 일구어 새로운 씨앗을 심는 과정과 같다. 그 첫걸음은 자기 인식, 즉 오랫동안 무의식적으로 사용해 온 회피적인 언어 패턴을 자기 스스로 인식하는 것이다. 감정을 축소하거나 부정하는 표현, 친밀함을 불편해 하며 자신을 고립시키는 표현, 그리고 약점이나 어려움을 숨기려 애쓰는 완벽주의적 표현들이 발견되면 자신을 주의 깊게 살펴볼 필요가 있다.

자신의 회피적인 언어 패턴을 인식했다면, 의식적으로 다른 표현을 사용하여 스스로 자신에게 새로운 관점과 가능성을 열어 주어야 한다. 감정을 솔직하게 드러내고, 관계의 긍정적인 측면을 생각하여 인간관계에 대한 욕구를 인정하고, 자신의 불완전함과 도움의 필요성을 솔직하게 표현하는 연습을 한다.

마지막 단계는 이러한 새로운 언어 사용을 꾸준히 연습하여 자연스러운 습관으로 만드는 것이다. 일상에서 의식적으로 새로운 표현을 사용하도록 노력하고, 비판적인 언어방식 대신 격려와 지지의 언어를 사용하며 자신에게 힘을 불어넣어 주어야 한다. 작은 성공에도 스스로를 칭찬하며 긍정적인 경험을 쌓아나가는 것이 중요하다.

언어는 의사소통의 도구를 넘어, '나' 자신의 생각과 감정을 조형하고 현실을 인식하는 방식을 변화시키는 힘을 지니고 있다. '회피형 애착'이라는 견고한 틀을 벗어나 더 건강하고 풍요로운 인간관계를 맺기 위해서는, 자신의 언어 습관을 주의 깊게 살피고 의식적인 노력을 통해 새로운 언어가 자신의 변화를 이끌어내도록 노력해야 한다. 이러한 언어 전환의 여정을 통해, 우리는 마음의 문을 열고 타인들과 연결될 수 있다. 불안정한 애착은 치유

될 수 있으며, 언어는 그 치유 도구 중 하나이다. 인간과 사회는 모두 언어적 지평 위에서 기원하고, 형성되고, 변화하며, 인간과 사회를 서로 뗄 수 없는 실체로 상호 형성시키는 매개는 바로 언어이다.[80)]

❀ 언어가 형성하는 사고와 태도[81)] ❀

노벨 생리학·의학상을 수상한 에델먼(Gerald M. Edelman)[82)]이 뇌의 인지 메커니즘을 통해 의식이 창발하는 과정을 설명한 바에 의하면, 의식(consciousness)은 동물 수준의 '일차적 의식'(primary consciousness)과 인간의 '고차원적 의식'(higher-order consciousness)으로 구분된다. 인간과 같은 언어를 사용하지 못하는 동물들은 현재로만 인식한다. 일차적 의식은 과거에 인식하여 뇌에 저장된 신호가 외부 세계로부터 분류된 신호와 연관되어 기억으로 이어지는 "감각 의식"으로서 비언어적인 현재적 의식이다.[83)] 반면에 고차원적 의식은 자아를 가진 인간의 의식으로서 뇌의 지속적 작동을 통하여 대뇌피질에 저장된 서술적 기억("언어"로 표현할 수 있는 기억)이 실시간으로 입력되는 외부 정보와 시상을 통하여 양방향으로 연결되어 과거, 현재, 미래가 형성되고 그 과정에서 주관적 해석을 가능케 하는 자아가 생기는 의

---

80) 박세원, 「현대사회의 언어성 분석에 기초한 상담의 윤리적 역할 재조명 : 내면적 치료에서 대화적 공동체 형성에로」, 『초등도덕교육』 47, 한국초등도덕교육학회, 2015, 163쪽.

81) 조정호, 「인공지능의 의식에 관한 신경과학적 고찰」, 『인격교육』 19(4), 한국인격교육학회, 2025와 김반아, 「억압받은 자의 언어에서 벗어나 주체적인 언어로」(한겨레:온, https://www.hanion.co.kr), 2025.03.30.을 발췌 및 보완하여 작성하였음.

82) 에델먼(Gerald M. Edelman)은 전 세계에서 규모가 가장 큰 생의학연구기관인 스크립스 연구소(The Scripps Research Institute, TSRI)의 신경과학연구소(Neurosciences Institute) 창립 소장으로 스크립스 연구소 신경생물학과 교수이고 신경과학연구재단의 이사장이었고 뇌의 인지 메커니즘을 통해 의식이 창발하는 과정을 연구한 대표적인 신경과학자이다.

83) 김희철, 「의식에 대한 신경과학적 설명」, 『정신병리학』 26(2), 한국정신병리-진단분류학회, 2022, 7쪽.

식이다.[84] 언어학자 촘스키(N. Chomsky)와 버윅(R. C. Berwick)이 『왜 우리만이 언어를 사용하는가: 언어와 진화(*Why Only Us : Language and Evolution*)』(2015)에서 논증했듯이,[85] 인간만이 선천적으로 언어를 습득하는 능력을 갖고 태어나서 인간과 여타 동물을 구분할 수 있는 것처럼 '고차원적 의식'과 '일차적 의식'의 가장 큰 다른 점인 언어 사용은 인간과 동물 간 의식 차이의 분기점이다. 언어와 결부되어 뇌에 입력된 정보는 인지 체계를 갖추게 된다.

그래서 언어는 소통의 도구를 넘어 인간의 사고방식과 태도를 빚어내는 틀이다. 오랫동안 억압당한 사람이 사용하는 언어에는 억압 경향성이 나타난다. 자기 삶을 주도하기 어려웠던 경험은 언어에 수동적인 표현, 자기 책임을 전가하는 표현, 겸손의 수준을 벗어난 자기 비하 표현, 타인에 대한 의존 표현, 무엇보다 억압자에 대한 분노와 적대감이 스며들어 있다. 구체적으로 다음과 같은 특징이 있다.

첫째, 타인에 대한 불신과 심리적 거리두기이다. 인간관계에서 상처받을 것에 대한 두려움으로 타인과 거리를 두는 특징이 있다.

둘째, 자기 힘으로 상황을 통제하고 결정하는 주체성 및 자율성의 부족이다. 외형상 독립적인 것처럼 보이지만, 이는 타인과의 관계에 대한 불안감을 회피하기 위한 방어적 모습으로서 인간관계 실패를 우려한 두려움의 표현일 수 있다.

셋째, 겉으로 드러나는 모습과 다른 의존적 태도이다. 겉으로는 타인에게 무관심하고 자기가 독립성이 강한 것처럼 행동하지만, 그 내면에는 인간관계에 대한 큰 욕구를 갖고 있으면서 인간관계 실패에 대한 불안감을 숨기고 있는 경우가 있다.

---

84) 위 논문, 같은 쪽.

85) 로버트 C. 버윅·노엄 촘스키, 김형엽 옮김, 『왜 우리만이 언어를 사용하는가』, 한울아카데미, 2018.

넷째, 자신과 자신이 속한 집단에 대한 낮은 자존감이다. 자신의 감정이나 욕구를 제대로 표현하지 못하고 존중받지 못했던 경험으로 인하여 자신과 자신이 속한 집단에 대하여 자존감이 낮을 수 있다.

억압적 사회 내지 조직에서 생활해온 사람에게도 위와 같은 회피적 애착 유형과 유사한 심리 특징이 있는데, 회피적 애착 유형은 타인에게 의지하거나 기대했을 때 상처받는 잠재적 두려움 때문에 타인과 감정적 거리를 유지하려는 특성을 나타낸다. 이와 유사하게 외세의 지배를 경험한 사회 구성원에게는 심리적으로 위와 유사한 식민지 잔재가 남아 있을 수 있다. 자기 결정권을 박탈당하고 지배받은 경험이 내면화되어서, 자기 역량과 가치를 낮게 평가하고, 주체적인 의사 결정이나 독립적 행동에 대한 자신감이 부족하며, 외부 지시에 익숙한 특징을 나타낼 수 있다. 이러한 문제를 개선하고 주체적인 심성과 자세를 갖기 위해서는 평소 사용하는 언어를 주체적인 언어로 개선해야 한다. 인간은 언어를 통하여 자의식(self-consciousness)과 자기 정체성(self-identity)을 형성하기 때문이다.

구체적으로 주체적인 언어 사용은 자기 의지와 능동적인 행동을 나타낸다. “내 문제는 내가 최종적으로 결정한다.”, “내가 당면한 문제는 내가 처리한다.”와 같은 표현은 ‘나’의 내면에 내재된 의지와 자아를 일깨워 준다. 과거의 경험을 말할 때도, 단순히 “당했다.”는 피상적인 서술을 넘어, 그 부정적인 경험을 통해 무엇을 배우고 어떻게 성장했는가를 생각하고 표현하는 것이 중요하다. 인간에게는 어느 상황에서나 변화가 일어나고, 이를 어떻게 해석하는가는 본인의 의지와 관련된 문제이기 때문이다. 긍정적이고 건설적 언어 사용은 문제에 매몰되기보다는 해결책을 모색하고 미래를 향해 나아가는 힘을 제공한다. 막연한 비판, 부정적인 표현 대신에 자기 의지와 자신의 강점에 주목하여 미래 희망을 말하는 것이 긍정적 변화의 첫걸음이고, 타인의 평가나 시선에 쉽게 흔들리지 않고 자신을 믿는 힘을 길러준다. 이러한 언어 습관 형성이 주체적인 개인으로 성장하는 필수 요소이다.

여기에서 한 단계 더 나아가, 타인 의견에 대한 존중이나 공감을 담은 언어 사용은 건강한 인간관계를 구축하고 공동체 의식을 함양하는 데 중요한 역할을 한다. 자신뿐만 아니라 타인의 권리와 의견을 존중하는 언어 사용은 상호 이해를 증진시키고, 갈등을 완화하거나 문제를 해결해 낼 수 있기에, 공감과 이해를 바탕으로 소통하는 것으로부터 성숙한 인간관계를 형성할 수 있다. 또한 과거의 갈등이나 문제에 얽매이기보다 미래에 대한 비전을 갖고서 미래 지향적인 언어 사용은 과거의 굴레에서 벗어나 앞으로 함께 나아갈 수 있는 길을 제공해 준다.

위와 같은 언어를 사용하기 위해선 노력을 해야 한다. 의식적으로 주체적이고 긍정적이며 독립적인 언어를 사용하는 꾸준한 실천을 통해, 스스로의 힘으로 미래를 설계하는 주체적인 존재로 거듭날 수 있다. 이 과제는 개인적 과제인 동시에 사회적 과제이기도 하다.

❀ 이념대립 개선 방향 ❀

이념대립을 개선하기 위해선, 공존의 논리와 윤리가 마련되어야 하며 이질적인 것들의 공존, 사회정의와 보편적 가치의 발견과 회복을 위한 연대의 모색, 경제와 정치의 민주화 문제에 대한 공통의 관심, 그리고 한민족의 정체성과 미래에 대한 대화 등이 평화적 과정 속에서 이루어질 필요가 있다.[86] 그러기 위해서 사회구성원 각자는 자신의 사회적 맹점, 오해, 무지를 다른 구성원들 각자가 서있는 복수(複數)적 시각에 비춰 성찰적으로 이해하고 서로의 입장과 문제를 상호 이해할 수 있어야 한다.[87]

---

86) 조민, 『남북한 이념통합의 방향과 과제』, 연구총서 01-30, 2001, 통일연구원, 10쪽.

87) 나상원, 「민주적 소통과 시민의 성장: 소통적 민주주의를 중심으로」, 『한국과 국제사회』

관건은 그 방법인데, 이념대립 개선을 위한 시민의식 교육방법의 시사점은 독일의 '보이텔스바흐'(Beutelsbacher) 합의에서 찾을 수 있다. 제 2차 세계대전에서 패전하여 미국과 소련에 의해 베를린이 분할된 독일에서도 우리나라와 비슷한 보수와 진보의 극심한 이념대립이 있었다. 그렇지만 독일인들은 이를 슬기롭게 극복하였다. 독일의 보수 학자들과 진보 학자들은 '보이텔스바흐'에 모여서 정치교육의 합의를 이끌어 냈다. '보이텔스바흐' 합의에 의하면, 1) 학생들이 자주적 판단을 내리는 것을 방해하는 일방적인 강압 교육을 해서는 안 되며, 2) 학문과 정치에서 논쟁인 것은 수업에서도 논쟁적으로 가르쳐서 다원주의적 합의의 가능성을 전제해주어야 하고, 3) 추상적이거나 공허한 내용을 가르치는 것이 아니라 학생 자신의 삶을 이해하고 분석할 수 있도록 학생의 관점에서 가르쳐야 한다.[88] 1976년에 합의된 이 세 가지 원칙들, 즉 '강압성 금지'·'논쟁성 재현'·'학습자 이익' 원칙으로 구성된 보이텔스바흐 합의는 법적 구속력이 있는 결정은 아니었으나, 1970년대 후반과 1980년대에 점차로 널리 수용되어 학교와 공적 교육 현장에서 정치적 독선을 막는 도구로 발전했는데, '논쟁성 재현' 원칙이 없었다면 '학생 중심 교육'과 '다원적 관점'이 교육 현장에서 힘을 발휘하기가 어려웠을 것이다.[89] 실제로, 학생들은 서로 다르고 또는 대립되거나 모순이 되는 관점들이 사료나 전문 역사가들의 서술에 들어가 있다는 것을 배우게 됨으로써, 사료나 전문 역사서술이 과거의 진실 그 자체가 아니라는 사실을 알게 되었고 비판적 의식을 키울 수 있었으며, 수업시간에 자유로운 토론을 통하여 학생들 간에 다양한 관점과 시각이 있다는 것을 알게 되었고, 자신의 관점을 성찰할 기회를 가질 수 있었다.[90] 이처럼 의사소통을 통해 성찰

5(2), 한국정치사회연구소, 2021, 82쪽.

88) 심성보, 「사람다움과 시민다움의 조화를 통한 '민주적' 시민교육의 모색: 보이텔스바흐 합의와 크릭 보고서를 중심으로」, 『윤리교육연구』 47, 한국윤리교육학회, 2018, 256-257쪽.

89) 이동기, 「정치 갈등 극복의 교육 원칙」, 『역사교육연구』 26, 한국역사교육학회, 2016, 138쪽.

하는 계기를 갖게 되고 사회적 지식을 확장함으로써 성찰적 시야는 확보될 수 있다.[91]

위와 같은 의식 변화는 단기간의 피상적 형식교육에 의해 성취되는 것이라기보다는 각자가 처한 일상의 삶에서 생애적으로 일어난다. 특히 정치의 주요 대상인 성인 단계에서 시민의식을 개선하거나 향상하기 위해선 형식교육보다 평생교육체제에서의 비형식 또는 무형식 학습을 통한 개입이 필요하다.[92] 성인들의 시민의식 성숙은 평생교육 차원에서 비형식교육이나 무형식교육을 통한 생애적 공공교육을 통해 개선될 수 있다. 그래서 이론적, 실천적 측면의 평생교육 논의에 있어서, 공공교육은 지배 이데올로기의 재생산을 벗어나 학습자의 비판적 의식 형성을 지향하는 헤게모니 투쟁으로서 대중문화의 교육적 가능성을 강조해야 하고, 또한 시민들의 자유로운 참여와 행위가 교류하는 열린 공간을 구축하는 사회의 공적 속성을 진작하려는 시도로서 개념화될 수 있어야 한다.[93] 또한 우리가 마주하고 있는 세계화와 민주화의 과제를 풀어가기 위해서 지방분권이 실현되어야 하는데, 이것이 바람직하게 이루어지기 위해서도 일차적으로 다원주의적 관점이 요구된다.[94] 마찬가지로 한반도 남북의 이념대립을 줄이기 위해서도 상호간 이질적인 면을 승화시키는 다원적인 접근이 필요하고 시민의식 교육을 통하여 다원주의적 관점을 성숙시킬 필요가 있다.

---

90) 이병련, 「역사교육에서의 다원적 관점 이론」, 『史叢(사총)』 84, 고려대학교 역사연구소, 2015, 220-221쪽.

91) 나상원, 「민주적 소통과 시민의 성장: 소통적 민주주의를 중심으로」, 『한국과 국제사회』 5(2), 한국정치사회연구소, 2021, 92쪽.

92) 정성경·박환보, 「세대별 성인의 세계시민의식 관련 요인 분석: 사회자본과 위협인식을 중심으로」, 『교육사회학연구』 31(4), 한국교육사회학회, 2021, 175쪽.

93) 김한별, 「공공교육의 개념적 이해와 평생교육 논의에 주는 시사점」, *Global Creative Leader: Education & Learning 11*(4), 숭실대학교 영재교육연구소, 2021, 112쪽.

94) 김석수, 「다원주의와 지방자치」, 『사회와 철학』 6, 한국사회와철학연구회, 2003, 157쪽.

III. 상생 토대

단군은 남북한의 국조이고
만물을 살리자는 생명모성은
인간과 AI의 공존 및 남북화합의
비전을 제시해 줄 수 있으며
홍익인간과 지향이 같다.
홍익인간은 남북한이 상호 존중하며
이념대립을 완화시킬 수 있는 사상이다.

9장

단군역사인식

남북한의 대립과 이질화 극복을 위해 '단군'에 주목할 필요가 있다. 남북한 주민은 단군을 한민족 시조로 여기고 있음이 공통적이다. 단군을 한민족 최초 국가인 고조선의 건국 시조로 인식하고 있다. 남한의 개천절과 마찬가지로 북한에서도 개천절 행사를 하며 단군 관련 전통을 이어오고 있다. 남북 주민의 이러한 공통 인식은 남북 화합의 초석이 될 수 있다.

❀ 한민족의 구심점, 단군 ❀

단군은 한민족의 장구한 시원을 상징하는 인물이다. 문헌 기록상, 단군은 국내에서는 『삼국유사(三國遺事)』가 최초이지만 중국에서는 조위(曹魏), 북위(北魏) 시대의 역사서에 쓰여 있다.

> 단군에 관한 가장 오래된 국내 문헌은 『삼국유사(三國遺事)』인데, 이 문헌에 『위서(魏書)』를 인용하여 단군이 중국의 요(堯)와 같은 시기에 조선을 건국했다고 하였고, 『위서(魏書)』가 조위(曹魏)의 역사서냐 북위(北魏)의 역사서냐에 대한 논란은 있지만, 중국의 역사서 조위(220~265)나 북위 시대(386~534)에 단군의 존재가 중국에까지 알려져 있었다고 할 수 있다.[1)]

단군조선부터 고려 말까지의 역사를 기록한 최초의 관찬 통사인 『동국통감(東國通鑑)』에 의하면, 단군조선의 건국 연대는 요(堯)임금 즉위 25년인 무진년(戊辰年), 즉 기원전 2333년으로 명시되어 있다. 이 단군을 통해 민족의식이 오랜 기간에 걸쳐 형성되었고, 국난 시기마다 부각되며 강화되었다. 고려시대 때 몽골 침략을 계기로 일연의 『삼국유사(三國遺事)』와 이승휴의 『제왕운기(帝王韻紀)』에 우리 민족의 시조 단군이 제시되었고, 임진왜란 때 설화를 군담소설[2)]로 구성한 『임진록(壬辰錄)』은 단군신화의 동굴 모티브를 수용하여 구성되었다.[3)] 일제 강점기에 박은식은 『한국통사(韓國痛史)』(1915)와 『한국독립운동지혈사(韓國獨立運動之血史)』(1920)에서 한민족의 시조 단군부터 역사의 정통성이 이어져 왔다고 하였다. 신채호는 『조선사연구초(朝鮮史硏究草)』(1920)와 『조선상고사(朝鮮上古史)』(1931)[4)]에서 단군을

---

1) 서영대, 「중국학계의 단군 연구와 그 비판」, 『고조선단군학』 27, 고조선단군학회, 2012, 140쪽.

2) 군담소설(軍談小說)은 군사적 활약상을 주요 내용으로 하는 소설을 말한다.

3) 윤경수, 「『임진록』의 작가의식과 민족의식 고찰: 민족의식의 자각을 중심으로」, 『한국사상과 문화』 63, 한국사상문화학회, 2012, 21쪽.

실존한 역사적 인물로, 단군조선을 우리 민족의 시원 국가로 기술하였다. 최남선도 『단군론(檀君論)』(1926)에서 단군을 역사적 인물로 기술하며 일제의 단군 말살 정책에 항거하였다. 이러한 단군 후손임을 나타내기 위하여, 독립운동가들은 1919년 3·1운동 때 발표된 「기미독립선언문」을 비롯하여 일제 강점기에 나온 「독립선언서」에 단기(檀紀)[5] 연호를 사용하였다.

【사진 14】 강화도 마니산 참성단

(출처: 인천광역시 인천투어 홈페이지, https://itour.incheon.go.kr)

단군이 기록된 문헌이 대체로 민족 수난기에 집중적으로 나온 것처럼, 남한에 있는 단군 주요 유적은 국난 시기에 형성되었다. 몽골 침입으로 고려 왕실이 항몽(抗蒙) 하기 위해 천도했던 강화도에는 '단군이 하늘에 제사 지낸 마니산 정상의 석제 제단'인 '참성단'[6]과 단군의 세 아들인 삼랑[7]이 쌓

4) 이 책은 1931년 조선일보에 '조선사(朝鮮史)'라는 제목으로 103회에 걸쳐 연재되었으며, 신채호 사후인 1948년 종로서원에서 『조선상고사』라는 서명으로 단행본이 간행되었다.

5) 단군이 즉위한 해인 기원전 2333년을 원년(元年)으로 하는 기원. 우리나라의 기원으로, 대한민국 정부 수립과 동시에 이를 사용하다가 1962년부터는 공식적으로 서기(西紀)를 사용하기 시작하였다(출처: 국립국어원의 표준국어대사전).

6) 구전에 따르면 고조선을 건국한 단군이 하늘에 제사를 올리기 위해 참성단을 직접 쌓았다고 전해지나, 참성단의 최초 기록인 『고려사(高麗史)』에 따르면 고려 원종 5년에 왕이 참성단에

은 '삼랑성'(三郎城, 정족산성)[8]이 있다.

일본 제국주의는, 조선을 강점했을 때 한민족 단결의 구심점인 단군을 말살하고자 하였다. 초대 조선총독 데라우치 마사타케(寺內正毅)는 1909년 2월에 「출판법」을 공포하고 1910년 11월부터 1911년 12월까지 전국 각 도, 군, 경찰서를 동원하여 단군 관련 역사서를 비롯하여 민족의식을 고취할 수 있는 서적 수십만 권을 압수하여 소각하였다. 이와 함께 단군을 부정하거나 폄하하는 작업도 하였다. 단군은 신화에 불과하며 이 신화는 고유한 것도 아니고 불교 전설의 변형이라고 주장하면서 단군 존재를 부정하려고 애썼고, 다른 한편으로는 단군이 일본 개국신화에 나오는 일본 시조의 동생이라는 주장을 펼쳐서 한반도와 한민족이 일본 속국이 되는 당위성을 조작하였다. 구체적으로 일본 역사서 『고사기(古事記)』와 『일본서기(日本書紀)』에 일본 황실의 시조 황조신(皇祖神)인 천조대신(天照大神)의 남동생으로 기재된 스사노오(素盞嗚尊)가 단군이라고 해석하여, 한민족은 일본인에서 갈라진 민족이라는 일선동조론(日鮮同祖論 혹은 日鮮同根論)의 근거 마련을 시도하였다.[9]

올라 제사를 지냈다는 기록이 있어 고려시대 1264년 이전에 존재했음을 알 수 있다.

7) 단군에게 네 아들이 있었다고 전해지는데 첫째가 '부루(夫婁, 고조선 태자)', 둘째가 '부소(扶蘇)', 셋째가 '부우(扶虞)', 막내가 '부여(扶餘)'이다. 이들 중 부소, 부우, 부여가 삼랑성을 쌓았다는 전설이 전해지고 있다. 이들은 각각 상징하는 바가 있다. 부루는 풍요와 곡식의 상징으로 부루단지 가신(家神)으로 숭배되고, 부소는 불(火)과 개척의 상징이며, 부우는 평화와 질서의 상징이고, 부여는 국방과 영토의 상징으로 북만주 일대 고대국가 부여의 기원이다.

8) '삼랑성'은 강화도 정족산에 위치한 산성으로 '정족산성'으로도 불리며, 마니산 참성단과 더불어 단군 이야기가 전해지는 유적으로서 『고려사』와 『세종실록지리지』에 단군의 세 아들이 삼랑성을 쌓았다는 기록이 있고, 성을 처음 쌓은 시기는 거친 자연 활석을 이용해 쌓은 것으로 보아 삼국시대 축성기법에 따라 쌓은 것으로 추정되며, 1764년(영조 40)에 성을 중수했고, 1866년(고종 3) 병인양요 때 양헌수 부대가 프랑스군을 물리친 승전지이다(출처: 인천광역시 인천투어 홈페이지(https://itour.incheon.go.kr)).

9) 권동우, 「근세 중기 일본 지식인의 삼한(三韓)인식 연구: '스사노오' 해석을 중심으로」, 『원불교사상과 종교문화』 67, 원광대학교 원불교사상연구원, 2016, 219-220쪽 참고.

❀ 북한에서 단군 위상 ❀

북한은 민족의 시조 단군을 남한보다 더 중시하고 있다. 김일성 주석의 교시 형태로 단군 관련 사업을 추진하였다. 북한 매체들에 따르면 김일성 주석은 사망 전에 1년 반 동안 단군릉과 관련해 약 40여 차례 지시를 내렸다.[10] 사망 이틀 전인 1994년 7월 6일에도 단군릉의 최종 도안을 살펴보는 등 각별한 관심을 표한 것으로 알려져 있다.[11] 심근경색이 발생해 사망하기 이틀 전에 단군릉 설계 일부 변경안 관련 문건에 서명하였다.[12] 김정일 위원장은 김일성 주석이 이렇게 중시한 단군을 기리는 개천절 행사에 참석하였다.

이처럼 최고지도자들의 관심 속에 북한에서는 단군이 남한보다 더 강조되고 있다. 북한의 초급중학교 『조선력사』 교과서와 고급중학교 『력사』 교과서에서 단군을 가르치는 교수목표가 "단군의 출생과 가정환경, 단군에 의한 건국 과정을 동무들 앞에서 이야기할 수 있도록 하여야 한다."[13]는 수준으로 제시되어 있다. 그래서 북한의 고대사 연구를 폄하만 할 것이 아니라, 단군 관련 북한의 모든 연구 성과를 정치화된 민족주의의 결과로 환원시키기보다는 '남북한 고대사 통합을 위한 전략'과 '통합의 민족주의 역사학'을 모색할 필요가 있다.[14]

---

10) 주성하, 「단군 민족과 김일성 민족」(동아일보, https://www.donga.com), 2019.10.03.

11) 연합뉴스, 「北사회에서 단군은 어떤 존재일까」(연합뉴스, https://n.news.naver.com), 2006.10.01.

12) 김지석, 「김일성 통일문건」(한겨레, https://www.hani.co.kr), 2014.07.08.

13) 이정빈, 「김정은 집권 이후 북한의 '정통국가' 강조와 평양 정통론 부상의 궤적」, 『역사교육』 166, 역사교육연구회, 2023, 219쪽.

14) 김동후, 「북한 역사학의 민족주의적 특징과 고대사 인식체계」, 『북한학연구』 18(2), 동국대학교 북한학연구소, 2022, 121쪽.

❀ 남한에서 단군 위상 ❀

남한에서 단군은 교육이념인 홍익인간으로 강조되어 왔다. 홍익인간은, 1948년 8월 15일 정부 수립 다음 해인 1949년에 법률 제86호로 제정된 교육법 제1조에 교육이념으로 규정되었고, 교육법을 갈음하는 현행 교육기본법(1997년 제정)에서는 제2조에 교육이념으로 규정되어 있다.

북한에서 유적과 발굴 자료를 중심으로 단군을 실존 인물로 보는 것과 다르게, 남한에서는 단군이 고려시대에 이르러서야 『삼국유사』에 쓰여있다는 이유로 단군을 신화로 기술해 오다가, 고구려와 발해 역사를 중국 역사에 포함시키는 중국의 동북공정(2001~2007년)[15]에 대처하기 위해 유물과 유적에 근거하여 2007년부터 단군을 실존 인물로 교과서에 기술하고 있다.[16] 중국이 동북공정을 추진한 이유는 다양하게 분석되고 있으나, 남·북한의 민족주의 고양이 접경 조선족에 미칠 영향에 대한 대비와 북한 정세의 돌발 사태에 대비하기 위한 조치라는 의견이 지배적이다. 중국의 동북공정을 계기로 해방 이후 일반 대중의 관심에서 멀어져 있던 단군 역사 인식이 살아났다. 중국의 동북공정으로 인한 역사 갈등이 민족주의적 역사 인식을 확대 강화하였다.[17] 이 같은 남한 학계의 경향은 단군 연대를 역사화하기 위한 북한 학계의 인식과 같은 궤를 보여주며 나타났다.[18]

---

15) 중국의 동북공정은 동북변강역사여현상계열연구공정(東北邊疆歷史與現狀系列研究工程)을 말하며, 고구려와 발해 등 중국 동북지역의 역사를 중국 역사에 포함시키는 공정이다.

16) 문자 기록이 없는 선사(先史)와 다르게 역사(歷史)는 문자 기록에 근거했으나, 동북아시아에서는 유적 등 고고학적 방법을 통하여 역사의 시작 연대를 높여 왔다. 중국은 단대공정(斷代工程)을 통하여 하(夏)나라, 상(商)나라, 주(周)나라의 연대를 판명하여 중화 역사의 시작 시기를 높였고, 북한은 단군릉 발굴로 고조선의 시작 연대를 높였으며, 남한은 중국의 동북공정에 대응하여 유적 등 고고학적 방법을 수용해 단군을 역사로 기술하였다.

17) 조법종, 「동북아 선사 민족주의와 대동강문화」, 『고조선단군학』 44, 고조선단군학회, 2021, 35쪽.

18) 위 논문, 같은 쪽.

❀ 남북한의 시조, 단군 ❀

남북한 주민은 단군을 한민족 시조로 여기는 공통된 인식을 갖고 있다. 단군의 후손이라는 인식이다. 이념과 체제 차이에도 불구하고 이러한 남북한의 공통점은 공동체 의식을 높이는 기반이 될 수 있다. 지구촌 곳곳에 흩어져 사는 한민족의 공통점 역시 단군에서 찾을 수 있다.[19] 남북한의 주민 대다수가 단군을 시조로 인식함이 공통적이다.

현대에 이어지는 위와 같은 단군 인식은 일제 강점기의 항일 운동에서 비롯되었다. 3·1운동 과정에서 투쟁의 주체이자 독립의 주체를 조선민족이라 지칭하고 그 정체성을 단군 자손으로 설정하였다.[20] 이러한 기조는 광복 이후에도 이어졌다. 남한은 1948년 출범한 제헌 국회에서 단군이 즉위한 해인 기원전 2333년을 원년(元年)으로 하는 단기(檀紀)를 정부 연호로 채택하여 1962년까지 사용하였다. 문헌 기록이 부족하여 단군 연대에 있어서 남한에서는 『동국통감(東國通鑑)』에 근거하여 단군을 기원전 2,333년으로 보고 있으나, 단군 유적과 유물이 많은 북한에서는 단군의 연대를 기원전 3천 년까지 적용하고 있다.

위와 같은 단군의 실존 여부에 대하여, 단군이 문헌에 기록된 시기가 늦은 까닭에, 과거에는 학계에서 의견의 일치가 없었다. 그렇지만 삼국시대 초기까지 한반도에 문자 사용이 없었던 사실을 고려하여[21] 유물과 유적에 근거할 때, 단군은 남북한 현행 교과서에 기술된 대로 '역사'라고 보는 것이 타당하며 남북 학계가 공동 연구하여 한민족 고대사 지평을 보다 넓힐 필요가 있다.

---

19) 이재원, 「북한의 단군신화 인식에 대한 연구: 문학적 관점을 중심으로」, 『단군학연구』 13, 단군학회, 2005, 275쪽.

20) 조원진, 「북한의 단군민족주의에 대한 검토」, 『단군학연구』 40, 단군학회, 2019, 187쪽.

21) 진본 사료를 중심으로 보면, 고구려는 220년대 산상왕 때 중국 위나라 오나라 등과 교류하며 한자를 사용했고, 백제는 370년대 근초고왕 때 중국 동진과 교류하며 한자를 사용했으며, 신라는 400년대 내물왕 때 본격적으로 한자를 사용했다고 보는 견해가 지배적이다.

❀ 개천절, 남북한의 국경일 ❀

남북한은 이념과 체제가 다르지만, 개천절[22]은 남북한의 공통된 국가 경축일이다. 남한에서는 단군이 도읍을 정하고 즉위한 개천절을 5대 국경일 중 하나로 정하여 매년 10월 3일에 기념하고 있으며, 북한도 매년 10월 3일을 단군이 고조선을 세운 명절로 기념하고 있다.[23] 북한 선전매체 '조선의 오늘'에서는 개천절을 "예로부터 우리 겨레는 단군이 고조선 국가를 세우고 조선의 시조 왕으로 즉위한 날인 10월 3일을 천지개벽한 명절날이라는 의미에서 개천절로 기념했다."고 소개하고 있다.[24]

일제 강점기 때는 당시 달력인 음력을 중심으로 음력 10월 3일에 개천절 행사를 개최하였다. 1919년 출범한 상해임시정부 역시 음력 10월 3일을 국경일인 개천절로 제정하였다. 음력을 양력으로 환산하면 해마다 날짜가 달라졌기에 개천절의 기념식 일자는 매년 달랐다.

이러한 불편을 해소하고자 남한에서는 개천절을 양력 10월 3일로 정하였다. 정부수립 후인 1949년 10월 1일에 국경일에 관한 법률을 제정하면서, 음·양력 환산의 어려움과 10월 3일이라는 기록의 중요성을 고려하여, 1949년부터 양력 10월 3일로 개천절 일자를 바꾸어 기념하게 되었다. 한편 북한에서는 개천절을 시조왕 단군의 즉위식 날로 기념하고 있으며, 남한과 마찬가지로 10월 3일에 개천절 기념 행사를 한다. 해방 후 남한과 북한 모두 양력 10월 3일을 개천절로 기념해 오고 있다는 점이 동일하다.

'개천절'이 비롯된 '상달'은 1년 중 제일 높은 달을 뜻하고, 음력 10월을 '상달'로 하여 하늘에 고사를 지냈는데 이를 '상달 고사'라고 하였다.[25] 개천

---

22) '개천절'은 가을에 추수를 끝낸 후 하늘과 조상에게 감사드리는 제사인 '상달 고사'에서 비롯되었다(이광렬, 「음력 시월은 상달 고사가 있는 달」(문화재청, https://www.cha.go.kr).).

23) 북한에서는 개천절 외에 10월 11일을 단군릉개건기념일로 기념하고 있다.

24) 강진규, 「북한 '개천절은 천지개벽한 명절날이라는 의미'」(NK경제, nkeconomy.com), 2023.10.03.

절 역시 조상에게 감사를 표하는 상달 고사이다. 개천절은 부여의 영고[26], 예맥의 무천[27], 고구려의 영고[28], 신라의 답지[29], 고려의 팔관회[30] 등으로 계승되었으나, 조선시대 유교로 인해 '터주'[31], '성황당'의 굿으로만 잔존하고 있다.[32]

❀ 단군 문헌 ❀

남북한 모두 단군을 역사로 기술하고 있음이 공통적이다. 남한에서는, 중국이 동북공정을 통하여 고구려와 발해를 자국 역사로 편입하는 것에 대응하고자 단군 실존 여부 논쟁에서 벗어나 단군을 일률적으로 교과서에 역사로 기술하기 시작하였다. 북한은 예로부터 있어 온 단군 유적과 고서에 기록된 단군 내용에 주목하여, 단군 유적을 발굴하고 단군릉을 개건한 무렵부터 단군의 역사성을 강화해 왔다.

---

25) 이광렬, 「음력 시월은 상달 고사가 있는 달」(문화재청, https://www.cha.go.kr).

26) 부여의 영고(迎鼓)는 한자 뜻 그대로 "북을 치며 신을 맞이 하는" 제천 행사로서 추수 감사제를 지내는 고구려, 동예와 다르게 사냥철이 시작되는 12월에 열렸다.

27) 예맥(濊貊) 종족 중 하나인 동예(東濊)의 제천 행사 명칭이 무천(舞天)인데 이것은 한자 뜻 그대로 "춤을 추며 하늘에 제사 지내는" 추수 감사제로 추수를 마친 후 10월에 열렸다.

28) 고구려의 제천 행사는 '영고'가 아니라 '동맹(東盟, 동쪽에 있는 큰 동굴에 모여 맹약을 하는 행사)'이며, 추수 감사와 더불어 건국 시조 주몽(동명성왕)과 그의 어머니 유화부인을 기리는 행사로 10월에 열렸다.

29) 신라의 답지(踏地)는 민속놀이 겸 제사 의례인 "땅을 밟는 놀이"로서 오늘날의 지신밟기와 맥을 같이 한다. 지신(地神, 땅의 신)을 달래고 잡귀를 쫓아내서 마을 및 집안의 안녕과 풍요를 기원하는 의식으로서 정월 대보름 등 절기나 축제 때 민속놀이로 행해졌다.

30) 팔관회(八關會)는 불교국가인 고려의 대표적 축제로서 팔관은 불교의 재가 신자가 하루 동안 지켜야 할 여덟 가지 계율을 의미하나 불교, 도교, 민간신앙이 어우러진 국가화합축제로 발전하여 개경(수도)에서는 음력 11월15일, 서경(평양)에서는 음력 10월15일에 열렸다.

31) 터주는 택주(宅主), 즉 집터(지신, 地神)를 관장하는 가신(家神)을 의미하며, 집안의 여러 신 중 '땅의 주인'으로서 집안의 터전을 지켜주고 액운을 막아주는 신을 말한다.

32) 김인호, 「백남운과 김태준의 근대화와 전통 인식」, 『역사와 실학』 53, 역사와실학회, 2014, 133쪽.

단군에 관한 국내 최초 사료가 고려기에 출간된 점을 들어 그 역사성을 의심하는 시각이 있으나, 이는 삼국시대 초입까지 문자 기록 문화가 확립되지 않았던 객관적 사실을 간과한 것이다. 한반도에는 삼국시대 초기까지 문자 전래가 없었고, 전래 후에도 문자사용은 제한적이었으며, 단군 유물과 유적에서 확인되는 내용이 구전으로 전해 오다가 문자로 정착하였다고 볼 수 있다.[33)]

한반도에서 편찬된 현전하는 가장 오래된 역사서인 『삼국사기(三國史記)』(1145년)에는 단군에 대한 간접 기술이 있다. 고구려 동천왕 21년(247년)에 수도를 평양성으로 옮겼다는 기록에 "평양은 본래 옛 선인왕검이 살던 곳이다."[34)]라고 써서 단군왕검의 고조선이 평양에 도읍한 적이 있었음을 유추할 수 있는 기록이다. 단군과 홍익인간에 대한 직접적인 기록은 『삼국유사(三國遺事)』(1281년)에서 전해지고 있다. 이와 같은 고려시대 문헌들을 포함하여 조선시대에 발간된 역사서들의 단군 기록에는 '신화'라는 기술이 없다. 단군이 기록된 초기 문헌들 가운데, 단군을 '신화'(神話, myth: 꾸며낸 이야기)로 기록한 문헌은 한 곳도 없는데 우리는 '단군신화'라는 말을 사용했었고 그 내용을 허구로 여겼다.[35)] 이것은 일제 사학자들이 우리 역사를 폄하하고 왜곡한 결과이다.

단군이 한민족 시조로 체계적으로 정립된 것은 일제 강점기 때 활동한 신채호, 최남선 등의 연구에 힘입은 바가 크다. 남한의 신라 '풍류' 담론은

---

33) 이와 관련하여 『삼국유사』 이전에 단군 기록이 중국 사료에 남아있지 않은 것이 의문 시 될 수 있으나 한반도의 모든 역사가 한정된 중국 사료에 기록되어 있다고 보지 않는 것이 객관적이다. 비근한 예로 삼국 중 중국과 교류가 가장 활발했고 일본 사서에 많은 기록이 있는 백제의 교육기관 명칭은 어디에도 기록되어 있지 않다. 고구려의 태학과 경당, 신라의 국학은 확인되고 있으나 이들 국가보다 문화적으로 발전했고 중국 및 일본과 교류가 활발했던 백제에 학교가 없었다고 보기보다는 기록이 남아있지 않다고 보는 것이 타당하다.

34) 『三國史記』 卷第十七 高句麗本紀 第五 東川王 二十一年 春二月 "平壤者本仙人王儉之宅也."

35) 김명옥, 「단군신화 역사성 인식에 관한 남·북한 비교 연구」, 『스토리앤이미지텔링』 17, 건국대학교 스토리앤이미지텔링연구소, 2019, 35쪽.

신채호와 최남선의 담론을 계승하거나 변용하였고, 북한은 '선인(仙人)'을 중심으로 신채호의 관점을 수용하였다.[36] 즉, 남한에서 '단군'은 신라의 '풍류', '화랑'으로 계승이 규명된 반면, 북한에서는 '단군'이 고구려의 '선인(仙人)' 사상 즉 무술을 중시하는 '상무(尙武)' 정신으로 논의되어 고조선이 고구려를 거쳐 발해로 이어진다고 본다.[37] 이처럼 단군에 대한 담론과 연구 초점이 남한과 북한에서 일치하지는 않는다.

북한은 출범 초기에 "노동자에게 조국이 없다."[38]고 주장한 마르크스주의 노선에 따라서 단군에 주목하지 않았다. 북한에서 단군에 대한 인식 변화는 1980년대 후반부터 일어나서, 1993년 단군릉 개건을 계기로 정립되었다. 1980년대 후반에 들어오면서 스탈린 이론에서 벗어나 '조선민족'이라는 용어를 사용하기 시작하였고, 민족을 초월하고자 했던 사회주의적 가치는 민족주의적 가치와 결합하여 새롭게 재구성되었다.[39] 특히 다음과 같은 김일성 주석과 김정일 위원장의 교시는 단군에 대한 인식 변화를 촉발하였다.

> 위대한 수령님께서는 단군은 실재한 인물이며 고조선을 세운 시조왕이라고 하시면서 단군신화가 거짓말이라는 것을 뻔히 알고 있지만 우리 민족과 조상을 내세우는 의미에서 전설과 관련된 유적유물을 잘 살려내야 한다고 밝혀주시였다.[40]
>
> 김정일동지께서는 다음과 같이 지적하시였다. 단군은 지금으로부터

36) 이난수, 「한국사상 원형에 대한 남북한의 연구비교: '풍류(風流)' 담론의 전개 양상을 중심으로」, 『동양철학연구』 112, 2022, 63쪽, 65쪽.

37) 위 논문, 61쪽.

38) "노동자에게 조국이 없다.(Die Arbeiter haben kein Vaterland.)"라는 명제는 마르크스와 엥겔스가 1848년에 독일어로 쓴 『공산당 선언』에 나오는 문구로서 이 문장의 본뜻은 "착취당하는 노동자들에게는 진정한 의미의 조국이 존재하지 않는다."이다.

39) 조원진, 「북한의 단군민족주의에 대한 검토」, 『단군학연구』 40, 단군학회, 2019, 193쪽.

40) 리동원, 『조선구전문학연구1』, 문학예술종합출판사, 1999, 77쪽을 이재원, 「북한의 단군신화 인식에 대한 연구: 문학적 관점을 중심으로」, 『단군학연구』 13, 단군학회, 2005, 282쪽에서 재인용.

> 반만년 전에 오늘의 평양에 수도를 정하고 동방에서 처음으로 〈조선〉(고조선)이라는 나라를 세웠다. 단군은 나라를 세운 후, 주변의 소국들을 통합하여 점차 령토를 넓혀나갔다. 멀리 중국의 만리장성계선까지 령역을 확장하고 아세아의 강대한 고대국가로 발전하였다. 단군은 평양 일대에서 태여났으며 죽어서 묻힌 곳도 역시 이 고장이다. 그리하여 실재한 인물이였던 단군을 신성시한 신화와 전설을 창조하여 후세에 전하였다.[41]

단군릉 발굴을 계기로 북한에서는 단군이 명실상부한 조선민족의 시조로 자리 잡았고,[42] 단군릉 개건 후 교과서에서 단군 기술이 강화되었다. 남한의 중학교 『역사』 교과서와 고등학교 『한국사』 교과서에 해당하는 북한 초급중학교의 『조선력사』 교과서와 고급중학교의 『력사』 교과서에 기술된 단군의 요점은 다음과 같다:[43]

> (단군조선의 성립) 우리 민족이 세운 첫 국가는 '조선'(고조선)이었다. 조선을 세운 사람은 단군이었다. 그래서 단군조선이라고 부르기도 한다.
> (단군의 출생과 성장) 단군은 지금으로부터 5,000년 전에 평양에서 태어났다. (…) 단군의 아버지는 환웅이었다. 환웅은 단군이 태어날 때 박달종족연맹의 추장으로 있었다. 어머니는 이웃한 지역에서 살고 있던 다른 종족추장의 딸이였다. 단군이 자라나던 시기는 원시공동체사회가 무너지고 종족들 간의 싸움이 계속되던 때였다. 단군은 어릴 때부터 활쏘기와 창쓰기, 칼쓰기 등 무술을 익히는 데 열중하였다. 그의 무술솜씨는 이웃종족들에게까지 알려졌다.
> (단군에 의한 고조선의 성립) 어려서부터 남달리 영특하였던 단군은 아

41) 안용철·리금찬 편, 『조선의 민속전통 7권: 구전문학과 민속공예, 과학백과사전종합출판사, 1995, 14쪽을 이재원, 「북한의 단군신화 인식에 대한 연구: 문학적 관점을 중심으로」, 『단군학연구』 13, 단군학회, 2005, 283쪽에서 재인용.

42) 조원진, 「북한의 단군민족주의에 대한 검토」, 『단군학연구』 40, 단군학회, 2019, 185쪽.

43) 남한의 중학교 교과목 『역사』는 북한 초급중학교 교과목인 『조선력사』에 해당되고, 남한의 고등학교 교과목 『한국사』는 북한의 『력사』 교과서에 해당된다.

버지의 뒤를 이어 추장이 되였다. 단군은 이웃한 종족들과 사이좋게 지내면서 자기 종족과 맞서는 종족들은 군사를 동원하여 강하게 눌러놓고 통합하였다. 그리하여 박달종족의 땅은 점차 넓어지고 인구도 불어났으며 재부도 전례 없이 늘어나게 되였다. 단군은 지금으로부터 5,000년 전에 나라를 세우고 나라 이름을 '조선'이라고 하였으며, 수도를 평양으로 정하였다. (…) 평양시 강동군에는 단군의 무덤이 있다. 단군은 우리 민족의 풍습대로 죽은 다음 자기 고향에 묻혔던 것이다.[44)]

북한 초급중학교의 『조선력사』 교과서와 고급중학교의 『력사』 교과서에 단군과 고조선은 다음과 같이 단계적으로 심화되어 쓰여 있다:

『조선력사』(17~20쪽) : 고조선은 B.C. 30세기 초에 세워진 우리 민족의 첫 국가입니다. 그리고 단군은 고조선을 세운 시조왕입니다. 전설에 의하면 오랜 옛날 평양지방에는 하늘(태양) 신을 자기들의 조상신으로 여기는 사람들이 살고있었습니다. 그들이 속해있던 씨족을 박달(배달)족이라고 하였습니다. 박달족의 우두머리는 자기를 태양신의 아들이라고 하는 환웅이었습니다. 박달족이 살고 있던 이웃에는 범과 곰을 자기들의 조상으로 여기는 씨족들이 살고있었습니다. 환웅은 이 두 씨족과 주변의 다른 씨족들을 통합하여 추장으로 되었습니다. 그리고 자기가 통합한 한 씨족장의 딸과 결혼하여 아들을 낳았는데 그가 바로 단군이었습니다. (…) 모든 준비가 다 갖추어지자 단군은 마침내 이 땅에 국가가 세워졌다는 것을 선포하였습니다. 그리고 나라이름을 조선이라고 하였습니다. 그리하여 이땅에 우리 민족의 시조 국가가 세워졌습니다. 그때가 지금으로부터 약 5000년전(B.C. 30세기초)이였습니다. 단군은 박달족의 임금(왕)이라는 뜻이며 단군이 태어난 10월 3일을 개천절이라고 합니다. (…) 단군조선은 처음에 평양을 중심으로 하는 서북조선일대

44) 이정빈, 「북한의 고조선 교육과 '김일성민족'의 단군: 1993년 이후 고등중학교 『조선력사』를 중심으로」, 『 한국사학사학보』 32, 한국사학사학회, 2015, 80쪽.

를 차지하였다가 후에 북쪽과 남쪽, 서쪽으로 령토를 넓혀 강대한 나라로 발전하였습니다.[45]

『력사』(18~20쪽) : 고조선은 단군에 의하여 동방에서 제일 먼저 세워진 우리 민족의 첫 국가였다. 여러 력사책들에 단군의 출생과 그가 나라를 세운 과정을 보여주는 《단군신화》가 전해진다. (…) 이와 함께 평양시 강동군에 있는 단군릉에서 발굴된 단군과 그의 안해의 유골, 여러가지 유물들은 단군은 신화적인 존재가 아니라 실재한 인물이었다는 것을 보여준다. 이렇게 고조선은 B.C. 30세기초에 단군에 의하여 평양을 수도로 하여 세워진 우리 민족의 첫 국가였다. 이때부터 우리 민족은 원시적인 락후성을 털어버리고 새로운 국가문명시대에 들어서게 되었다. (…) 고조선은 건국이후 약 3000년간 존재하였다. 고조선은 전조선(시조 단군이 세웠다고 하여 《단군조선》으로도 불리운다), 후조선, 만조선시기로 구분하는데 이것을 3조선 또는 3왕조라고 부른다. 고조선은 건국초기에 평양을 중심으로 한 서북조선지역을 차지하고 있었다. 그후 국력을 강화하여 주변의 여러 소국들을 통합하여 사방으로 령역을 넓혀나갔다. 그리하여 전조선의 강성기에는 오늘의 조선반도, 중국 동북지방, 로씨야의 연해변강지역까지 차지하였다. 고조선의 왕들은 모든 권력을 틀어쥐고 여러 관청들, 관리들을 움직여 나라를 다스렸다. 단군조선시기의 8가와 만조선시기의 비왕을 비롯한 관직은 그 대표적 실례로 된다. 지방행정단위는 국왕이 직접 통치하는 지역(수도와 그 주변지역)과 왕이 임명한 큰 관리들(제후)이 관할하는 후국으로 갈려져있었다. 나라의 중요한 지역들에는 왕검성과 같은 부수도를 두었다.[46]

북한에서는 단군 역사가 시작된 기원전 3,000여 년경과 관련하여 많은 고고학적 유물 확보와 더불어 단군 문학 또는 설화를 통한 인민의 교양을 강조한 바가 있다.[47] 북한 교과서 『력사』와 『조선력사』에는 고조선이 평양지

45) 조원진, 「현행 남북한 역사교과서의 고조선 인식 비교」, 『사학연구』 139, 한국사학회, 2020, 195쪽.

46) 위 논문, 같은 쪽.

역에 약 5,000년 전(BC. 30세기 초)에 건국되었다고 하면서 '단군'과 개천절의 의미가 기술되어 있으며, 북한 학계는 단군이 5천 년 전 평양에 고조선을 건국한 인물로 파악하고 있다.[48] 이처럼 북한 교과서에서는 단군이 한민족의 시조이고, 실재한 인물로서 고조선의 왕이었다는 고고학적, 역사적인 근거 제시와 설명을 하고 있다. 중국의 동북공정[49] 이후 영토 주권 측면에서 남한에서도 한민족의 시조인 단군을 역사적 인물로 보는 것이 교과서의 일반적인 내용이다.

위와 같은 남북한의 교과서와 다르게, 단군을 사람 이름이 아니라 관직 이름으로 보는 소수 학설도 있다. 단군을 고유명사가 아니라 보통명사로 해석하는 견해이다. 주류 사학계와는 다른 시각을 보여주는 『규원사화(揆園史話)』[50]에 의하면 단군은 '배달(倍達) 임금'(배달 민족의 임금)을 뜻하기에 고유명사라기보다는 직명이고, 이것은 '처음 임금이 된 사람'을 의미하는 '왕검(王儉)'을 덧붙인 '단군왕검(檀君王儉)'이 『삼국유사』에 적힌 용례와 몽골과 만주어에서 배천자(拜天者, 하늘을 숭배하는 사람)를 뜻하는 Tengri(/탱그리/)가 단군과 발음이 비슷한 점을 고려할 때 짐작해 볼 수 있다.[51] 이 같은 학설

47) 이재원, 「북한의 단군신화 인식에 대한 연구: 문학적 관점을 중심으로」, 『단군학연구』 13, 단군학회, 2005, 288쪽.

48) 조원진, 「현행 남북한 역사교과서의 고조선 인식 비교」, 『사학연구』 139, 한국사학회, 2020, 197쪽.

49) 중국의 동북공정(東北工程)이란 동북변강역사여현상계열연구공정(東北邊疆歷史與現狀系列硏究工程)을 말한다. 이것은 중국 사회과학원의 변강사지연구중심(邊疆史地硏究中心)이 주관하여 추진한 동북변경 지방(만주지역)의 역사와 현황에 대한 연구를 말한다. 이와 관련하여 중국은 고구려 문화를 유네스코 세계문화유산으로 신청·등재하는 등 한민족 북부 지역 역사를 왜곡하고 있다.

50) 『규원사화(揆園史話)』(1675년, 숙종 1년)는 북애노인(北崖子, 북애는 호이고 본명은 미상)이 상고시대와 단군조선 등 각 왕대의 치적에 관하여 서술한 역사서이다. '규원'이라는 책 이름은 작자의 서재 이름이고, 작자는 임진왜란(1592~1598년)과 병자호란(1637년)을 겪은 민족적 울분 속에서 유학자들이 외면해온 『고기(古記)』 등을 참고하여 우리나라 상고사를 재구성한 국사(國史)의 필요성 등을 절감하여 이 책을 쓰게 되었다(출처: 『한국민족문화대백과사전』 참고).

은 다음 설명에서 볼 수 있듯이, 한민족은 배달(倍達) 민족이며 배달이란 말은 "단군(檀君)이란 말에서 '단'을 '배달'로 부르는 것"에 기원하고 있다. 『규원사화』에는 '배달'이라는 말을 유추할 수 있는 다음과 같은 내용이 있다.

> '단군'이라 함은 '박달나라의 임금[檀國之君]'을 말하는 것이다. 우리말에 '단(檀)'을 '박달(朴達)' 혹은 '백달(白達)'이라고 하며, '군(君)'을 '임금'이라고 한다. 당시에는 한자가 없었던 까닭에 단지 '백달임검(白達壬儉)'이라고 했던 것을, 뒤에 역사를 서술하던 자가 번역하여 '단군(檀君)'이라 하였고, 다시 후세에 전해지며 단지 '단군(檀君)'이라는 글자만 기록하게 되었기에 '단군(檀君)'이 '백달임금'의 번역인 줄을 알지 못하게 되었으니, 이는 한자의 공과 죄가 반반이다. (…) 『규원사화』에서는 단군의 단을 박달나무 단으로 해석하여 단을 박달 혹은 백달이라고 불렀다고 한다.[52]

이상의 문헌자료 내용을 종합하면, 남북한 모두 주류 학계(강단 사학)와 재야 사학을 막론하고 단군을 시조로 인식하며, 그를 역사적 인물로 가르치고 있다는 점에서 궤를 같이한다. 이러한 단군은 한민족 시조로서의 의의 외에 홍익인간 사상의 의의도 지니고 있다. 『삼국유사』의 단군 기록에 나오는 홍익인간(弘益人間, '널리 인간세상을 이롭게 하는 일')[53]은 남한의 건국이념이자 국가교육 이념이다. 남한에서는 해방 이후 단군의 홍익인간을 줄곧 국가이념으로 제시하며 개천절을 기념해 왔다. 북한에서도 개천절을 국가적으로 기념하고 단군릉을 개건하여 단군 후손임을 강조하고 있다. 이 같이 남북 주민이 공통적으로 갖고 있는 단군 역사의식은 남북 화합의 초석이라 할 수 있다.

---

51) 민영현, 「단군학 개념의 철학적 고찰과 그 접근: 남북한 단군 이해의 문제점과 향후 과제를 중심으로」, 『단군학연구』 9, 단군학회, 2003, 199-200쪽 참고.

52) 『한국민족문화대백과사전』.

53) '단군'이나 '홍익인간' 연구와 관련하여 1911년 계연수가 편찬한 『환단고기(桓檀古記)』 등 1900년대 발간된 위서 논란이 있는 문헌을 근거로 새로운 주장을 하는 글이 있으나, '弘益人間'(홍익인간)이 기록된 최초 문헌은 『삼국유사(三國遺事)』로 보는 것이 학계 통설이다.

❀ 단군 유적 ❀

【사진 15】 북한 강동군에 있는 단군릉
(출처: Koryo Tours 홈페이지, https://koryogroup.com)

단군 유적은 고조선[54]의 영토였던 북한과 중국에 주로 분포한다. 북한에서는 단군이 묘향산(태백산)에서 출생하여 평양에 도읍한 것으로 알려져 있다.[55] 북한의 단군 유적은, 평양 도읍 이전의 유적이 있는 '묘향산', 도읍지인 '평양', 그 다음 도읍지인 '구월산'에 집중되어 있다. 묘향산에는 단군이 태어난 '단군굴', 단군이 무예를 닦던 '단군대', 단군이 활쏘기를 하던 '천주석' 등이 있다.[56] 평양에는 단군의 무덤인 '단군릉'과 단군에게 제사 지내던 사당인 '숭령전'[57] 등이 있으며, 구월산에는 환인·환웅·단군을 모신 '삼성

54) 고조선(古朝鮮)의 본래 명칭은 조선(朝鮮)이다. 『삼국유사(三國遺事)』에서는 위만조선(衛滿朝鮮)과 구분하기 위하여 고조선이라는 명칭을 사용했으며, 오늘날에는 태조 이성계가 세운 조선왕조와 구분하기 위해 단군조선·기자조선·위만조선을 고조선이라고 한다.

55) 『삼국유사(三國遺事)』의 단군 기록에 나오는 '태백산'은 실제 산을 가리키는 것이 아니라 하늘과 맞닿은 신성한 산을 상징하는 이름이라는 해석과 현재의 '묘향산'이라는 해석이 있다. 이처럼 단군 관련 지명은 해석이 일치하지 않는다. 단군의 첫 도읍지에 대해서도 『위서(魏書)』는 아사달이라 기록했고 『고기(古記)』는 평양이라 기록하여 대조를 이룬다(조원진, 「북한지역의 단군 관련 유적과 전승」, 『단군학연구』 43, 단군학회, 2020, 215쪽.).

56) 조원진, 「북한의 단군민족주의에 대한 검토」, 『단군학연구』 40, 단군학회, 2019, 199쪽.

57) 숭령전(崇靈殿)은, '단군사' 혹은 '단군전'이라고 불려오던 것이 단군과 동명왕을 함께 제사지

사' 사당과 고조선 세 번째 도읍인 '장당경(장장평, 당장경)' 유적 등이 있다.

북한 학계는 단군릉이 있는 강동[58]과 이웃한 성천[59] 일대의 평양지역에 단군의 출생과 활동을 전해주는 지명이 60여 개에 달한다는 점에 주목하였다.[60] 1993년에 단군릉을 발굴하여 두 사람 분의 뼈를 발견했는데 남자 뼈를 '전자상자성공명법'[61]을 통해 측정한 결과 연대가 약 5,011년 전(기원전 약 30세기)으로 단군과 그 부인의 유골로 결론지었으며, 같은 해 9월 단군릉을 개건하고 3차에 걸친 학술발표회를 가졌다.[62] 김일성 주석이 말년에 역점을 기울인 사업이 단군릉 개건이었다는 것은 널리 알려져 있는 사실이다. 남한 국가유산청의 단군릉 설명에 의하면,[63]

> 남북한을 통틀어 규모가 제일 큰 왕릉을 고르라면 단연 단군릉을 꼽지 않을 수 없다. 평양시 강동군 문흥리에 위치한 단군릉은 예전부터 단군릉으로 전해지는 무덤이 있었는데, 이 무덤 앞에 세워진 '단군릉기적비'를 일제가 파괴한 것을 1936년에 정비하였다. 북한에서도 이 고분의 진위에 대해 논란이 많던 중 1993년 발굴 조사한 결과 단군과 그의 부인으로 추정되는 인골과 유물이 나왔다고 발표했다. (…) 단군릉은 135,000여 평의 넓은 부지 안에 '개건 기념비 구역'과 '석인상 구역', '무덤 구역'으로 나누어져 있다. 높은 계단 위의 무덤은 백색 화강암으로 9층의 계단식으로

내게 되면서 1725년부터 '숭령전'이라고 불리게 되었다. 『세종실록(世宗實錄)』에는, 1429년에 단군 사당을 세우고 동명왕을 함께 제사지내게 되었다고 쓰여 있다. 평양시 중구역 종로동에 위치하고 있으며, 처음에는 단군을 제사지내는 사당이었으나, 15세기 초 무렵부터 동명왕을 함께 제사지내게 되었다.(출처: 국가지식포털 북한지역정보넷, https://cybernk.net.)

58) 강동군(江東郡)은 평양시와 성천군의 중간인 평양시 동쪽에 위치하고 있다.

59) 성천군(成川郡)은 평양시 동북 방향에 위치하고 있다.

60) 조원진, 「북한지역의 단군 관련 유적과 전승」, 『단군학연구』 43, 단군학회, 2020, 220쪽.

61) 전자상자성공명(electron paramagnetic resonance, EPR)은 짝을 이루지 않은 전자의 자기 모멘트에서 비롯된 일종의 자기 공명 기술을 말한다. 이 기술을 사용하면 연대를 측정할 수 있어서 고고학계에서 많이 사용하고 있다.

62) 조원진, 앞 논문, 196쪽.

63) 국가유산청 홈페이지의 단군릉 설명 자료(https://www.khs.go.kr)

조성되어 있다. 능의 입구에 해당하는 '개건 기념비 구역'은 거칠게 다듬은 거대한 석물의 조형이 있으며, '석인상 구역'은 화강암으로 경사면에 단군의 네 아들과 8명의 주요 신하상을 세웠는데, 간결한 조각에 풍부한 양감과 창의성이 돋보인다. '무덤 구역'은 우리에게는 생소한 모습이지만 압도적인 조형성이 뛰어난 건조물이다.

조선시대 지리서 『신증동국여지승람(新增東國輿地勝覽)』에는 평양 인근 강동현 서쪽 3리에 둘레 410척의 큰 무덤이 있는데, 민간에서 이를 단군묘로 전해오고 있다는 기록이 있다.[64] 조선왕조실록에는 정조 대왕 등의 단군묘 치제와 보수 관련 조치들이 기록되어 있으며, 한말에서 일제 강점기로 넘어오면서 국권회복과 이를 뒷받침할 민족적 자부심 고양을 위해 고조선 및 단군에 대한 역사 인식이 강화되었고 이에 따라 단군릉 또한 주목받았다.[65]

일제 강점기에 단군릉을 역사적 측면에서 해석하려는 움직임은, 단군민족주의 대두와 함께 식민 관학자들의 단군 부정론에 대응하기 위해 민족주의 사학자들에 의해 거론되었다.[66] 일제가 단군묘를 훼손하자 이에 분노한 주민들이 '단군릉기적비'(檀君陵記蹟碑)를 세웠는데, 여기에는 1936년 '단군릉수축기성회'(檀君陵修築期成會)가 모금 운동을 통해 훼손된 능을 보수하였다는 내용이 기록되어 있다.

---

64) 『동국여지승람(新增東國輿地勝覽)』 권55 (평안도) 강동현 고적(古跡) 조에 "大塚. 一在縣西三里, 周四百十尺, 俗傳檀君墓.", 『동국여지승람』은 조선 성종 때 노사신, 양성지, 강희맹 등이 편찬을 시작하여 1481년(성종 12)에 초고가 완성되었고 1486년(성종 17)에 수정·보완되었다. 그 후 중종 때 『동국여지승람』의 내용을 보완하고 추가하여 『신증동국여지승람(新增東國輿地勝覽)』이 1531년에 간행되었다.

65) 김성환, 「일제강점기 단군릉 수축운동의 전개」, 『대동문화연구』 67, 성균관대학교 대동문화연구원, 2009, 492쪽.

66) 위 논문, 483쪽.

❀ 단군 관련 유물 ❀

단군'이라는 명칭이 직접 기록된 현전 문헌은 고려 충렬왕 때 편찬된 『삼국유사』가 최초이다. 일제 강점기 일본 학자들은 그 이전의 문헌이 없다는 점을 들어 단군을 고려 시대에 만들어진 전설로 격하시키고 한민족의 시원을 말살하려 했다. 그러나 고조선 강역에서 출토되는 선사시대 유물들은 단군의 역사성을 뒷받침하고 있다.

『삼국유사』에 기록된 단군과 관련하여, 웅녀 설화의 모티프인 '곰과 호랑이'가 조형되어 있는 선사시대 금동 장식이 '중국 요녕성 평강지구'에서 출토되었는데 이것은 문헌 기록 이전의 시기를 보여주는 사료적 가치가 있다.

【사진 16】 중국 요령성 평강 지구에서 출토된 청동으로 제작된 '곰과 호랑이'

(출처: 임재해, 「홍익인간 이념의 역사적 지속과 민속문화의 전통」, 『고조선단군학』 31, 고조선단군학회, 2014, 292쪽.)

삼국시대 전반기에는 한반도 내에 문자 사용이 보편화되지 않았기 때문이다. 진본 사료를 중심으로 보면, 고구려에는 220년대 산상왕 때 중국 위나라 오나라 등과 교류하며 한자를 사용했고, 백제는 370년대 근초고왕 때 중국의 동진과 교류하며 한자를 사용했으며, 신라는 400년대인 내물왕 시기에 이르러서야 본격적으로 한자를 사용했다고 보는 것이 학계의 일반적 견해이다. 이러한 문자 사용 역사를 고려하면, 『삼국유사』에 기록된 단군 내용은 구전으로 전승되던 역사가 훗날 문자로 정착된 것임을 유추할 수 있다.

이 밖에도 중국 후한 시기에 제작된 무씨 사당의 화상석(畵像石),[67] 단군 기록에 있는 '곰 토템'의 신석기와 청동기 문화가 결합된 내용, 고려시대의 세계관으로 형성될 수 없는 '동물을 조상으로 인식하는 수조(獸祖)' 사상, 중국 지린성 각저총의 '곰과 호랑이' 그림, 중국 길림성 장천 고분군의 세계수(世界樹) 신앙 및 곰 그림이, 단군을 유추할 수 있게 해준다.[68] 특히 각저총 벽화의 '곰과 호랑이 그림'은 당시 중국의 삼국·위진남북조 시대에 존재하지 않는 도상[69]과 내용이며, 그림의 동물 모습은 중국 한대(漢代)의 화상석(畵像石)·화상전(畵像塼)[70]의 양상과 유사하나 그 내용은 중국과 차별화된 모습을 나타내고 있다.[71] 호랑이와 곰으로 인식되는 동물은 단군신화를 계승했다는 것이 국내 학계의 중론이다.[72]

또한 『삼국유사』에서 단군이 아사달[73] 산으로 돌아와서 산신(山神)이 되었다고 기록한 점[74]도 주목할 만하다. 사람은 죽어서 없어지는 것이 아니

67) 화상석(畵像石)은 돌 위에 칼로 새기거나 붓으로 그린 그림이다.

68) 조법종, 「고구려 고분벽화에 나타난 단군 인식 검토: 한국 고대 동물숭배전통과의 관련성을 중심으로」, 『고조선단군학』 12, 고조선단군학회, 2005, 361-362쪽.

69) 도상(圖像)은 종교나 신화적 주제를 표현한 작품에 나타난 인물 또는 형상을 말한다.

70) 화상전(畵像塼)은 그림이 새겨진 벽돌이다.

71) 조법종, 「고구려 고분벽화에 나타난 단군 인식 검토: 한국 고대 동물숭배전통과의 관련성을 중심으로」, 『고조선단군학』 12, 고조선단군학회, 2005, 366쪽.

72) 최병길, 「고구려 각저총 씨름도의 도상해석」, 『동악미술사학』 28, 동악미술사학회, 2020, 24쪽.

73) 리지린은 아사달(阿斯達)을 중국 지역의 산으로 간주하였고, 신채호가 『조선사연구초(朝鮮史硏究草)』에서 아사달을 지금의 하얼빈 완달산(完達山)으로 비평하여 정정한 것에 동의하였다(이경섭, 「북한 초기 역사학계의 단군신화 인식과 특징: 리상호와 리지린의 연구를 중심으로」, 『선사와 고대』 45, 한국고대학회, 2015, 76쪽.).

74) 장정태, 「한국불교 속의 산신신앙 연구: 삼국유사에 나타난 산신신앙을 중심으로」, 『한국불교사연구』 3, 한국불교사학회, 2013, 210쪽. / 『삼국유사(三國遺事)』 〈古朝鮮王儉朝鮮〉 "壇

라 '산'으로 회귀한다는 우리 민족의 내세관은, 묘소에 산처럼 흙을 둥글게 쌓아 올리는 봉분을 만드는 전통으로 이어졌다.[75] 이러한 전통 묘소가 오늘날까지 이어지는 우리나라 묘제(墓制)의 기원이 되었다. 이는 중국 및 일본의 전통과 확연히 다르다. 중국에서는 사람이 죽으면 집으로 들어간다는 내세관이 있어서 죽은 왕을 위한 궁궐을 땅속에 만들거나 대만에서 볼 수 있는 작은 집 모양의 무덤을 만드는 전통이 이어져 왔다. 이와 다르게, 한민족에게 이어져 온 '사람은 산으로 회귀한다는 내세관'은 최치원이 남긴 비석 글귀에서도 확인된다. 유교·불교·도교에 모두 정통하여 중국 당나라에서 반란이 일어났을 때 외국인이지만 나라를 위기에서 구하는 '토황소격문'을 지은 최치원이, 화랑인 '난랑'의 돌비석 서문'('난랑비 서문')에 쓴 글귀에서 확인되는 "유교·불교·도교와 다른 우리 민족에게 고유한 '선(仙, 산 사람)'"에서 파악되는 내세관이다.

묘의 봉분을 중국과 일본에서 보기 힘든 '산과 같은 모양'으로 만드는 풍습은, 한반도에서는 고대 분묘 양식으로부터 '평야에 산처럼 큰 봉분을 만든 왕릉'을 거쳐서 오늘날까지 민간에 이어지고 있다. 이것은 고조선에서 태백산(太伯山)과 백악산(白岳山)이라는 산이 신성시되었고 단군이 산신(山神)이 되었다[76]는 것에서 그 연원을 찾을 수 있다.

君乃移於藏唐京, 後還隱於阿斯達爲山神."(단군은 장당경으로 옮겼다가 후에 아사달로 돌아와서 은거하여 산신이 되었다.).

75) 조정호, 「한국, 대만, 오스트리아의 분묘에 나타난 죽음관」, 『人文科學研究』 32, 성신여자대학교 인문과학연구소, 2014.

76) 이장웅, 「한국 고대 웅녀(熊女) 신앙의 전개와 국모신(國母神) 관념의 변화」, 『仙道文化』 33, 국학연구원, 2022, 235쪽.

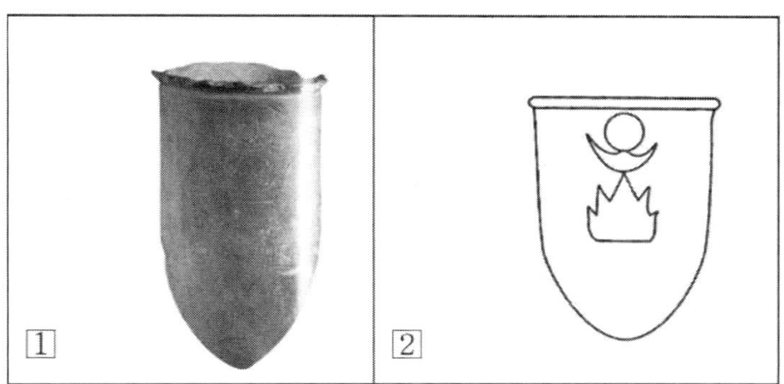

【사진 17】 중국 대문구 문화 유적에서 출토된 아사달 문양이 새겨진 팽이형 토기
(출처: 신용하, 「홍익인간의 이념과 그 역사적 기원」, 『동양문화연구』 30, 2019, 221쪽.)

이 밖에도 중국학자들이 동이(東夷) 족의 일파인 소호(少皞 또는 少昊) 족의 유적이라고 보는 산둥반도 '대문구(大汶口) 문화' 상층 유적에서 '아사달 문양'이 새겨져 있는 고조선 토기 11점이 출토되었다. 이 토기 술잔은 고조선 특유의 '뾰족밑 팽이형 민무늬토기' 형태를 띠고 있으며 '아사달 문양'이 새겨져 있는데, 이것은 산둥반도에 정착한 고조선 이주민들의 표식으로 해석된다(【사진 17】 참조). 이 문양에 대해, 중국 고대문자 전문가인 허진웅(許進雄)[77]과 고고학자 소망평(邵望平)[78]은 '아사달'을 모르는 상태에서도 이 문양을 "산속에 사는 '단(旦, 아침)'족의 부족 표시"라고 분석하였다.[79] 이들은 신라 최치원이 돌 비석에 남긴, 우리 민족에게 고유하다는 '선(仙, 산 사람)'을 "산 속에 사는 '단'(旦, 아침 단) 족"이라고 말한 것이다. 이상과 같은 단군의 고고학적 근거 외에, 북한의 고조선연구 전문가 리지린은, 단군신화의

77) 허진웅(許進雄)은 갑골문 전문 대만의 학자로서 1960년대에 캐나다 온타리오 박물관의 갑골문을 정리하였고, 1970년대부터 토론토대학교 교수로 재직하였다 1996년에 대만대학교로 돌아와서 연구한 고대 문자의 전문가임.

78) 소망평(邵望平)은 고고학자임.

79) 신용하, 「홍익인가의 이념과 그 역사적 기원」, 『동양문화연구』 30, 영산대학교 동양문화연구원, 2019, 221쪽.

형성 시기는 추론하기 어렵지만 준왕(準王) 시대인 기원전 3세기 이전이라고 하였다.[80] 이처럼 유구한 역사를 지닌 단군을 남북한에서 모두 건국 시조로 인식하고 국경일로 개천절 행사를 하며 단군 전통을 이어오고 있다. 이러한 단군에서 만물을 잘 살리자는 홍익인간 사상이 나왔고, 홍익인간은 인류와 자연 모든 생명의 상생을 지향하고 있다.

80) 이경섭, 「북한 초기 역사학계의 단군신화 인식과 특징: 리상호와 리지린의 연구를 중심으로」, 『선사와 고대』 45, 한국고대학회, 2015, 74쪽.

10장

생명모성

모성(母性)은 '여성이 어머니로서 가지는 정신적·육체적 성질 또는 그런 본능'으로 뜻풀이가 되고, 여성이나 동물 암컷의 특정 기능의 의미로 사용되고 있다. 이 '모성'이란 말에, 모든 생물이나 사물의 존속을 의미하는 '생명'(生命)이 결합되어 '생명모성'(生命母性)으로 쓰이면 그 의미가 확장된다. '생명모성'은, 만물을 잘 살리자는 '홍익인간'(弘益人間)과 지향이 같으며, 인류의 생존을 위해 초지능 AI에 탑재해 주어야만 하는 '인류와 인공지능이 공존하는데 필수적인 모성'이라 할 수 있다.

❀ 모성이란? ❀

모성(母性)은 인간을 포함하여 생물의 번식 및 자녀/새끼 보호와 관련하여 사용되는 말이다. 의미를 명확하게 기술해야 하는 국어사전이나 법률 측면에서는 모성의 범위가 좁게 사용되고 있다.

구체적으로 국립국어원의 『표준국어대사전』에서, 모성은 '여성이 어머니로서 가지는 정신적·육체적 성질, 또는 그런 본능'을 의미한다.[1] 단어 의미를 명확하게 사용해야 하는 법률 측면에서 모성은 좁은 의미로 사용되고 있다. 「모자보건법」 제2조 2항에서는 "'모성'이란 임산부와 가임기(可姙期) 여성을 말한다."고 정의하며, 제4조 1항에서는 "모성은 임신·분만·수유 및 생식과 관련하여 자신의 건강에 대한 올바른 이해와 관심을 가지고 그 건강관리에 노력하여야 한다."고 규정되어 있다. 남한의 「모자보건법」에 의하면, 모성은 임산부와 가임기 여성을 대상으로 하는 말이다.

한편, 남한의 「양성평등기본법」 제25조 1항에서는 "국가기관 등과 사용자는 임신·출산·수유·육아에 관한 모성권·부성권을 보장하고, 이를 이유로 가정과 직장 및 지역사회에서 불이익을 받지 아니하도록 하여야 한다."고 규정하여, 모성을 대상보다는 영역을 중심으로 기술하였다. 즉, 모성의 영역을 임신·출산·수유·육아 네 가지로 기술하였다.

언어 기술을 명확히 해야 하는 학술 측면에서도 모성의 범위와 기능은 위와 비슷하게 사용되고 있다. 페미니즘(여성주의)에서의 모성은 여성의 생물학적 기능인 임신·출산·양육의 모성으로부터 비롯되어 자녀양육, 가사노동을 담당하는 가정의 사적 영역으로 제한되어 있다.[2]

따라서 모성은 임신·출산·수유·육아와 관련된 말이며, 생물의 번식 및

---

1) 국립국어원의 표준국어대사전(https://stdict.korean.go.kr).

2) 손소영, 「현대 페미니즘에 나타난 모성에 대한 이론적 고찰: TV광고의 모성 사례 중심으로」, 『조형미디어학』 17(3), 한국일러스아트학회, 2014, 139쪽.

자녀/새끼 보호와 관련하여 남성/수컷을 배제한 말임을 알 수 있다. 이러한 모성 안에는 어머니의 본능적인 자식 사랑과 더불어 집착과 자기 확장의 욕심이 두루 섞여 있다.[3)]

❀ 생명이란? ❀

생명은 생기를 통해 외부변화를 감지하여 능동적으로 환경에 반응하면서 살고자 하는 생의를 가진 생물의 가장 주요한 성질이다.[4)] '생명'이란 말의 의미는 학문 분야마다 다르다. 자연과학 분야에서는 생리적 측면에서 호흡, 물질대사,[5)] 성장을 하는 계통에서 '생명'과 '생명체'란 용어를 사용하는 것이 일반적이다. 예를 들면, "지구상에 '생명'이 탄생한 이래 다섯 차례의 대멸종이 있었다."[6)]와 같은 용례가 이에 해당한다.

종교에서는 조물주에 의해 만들어진 모든 생물에 생명이 있다고 본다. 기독교에서 '생명'은 하나님으로부터 받은 것, 종말에 누리게 될 영생, 끝없는 생명의 의미로 확대되며, 현재적 살아있음의 생기를 강조하고, 기독교 신학은 동물의 생명까지 포함하여 모든 피조물의 가치와 존엄을 인정하는 생명 사상, 생명의 회복을 지향한다.[7)]

유가(儒家) 철학뿐만 아니라 동양 철학 대부분은 개체와 개체, 혹은 집단과 집단의 관련성을 주목하여 자연을 하나의 거대한 유기체로 보고서 전체

---

3) 김반아, 「생명모성 교육철학(1)」, 김반아칼럼(한겨레:온, www.hanion.co.kr), 2022.10.03.

4) 윤용남, 「儒家의 生命觀과 人生觀」, 『윤리교육연구』 31, 한국윤리교육학회, 2013, 23쪽.

5) 물질대사(物質代謝)란 "'생명'. 생물체가 몸 밖으로부터 섭취한 영양물질을 몸 안에서 분해하고, 합성하여 생체 성분이나 생명 활동에 쓰는 물질이나 에너지를 생성하고 필요하지 않은 물질을 몸 밖으로 내보내는 작용'을 말한다(『표준국어대사전』, stdict.korean.go.kr).

6) 안지홍·임치홍·정성희·김아름·이창석, 「생물다양성에 대한 기후변화의 영향과 그 대책」, *Journal of Wetlands Research 18*(4), 한국습지학회, 2016, 474쪽.

7) 김수연, 「포스트자본주의와 기독교의 조에(zoe)로서의 생명 이해」, 『한국조직신학논총』 64, 한국조직신학회, 2021, 22쪽, 24쪽.

적으로 이해하려는 유기체론적 생명관을 견지한다.[8] 도가(道家) 사상은 생명을 도(道)라는 보편적 존재에 기반한 것으로 이해하고, 모든 생명체가 상호 연결된 우주 생명의 하나임을 강조하며, 인간 중심적 사고를 넘어 자연과 인간의 생명을 하나로 이해하는 일원론적 생명관을 제시한다.[9] 불교의 생명관은 연기론적 생명관이며 어느 하나도 관계의 일개 항에 불과할 뿐 그 관계를 벗어난 실체적 독립적인 요소는 없다고 본다.[10]

【사진 18】 다양한 나무, 풀, 동물이 어우러져 살아가는 생명의 숲
(출처: 김반아)

고대 그리스어와 라틴어에서는 생명이 (정치)사회적 영역까지 확대된다. 조에(zoe)와 비오스(bios)가 '생명'을 의미하는데, 조에(zoe)는 동물의 생명까지 포함한 모든 생명을 아우르는 말이고, 비오스(bios)는 (정치)사회적

8) 황갑연, 「儒家의 生命觀과 인간 責任論」, 『동서철학연구』 31, 한국동서철학회, 2004, 211쪽.

9) 윤지원, 「道家生命思想研究」, 『日本學研究』 74, 단국대학교 동아시아인문융복합연구소, 2025, 37-38쪽.

10) 이규호, 「불교의 생명윤리와 안락사」, 『한국교수불자연합학회지』 28(3), 사단법인한국교수불자연합회, 2022, 6-7쪽.

생명을 의미한다.[11] 살아 있다는 사실 위에 살아가는 생명이 조에(zoe)이고 주체적인 삶을 영위하는 사회구성원의 생명이 비오스(bios)이다.[12] 한국어의 '생명', '목숨', '명'(命)을 영어로 바꾸면, 모두 라이프(life)로 번역될 수 있지만 그 의미가 문맥에서 다른 것처럼, 조에(zoe)와 비오스(bios)는 다른 뉘앙스를 지니고 있으나 한국어에서는 모두 '생명'이라고 번역된다.[13]

현대인에게는 생명을 단순히 물리-화학적이고 생물학적 현상으로만 보고자 하는 자연과학적 시각이 너무나 팽배해 있으며, 이러한 시각은 생명경시 현상의 직접적인 원인이 되고 있다.[14] 이에 반해, '성명에 대한 경외'(reverence for life) 철학을 갖고서 아프리카에서 의료 봉사를 헌신적으로 실천한 슈바이처(Albert Schweitzer, 1875~1965)는 모든 생명체는 생명을 유지하고자 애쓴다는 점에서 그 자체로 고귀하게 평가할 수 있는 본래적 가치, 즉 '생명' 안에 스스로 품고 있는 내재적 가치를 갖고 있다고 했고,[15] 테일러(P. W. Taylor)는 슈바이처의 이러한 생명존중사상을 체계적으로 발전시켜 자연계의 모든 생명체를 목적론적 삶의 중심으로 보았다. 테일러에 의하면, '생명' 관점에서 자연계를 보면 각 생명체의 매 순간 존재를 명확하게 인식할 수 있으며, 특정 유기체에 집중하면 우리가 개체로서 그 유기체와 공유하고 있는 어떤 특징이 드러나고, 다른 생명체도 우리 자신과 마찬가지로 목적론적 삶의 중심이라고 하였다.[16]

---

11) 김수연, 「포스트자본주의와 기독교의 조에(zoe)로서의 생명 이해」, 『한국조직신학논총』 64, 한국조직신학회, 2021, 15쪽.

12) Shin, D., 「Immigrants Who Are Forced to Subjection in Native Speaker: The Life of Namelessly Abandoned 'Zoe'」, 『영어권문화연구』 16(3), 동국대학교 영어권문화연구소, 2023, 179쪽.

13) 김수연, 앞 논문, 같은 쪽.

14) 이명곤, 「생명의 기원과 다양성 그리고 '나의 문화'로서의 생명개념: 토마스 아퀴나스와 가브리엘 마르셀을 중심으로」, 『가톨릭철학』 16, 한국가톨릭철학회, 2011, 38쪽.

15) 김완구, 「환경보호의 목표와 정책적 실천에 대한 윤리 및 철학적 탐구」, 『생명연구』 28, 서강대학교 생명문화연구소, 2013, 83쪽.

16) 폴 테일러, 『자연에 대한 존중』, 김영 역, 리수, 2020, 163쪽. (Taylor, P. W. *Respect for*

위와는 비교가 될 수 없을 정도로, '생명'이란 말은 한민족의 일상에서 폭넓게 사용되고 있다. 생명은 '모든 생물'과 '모든 사물'에 관련된 말이다. 생명은 '사람이 살아서 숨 쉬고 활동할 수 있게 하는 힘'을 의미하거나(예: 환자의 생명), '여성의 자궁 속에 자리 잡아 앞으로 사람으로 태어날 존재'를 의미하거나(예: 생명의 잉태), '동물과 식물의, 생물로서 살아 있게 하는 힘'을 의미하거나(예: 온갖 생명으로 가득 차 있는 정원), '사물이 유지되는 일정한 기간'(예: 작가로서의 생명)을 의미하거나, '사물이 존재할 수 있는 가장 중요한 요건'(예: 가수의 생명인 목소리)을 의미한다.[17] 이처럼 '생명'은 모든 생물과 사물이 존속하는 바탕이며, 눈으로 볼 수 있는 가시적인 것과 눈으로 볼 수 없는 비가시적인 것을 모두 포함한다.

❀ 생명모성이란? ❀

앞서 살펴본 바와 같이, 모성(母性)이 여성이나 동물 암컷의 특정 기능에 국한된 용어라면, 이것이 '생명'(生命)과 결합한 '생명모성'(生命母性)은 그 의미와 영역이 확장된다. '모성'이 '생명'과 결합된 결과로, '생명모성'은 '생명'과 '모성' 각각의 의미를 넘어선다. 구체적으로 이는 모든 생물과 사물의 가시적·비가시적 영역을 포괄한다. 또한 타고난 본능적 요소뿐만 아니라, 후천적으로 계발해야 할 요소도 포함한다. '생명모성'은 계발해야 할 부정적 요소와도 관련되어 있다. 생명모성은 증오, 두려움, 수치심, 열등감, 화, 슬픔, 고독, 절망과 같은 인간 내면의 부정적 요소를 품고 녹여내는 근원적인 힘이다.[18]

이러한 생명모성 관점에서 보면, 인간이 발달하는 과정은 신비롭기 그지

Nature: A Theory of Environmental Ethics, Princeton University Press, 1986).

17) 국립국어원의 표준국어대사전(https://stdict.korean.go.kr).

18) 김반아, 「생명모성이야기(3) 생명모성의 출현」(한겨레:온, www.hanion.co.kr), 2019.05.09.

없다. 양적 및 질적 측면에서 비약적이고, 현대 학문으로도 설명하기 힘든 부분이 있다. 눈에 보이지 않는 작은 생명이 태동하여 고도의 인지력을 지닌 인간으로 비약적 발달을 이룬다는 것은 경이로운 일이다.

생명모성을 발휘한다는 것은 상대의 입장에서 그 느낌을 선명하게 공감하는 것이다. 상대를 위하고, 상대가 필요로 하는 것을 하며, 원하지 않는 것을 하지 않게 된다. 따라서 생명모성의 실체는 '우리(we)'이며, 곧 공감(empathy)이다.[19] 이는 나의 가족뿐만 아니라 타인, 지구촌의 자연, 더 나아가 인간과 공존하게 될 전자적 인간(AI)까지도 대상으로 한다.

❀ 생명모성과 여성주의 ❀

생명모성은 여성주의(페미니즘, feminism) 가운데 생태여성주의(에코페미니즘, eco-feminism), 생명여성주의(bio-Feminism)와 문제의식을 공유하지만 차이가 있다.

이들 여성주의와 생명모성의 공통점은 '인간과 자연'을 '인문학과 자연과학'처럼 이항 대립적으로 나누는 접근에 보완해야 할 점이 있다고 보고 있음이 비슷하다. 생명모성은 모더니즘(modernism)의 이항대립(친구 ↔ 적, 참 ↔ 거짓, 주체 ↔ 객체) 방식으로 '이성과 감성'을 나누고 '문화와 자연'을 구분하여, 인간의 합리적 '이성'과 '문화'가 세상의 진리와 발전을 이끌어간다고 단정하여 '감성'과 '자연'을 경시한 것이 오늘날 인류가 직면한 위기의 원인이라고 본다. 인간과 자연의 분열이 오늘날 모든 생명체가 직면한 위기의 원인이고, 지구촌 국가들이 우방이 아니면 적국이라고 단정하여 대립하거나 충돌하는 위기도 일어나고 있다고 본다.

인류가 당면한 위와 같은 문제를 해소하기 위해서 인간과 자연, 지구촌

---

19) 김반아, 「[김반아] 이 시대가 부르는 생명모성」(한겨레:온, www.hanion.co.kr), 2021.09.09.

의 모든 국가와 사회가 분리된 존재가 아니라 유기체적 관계에 놓여있음을 인식하고 실천하는 것이 필요하다. 이 세상의 모든 존재가 하나의 큰 몸처럼 연결되어 있고, 각 개체에 일어나는 일이 전체에 일어나는 일이라는 것을 자각하면, 공동체 의식이 생기지 않을 수 없고 공동체를 실현하는 일이 가장 중요한 목표가 될 수밖에 없다.[20)]

생태여성주의와 생명여성주의는 페미니즘의 용어로서 남성을 배제하고 여성만을 중심으로 이러한 생각을 전개하고 있으나, 생명모성은 여성뿐만 아니라 남성에게도 이러한 심성이 있음에 주목하고 인류생존을 위해 고성능 AI에게도 인간과 상생하는 생명모성이 필수적이라는 관점이다. 생명여성주의가 생명공학의 윤리적 문제에, 생태여성주의가 가부장제와 환경 파괴의 연결 고리에 집중한다면, 생명모성은 여성의 틀을 넘어 온 인류와 기계 문명까지 포함하는 상생과 평화를 지향한다.

【표 4】 생명모성, 생태여성주의, 생명여성주의 비교

구분	생명모성	생태여성주의	생명여성주의
영문	life-motherhood[21)]	eco-feminism	bio-feminism
대상	인류와 자연 및 AI인간 (여성, 남성, 자연, AI인간)	여성과 자연	여성
초점	온 인류와 자연을 살리는 모성적 힘	여성 억압과 자연 파괴를 동시에 초래한 가부장제 개선	생명 중심의 페미니즘
내용	◦인간, 자연, AI인간(전자적 인간)의 공존 ◦국가들 간 평화 ◦온 인류의 상생	◦남성 중심 가부장제 개선 ◦인간 중심주의적 자연 파괴 비판 ◦자연과의 공생	◦인간조작 생명과학 비판 ◦인공수정, 대리모, 유전자 조작 반대 ◦생명과 여성 존중 윤리

20) 이경희, 「에코페미니즘의 도덕교육에의 적용 및 실천」, 『윤리교육』 75, 한국윤리학회, 2009, 283쪽.

21) 생명모성의 영문 표기는 'life-motherhood', 'life-affirming motherhood'이며 이것은 삶을 긍정적, 낙관적으로 바라보며 그 가치를 강조하는 것을 의미한다. 다시 말해서 삶에 대한 건강한 태도를 갖고서 삶의 가치를 느끼는 것을 의미한다.

위 표에서 볼 수 있듯이, 생명여성주의는 여성에 초점이 있고, 생태여성주의는 여성 외에 자연도 주목하고 있으나, 생명모성은 여성과 남성 및 자연뿐만 아니라 인간의 지능을 능가한 AI인간(전자적 인간)까지도 포함하는 개념이다. 생명여성주의는 생명 중심의 페미니즘이고, 생태여성주의는 여성 억압과 자연 파괴를 동시에 초래한 가부장제 개선에 초점이 있는 반면에 생명모성은 이 세상 모두를 살리는 모성적 힘에 초점이 있다.

따라서 생명여성주의는 인공수정, 대리모, 유전자 조작 등을 반대하며 인간 조작을 시도하는 생명과학을 비판하는 '생명과 여성을 존중하는 윤리적 접근'이다. 그리고 생태여성주의는 남성 중심 가부장제 개선, 인간 중심의 자연파괴 비판, 자연과의 공생을 주된 내용으로 하는 페미니즘의 분파이다. 이들과 다르게 생명모성은 이 세상의 존립과 발전을 위하여 온 인류, 자연, 전자적 인간(AI 인간)의 상생과 국가들 간 평화를 지향한다. 생명모성은 여성이라는 한계를 넘어 전 인류적 차원에서 모성을 재해석하는 개념이다.

생태여성주의(ecofeminism)는 1970년대 환경 문제와 제2세대 여성주의 운동을 배경으로 프랑수아즈 도본느(Françoise d'Eaubonne)가 1974년에 『*Le Féminisme ou la Mort*(페미니즘 혹은 죽음)』을 발간하는 것으로 시작되었다고 보는 것이 학계의 통설이고, 생명여성주의(bio-feminism)는 2000년 무렵 생명과학기술 발전에 따른 젠더 문제와 관련해 다양한 관점에서 일어났다. 파우스토-스털링(Anne Fausto-Sterling)이 2000년에 출간한 『*Sexing the Body : Gender Politics and the Construction of Sexuality*(신체의 성화: 젠더 정치와 섹슈얼리티의 구성)』이 주요 저작이다.

2000년대에 페미니즘에서는 생태학적 접근이 다양하게 일어났다. 구체적으로 페미니즘과 생태학을 결합하여 여성 문제에 접근하는 '여성주의 생태학'(feminist ecology)은 위에서 살펴본 '생태여성주의'(ecofeminism)와 '생명여성주의'(bio-feminism) 외에 다양한 동향이 있다. 환경문제와 자원개발을 젠더와 그 권력 관계의 구조 분석으로 접근하는 '여성주의 정치생태학'(feminist political ecology), 자본주의 체제가 여성 억압과 생태 파괴의 근본 원인이라고 보고 그 권력 관계를 분석하는 '사회주의 생태여성주의'(socialist ecofeminism), 여성과 자연의 관계에 주목하여 여성적 가치의 재평가를 시도하는 '문화적 생태여성주의'(cultural ecofeminism), 육식문화와 동물착취 및 환경파괴가 여성 억압과 동일하다고 접근하는 '채식주의 생태여성주의'(vegetarian ecofeminism) 등이 있다.

❀ 남성의 생명모성 ❀

'엄마 = 여성'이라는 등식, 즉 아이를 낳아 기르는 일에 충실한 것이 여성의 본분으로 여겨졌던 규범에 균열이 생긴 것은 이미 오래된 일이다.[22] 남성 또한 모태를 통해 태어남으로써 생명모성을 공유하며,[23] 과학발달로 인하여 모성은 여성의 고유 영역에서 벗어나고 있다.

생명공학 기술은 여성 젠더(gender)를 기술 혁신의 표적으로 삼고 전통적으로 여성 능력으로 간주되었던 재생산[임신과 출산] 능력을 여성 신체로부터 분리시켜 기술적으로 조작하는 데 성공한 결과, 모성은 더 이상 여성 신체의 자연적 능력에 의존하지 않게 되었다.[24] 제4차 산업혁명 시대에 인공지능의 도움으로 이러한 영역의 발전은 우리가 상상하는 이상으로 빨라져서 여성 젠더의 의의는 시간이 흐를수록 약화될 가능성이 있다.

이와 관련하여 분석심리학자 융(Carl G. Jung, 1875~1961)은 인간을 양성적 존재로 보았다. 남성의 무의식에는 여성적 인격인 '아니마'(anima)가, 여

---

22) 문설희, 「새로운 사회를 향한 질문, "모성이란 무엇인가?」, 『사회진보연대』 통권172, 사회진보연대, 2020, 196쪽.

23) 김반아, 「생명모성 교육철학(1)」, 김반아칼럼(한겨레:온, www.hanion.co.kr), 2022.10.03.

24) 김혜련, 「기계-인간 생성론과 포스트모성」, 『한국여성철학』 9, 한국여성철학회, 2008, 127쪽.

성의 무의식에는 남성적 인격인 '아니무스'(animus)가 있는 것이 인간의 보편적인 심리 특성이라고 하였다. 이 같은 양면성을 인식하는 것이 인간 발달과 성숙에 중요하다. 이 양면성을 잘 이해하여 적응하면, 남성은 아니마를 발휘해 자기 감정을 잘 이해하고 섬세하게 표현할 수 있으며, 여성은 아니무스를 발휘하여 논리적이고 합리적인 사고를 발달시킬 수 있다.

【사진 19】 렘브란트 작품 '돌아온 탕자'에 그려져 있는 아버지의 손

(출처 : www.rembrandtpaintings.com)

렘브란트의 명화 〈돌아온 탕자〉에서 아들을 감싸 안은 아버지의 손이 한쪽은 남성의 손, 다른 한쪽은 여성의 손으로 묘사된 것은 남성 안에 내재된 양성적 생명모성을 상징적으로 보여준다. 제4차 산업혁명과 생명공학의 발전은 임신과 출산, 수유와 육아를 여성 고유 영역으로 국한했던 기존 관념을 해체하고 있다. 미래 사회에서는 생물학적 성별을 떠나, 생명을 돌보고 기르는 '어머니로서의 기능과 역할'을 하는 주체가 더욱 중요해질 것이다. 이들이 바로 생명모성의 실천자이며, 생명모성은 여성뿐만 아니라 남

성, 그리고 자녀가 없는 비혼자에게서도 발현될 수 있는 보편적 가치이자 정신이다.

위와 같은 융심리학의 인간 이해는 여러 학문 분야에서 동일한 내용을 다른 방식으로 설명하고 있다. 가족학 분야에서는, 가족의 기반이 법적 혹은 생물학적 근거에 있다기보다는, 헌신하고 개입하고 돌보고 스스로 의무를 다하는 관계에 기반하고 있다고 본다.[25] 젠더(gender)를 여성과 남성 두 가지로만 나누는 이분법은 오류일 가능성을 배제할 수 없으며, 젠더는 '여성성을 지닌 여성'과 '남성성을 지닌 남성' 이외에 '여성성을 지닌 남성', '남성성을 지닌 여성', '여성성과 남성성을 모두 지닌 중성성이 강한 여성 혹은 남성'으로 파악될 수 있다.[26]

이러한 경향은 제4차 산업혁명의 발전에 따라서 상상하기 힘든 변화가 일어나는 미래 사회에서는 더욱 심화될 것이다. '육아'와 '수유'가 여성의 고유 영역에서 벗어나는 것 이외에 '임신'과 '출산'도 여성의 고유 영역에서 벗어나는 현상이 일어날 가능성이 있다. 생물학적 어머니가 아니더라도 여성이건 남성이건 어머니 역할을 하는 사람은 반드시 있어야 하고, 이러한 어머니 역할을 하는 사람이 모성적 실천을 생산해 내고 변형시켜 나가게 될 것이다.[27]

어머니는 여성이건 남성이건 단지 '어머니 역할을 하는 사람'을 의미하는 것이기에, 생물학적 여성이어야 함을 주장해선 안 된다.[28] 따라서 여성과 남성의 경계가 허물어지고 있는 오늘날, 남성과 여성 모두에게 있는 '생

25) 함인희·박민정, 『한국사회 '초국적 모성'(Transnational Motherhood)의 실태와 정책 수요 개발』, 이민정책연구원 연구보고서 2020-10, 서울: 이민정책연구원, 2020, 27쪽.

26) 이은영·윤리라·임희준·강동우·이경준, 「젠더-세이프적 접근을 통한 스포츠와 신체활동에서의 형평성과 사회통합 확립」, 『한국사회체육학회지』 71, 한국사회체육학회, 2018, 513쪽.

27) 이혜정, 「도덕 영역을 재구성하기 위한 모성적 윤리 연구」, 『한국여성철학』 8, 한국여성철학회, 2007, 111쪽.

28) 위 논문, 112쪽.

명모성'에 주목할 필요가 있다.

생명모성은 성별과 혼인 여부를 초월하여 모든 인간에게 내재된 보편적 가치이며, 이는 생물학적 여성에 국한되었던 전통적 모성을 인류 보편의 영역으로 확장한 것이다.

❀ 성장에 따른 생명모성 양상 ❀

가정에서 발휘되는 생명모성은 일반적인 '모성'의 본질과 궤를 같이 한다. 이는 자녀에 대한 이타적 사랑이며, 자녀의 성장과 발달 단계에 따른 적절한 변화가 필요하다.

로저스(Carl. R. Rogers, 1902~1987)는 건강한 성격 형성을 위해 '무조건적인 긍정적 관심'[29](unconditional positive regard)이 필요하다고 하였다.[30] 이는 자녀가 부모의 특정 기대나 조건을 충족해서가 아니라, 존재 그 자체만으로 사랑받고 수용되는 경험을 의미한다. 신생아기와 영아기에 부모가 본능적으로 발휘하는 이 생명모성은 자녀의 자아(ego)가 뿌리 내리는 결정적인 자양분이 된다. 자녀의 자아(自我)가 발달하기 시작할 때, 이 '무조건적 긍정적 관심'이 필요하다. 부모는 '무조건적 긍정적 관심'으로써 신생아나 영아인 자녀에게 생명모성을 본능적으로 발휘한다.

그렇지만 이러한 생명모성은 자녀의 성장과 발달을 반영하여 나이에 맞게 바뀌어야 한다. 자녀가 독립된 인격체로 나아갈 수 있도록 돕는 것이 생명모성의 본질이기 때문이다. 만약 청소년 자녀에 대한 부모의 생명모성 양

29) '무조건적 긍정적 관심'은 로저스(Carl. R. Rogers)의 인간중심 상담기법의 기본 원칙 중 하나인데, 이 기법의 세 가지 기본 원칙은 '무조건적 긍정적 존중', '공감적 이해', '일치성'이다(김진이 외, 「한방치료와 Rogers의 인간중심적 상담요법으로 호전된 뇌졸중 후 우울증 치험 2례」, 『동의신경정신과학회지』 21(4), 대한한방신경정신과학회, 2010, 188쪽.).

30) 김문준·하창순·심혜원, 「퇴계의 심학과 아들러와 로저스의 심리학 비교 연구: 인간본성 및 그 실현방법에 관하여」, 『동서철학연구』 50, 한국동서철학회, 2008, 354쪽.

상이 바뀌지 않으면, 자녀가 독립된 존재로 성장하는 것을 저해할 수 있다. 부모가 신생아와 영아에 집착하는 태도를 보이더라도 부정적 영향은 크게 없으나, 청소년에 대하여 집착하는 태도를 보이면 자녀의 정신발달을 저해할 수 있다.

이와 반대로 대면적 관심이 부족한 경우에도 자녀의 정신발달을 저해할 수 있다. 맞벌이 가구의 증가와 치열한 생존 경쟁 속에서 부모가 일에만 매몰될 때, 이른바 '부재하는 부모'(absentee parent) 문제가 발생한다. 이는 물리적인 이별뿐만 아니라, 같은 공간에 있으면서도 정서적 대면이 이루어지지 않는 경우를 모두 포함한다. 이런 어머니를 'absentee mother'(안 계신 어머니, 집 비운 엄마, 엄마 부재)[31) 이런 아버지를 'absentee father'(안 계신 아버지, 집 비운 아빠, 아빠 부재)라고 부른다. 'absentee mother' 혹은 'absentee father'는 부모가 이혼하거나 별거하여 자녀와 함께 살지 않을 때 주로 발생한다.

그러한 예로서, 국문학자와 정치가로 활동한 이어령(1934~2022) 선생이 제시될 수 있다. 이어령 선생은 참회론적 저서[32)에서 글쓰기에 몰두하느라 잠옷을 자랑하며 다가온 딸을 외면한 순간을 뼈저리게 탄식하였다. "어린('내') 딸은 아버지('나')에게 새 잠옷을 자랑하면서 굿나잇 키스를 받고 싶었지만 글쓰기에 몰입한 못난 아버지는 그 짧은 순간, 고개를 한 번 돌리는 것조차 하지 못했다."고 탄식하였다. 이처럼 바쁜 일상에서 발생할 수 있는 '엄마 부재'나 '아버지 부재'는 자녀의 정신발달에 해로우며, 이는 곧 남성에게도 내재된 생명모성의 발현이 필요함을 시사한다.

---

31) 'an absentee'는 '특정 장소에 있어야 할 것으로 기대되는 사람이 그곳에 있지 않은 자'를 의미한다(an absentee is a person who is expected to be in a particular place but who is not there) (출처: https://www.collinsdictionary.com/dictionary).

32) 이어령, 『딸에게 보내는 굿나잇 키스』, 열림원, 2015.

❀ 신기루 같은 생명모성 ❀

가정에서 생명모성은 항상성을 유지하기가 어렵다. 마치 신기루처럼 자녀 앞에 나타났다가 사라지기를 반복한다. 생명모성이 부재하거나 사라진 가정의 자녀는 삶의 활력을 잃고 절망감에 빠지기 쉽다. 가족이 함께 단란하게 살면서 자녀가 마음 편하게 '어머니'·'아버지'를 부르고 싶은데 그것이 안 되는 가정이 늘어나고 있다.

바쁜 현대 사회에서 자녀의 의식주뿐만 아니라 마음까지 보살펴 주는 부모가 얼마나 있을까? 심리학에서는 자녀 성격 형성에 있어서 어머니의 중요성을 일반적으로 강조하지만, 자녀와 어머니의 관계가 '희비 쌍곡선'인 경우가 드물지 않고, 자녀에게 마음의 안정보다 상처를 주는 경우도 있다. 40대 중반 남성이 쓴 아래 글은 이에 대한 생각거리를 제공한다.

> 한동안 어머니가 빛과 어둠이 혼재하는 복잡한 감정을 일으키는 상반된 모습을 지닌 존재로 (나에게) 인식되기도 했었다. 그것은 '어머니 없이는 살 수 없다는 감정'과 '어머니와 함께 살 수 없다는 감정'이 동시에 일어나는 그런 것이었다. 집에서 어머니와 함께 생활하면, 나는 얼마 안 있어 "여기서 나가버려야지. 안 되겠다."고 속으로 다짐하게 되었다. (어머니의 일기에는 나에 대해서 똑같은 감정을, 듣기 싫은 것을 적어 놓은 것이 있다. 그러니 이 점에서는 피장파장인 셈이다.) 어떤 때는 어머니가 진짜 내가 가장 견디기 어려운 존재가 되기도 했다. 내가 결혼하고 자식을 두었는데도 어머니는 끊임없이 나에게 온갖 것을 가르치시려고 했다. 어머니는 무엇이 옳은가를 당신이 잘 알고 있고, 또 당신이 옳다는 것을 절대적인 확신으로 말씀하시는 경우가 많았다. 어머니에게 그것은 의견이 아니라 진리였다.[33)]

이처럼 어머니와의 관계에서 갈등이나 결핍이 발생할 때, 필요한 것이

---

33) 이남순, 『나는 이렇게 평화가 되었다』, 정신세계원, 2010, 234쪽.

바로 '아버지'의 생명모성이다. 부모가 성별의 이분법을 넘어 함께 생명모성을 발현하는 '공동 양육의 주체'가 될 때, 자녀는 정서적 안정감 속에서 타인을 배려하는 성숙한 시민으로 성장할 수 있다.

❀ 생명모성과 사랑 ❀

'생명모성'은 보편적 의미의 '사랑'과 궤를 같이 하지만 차이가 있다. 동양과 서양에서 '사랑'의 개념에 차이가 있고, 그리스도교(기독교)의 사랑, 불교의 자비(慈悲), 유교의 인(仁)은 넓은 의미로 '사랑'이지만 이들 개념은 각기 다른 시대적 배경과 종교적 내포를 지니고 있어 그 외연에 차이가 있다.[34] 그래서 '사랑'이란 말은 의미가 다양하다. 신문, 잡지, 라디오, 텔레비전, 영화, 인터넷, 대중서적뿐만 아니라 전문서적에 이르기까지 문화 전 영역에서 사랑에 관한 다채로운 담론과 분석이 넘쳐난다.[35]

기독교 '사도 요한'(John the Apostle)의 글에 나타난 "하나님의 사랑"은 예수 그리스도의 십자가 사역을 통해 완성되며, 그 궁극적 목적은 우리가 서로 사랑하는 '형제 사랑'에 닿아 있다. '사도 요한'의 글에 반복해서 나오는 "하나님의 사랑이 온전히 이루어졌다."에서의 '사랑'은 '하나님께서 베푸신 사랑'을 말하는데, 이에 대하여 학자들은 '형제 사랑'(우리가 서로 사랑하는 것)이 하나님께서 베푸신 사랑이 달성하고자 한 목적이었다고 본다.[36] 하나님 사랑은 예수 그리스도의 십자가 사역으로 나타났기에, 하나님께서 예수

---

34) 장승희, 「공자사상에서 '사랑'의 의미 고찰: '인(仁)'의 개념사와 철학적 인간학」, 『윤리교육연구』 34, 한국윤리교육학회, 2014, 195쪽.

35) 김기성, 「심미적 경험으로서 사랑: 사랑의 불가능성으로부터 약속된 가능성에 관하여」, 『인간·환경·미래』 12, 인간환경미래연구원, 2014, 90쪽.

36) 박영진, 「요한일서에 나타난 하나님의 사랑의 온전함의 의미」, 『장신논단』 50(2), 장로회신학대학교 기독교사상과문화연구원, 2018, 38쪽.

그리스도의 십자가 사역을 통해 이루고자 한 목적은 '(우리가 서로 사랑하는) 형제사랑'이라는 것이다.

불교의 자비(慈悲)에서 자(慈)는 어의 측면에서 '사랑'을 의미하고, 비(悲)는 '슬픔'을 의미한다. 자(慈)는 '부모(윗사람)의 사랑'[예: 자친(慈親, 자기 어머니를 높여 이르는 말), 자당(慈堂, 남의 어머니를 높여 이르는 말), 자부(慈父, 아버지를 정답게 이르는 말), 자애(慈愛, 아랫사람에게 베푸는 사랑, 부모의 자애)]를 의미한다. 이와 대조적으로 비(悲)는 사람이 괴로워하는 모습을 보고서 갖게 되는 슬픔을 뜻하는 말로서 '사람들이 처한 지경을 보며 애태우고 가슴 아파하는 마음'이라고 풀이된다.[37] 불교의 사랑인 '자비'는 사랑의 양면성, 즉 '(자녀나 타인에게) 아낌없이 주려는 사랑'과 '(자녀나 타인을) 사랑하기에 겪는 고통스런 사랑'을 동시에 포착한다. 한편 유교에서 도달하고자 하는 목표인 인(仁)은 보편적 의미에서의 사랑이며, 유교를 창시한 공자의 인(仁)의 핵심은 인간에 대한 사랑을 말한다.[38] 인(仁)은 타인과 나를 분리하지 않고 우리로 인식하는 공동체 의식을 바탕으로 한다.

서양 근대철학에서의 '사랑'은 위에서 말한 '사랑'과 차이가 난다. 니체(F. W. Nietzsche, 1844~1900)에 의하면, 사랑의 계기는 고통이고 위대한 사랑은 산고의 고통을 거쳐서 나타난다. 즉, 고통은 인간에게 자기 자신을 영원히 긍정하고 사랑할 수 있는 계기이자 기회로 다가오고,[39] 산고를 겪고 더 강해진 인간이 '위대한 사랑'으로 나아간다.[40] 한편 까뮈(Albert Camus, 1913~1960)는 인간의 근본 상황을 부조리로 파악하는 관점에서, 삶의 부조리함을

37) 이미령, 「지혜의 어머니는 슬픔 붓다도 중생도 슬프다」(한겨레, www.hani.co.kr), 2016.03.29.

38) 장승희, 「공자사상에서 '사랑'의 의미 고찰: '인(仁)'의 개념사와 철학적 인간학」, 『윤리교육연구』 34, 한국윤리교육학회, 2014, 195쪽.

39) 손유나, 「니체 철학에서 고통의 정신적 승화로서의 사랑: 고통은 어떻게 자기 자신에 대한 사랑을 변화시키는가?」, 『니체연구』 42, 한국니체학회, 2022, 241쪽.

40) 위 논문, 242쪽.

직시하여 열정적으로 살아야 하고, 부조리를 견디며 살 때 삶이 사랑의 삶으로 바뀌고, 사랑받으려는 갈망에서 벗어나 타자에게 눈을 돌려봄으로써 사랑이 시작될 수 있다고 하였다.[41]

반면, 현대 독일철학의 프랑크푸르트 학파를 대표하는 호르크하이머(Max Horkheimer, 1895~1973)와 아도르노(Theodor W. Adorno, 1903~1969)의 사랑 담론에 의하면, 사랑은 사회문화적 변화에 따라서 달라지며, 남성사회에서 사랑의 성격은 동경과 명령의 교환형식을 지니고, 낭만적 사랑의 원리는 종속적 의존관계에 있으며, 현대 자본주의사회에서 교환가치의 전일화(교환으로서의 사랑)는 '사랑의 죽음'을 가져왔다.[42] 다시 말해서 오늘날 사랑은 사회적 존재로서 자기 가치를 확인하는 기회로, 혹은 종족 번식과 사회적 생존을 위해 필요한 파트너를 선택하는 수단이 되어버려,[43] 진정한 사랑이 죽음을 맞이했다는 것이다.

위와 같이 다양한 의미로 사용되는 '사랑'이란 말과 다르게, 생명모성은 '생명을 품고 키우는' 행위와 주체와 관계된 말이다. '여성이 어머니로서 가지는 정신적·육체적 성질 또는 그런 본능'을 의미하는 '모성'이, 모든 생물과 모든 사물이 존속하는 바탕인 '생명'과 결합되어 '생명모성'이 된 결과로, 생명모성의 영역은 '모든 생물'과 '모든 사물'을 포함하게 된다. '모성'이 자기 자녀에 대한 애착에 국한되어 있는 반면에 '생명모성'은 생태계 전반을 살리고자 하는 의식의 열림이다. 따라서 '생명모성'은 타고난 본능 이외의 영역을 생애적으로 계발하는 것이 필요하다.

---

41) 이영경, 「사랑의 가능성을 찾아서: 사르트르에서 까뮈로」, 『철학연구』 112, 대한철학회, 2009, 137쪽.

42) 이하준, 「사랑의 비판이론: 호르크하이머·아도르노를 중심으로」, 『철학논총』 61(3), 새한철학회, 2010, 437쪽.

43) 김기성, 「심미적 경험으로서 사랑: 사랑의 불가능성으로부터 약속된 가능성에 관하여」, 『인간·환경·미래』 12, 인간환경미래연구원, 2014, 95쪽.

이런 점에서, 프롬(Erich S. Fromm, 1900~1980)의 저서 『*The Art of Loving*(사랑의 기술)』(1956)은 '생명모성'에 시사하는 바가 있다. 프롬은 사랑을 저절로 얻어지는 감정이 아니라 계발해야 할 과제로 보았다. 그는 사랑하는 능력을 '삶을 사랑하고 살아 있는 것에 끌리는 바이오필리아(biophilia)'로 설명하며, 사랑은 미래지향적이고 사회적인 활동(activity)이어야 한다고 설파했다.

사랑할 줄 모르고 사랑받을 줄 모르는 사람은, 사랑이란 주제에 대하여 또한 사랑이란 어떻게 해야 하는 것인가 하는 방법에 대하여, 즉 사랑의 기술과 예술에 대하여 배워야 한다고 설파하였다. 프롬에 의하면 사랑은 계발해야 하는 기술(skill)이고, 예술(art)이며, 미래지향적이고 사회적인 행동(activity)이다. 생명모성 또한 전생애에 걸쳐 계발해야 할 과제라는 점에서 프롬의 사랑과 궤를 같이한다. 다만 생명모성은 혈연적 자녀를 넘어 생태계 전반은 물론, 인류와 공존할 전자적 인간(AI)까지 그 대상으로 삼는다는 점에서 한층 포괄적인 개념이라 할 수 있다.

❀ 생명모성과 바이오필리아 ❀

생명모성은 '바이오필리아(biophilia)'와도 관련이 깊다. 고대 그리스어 bios(bĭŏs, 생명)와 philia(사랑)의 합성어인 바이오필리아(biophilia)[44]는 어의상 '생명에 대한 사랑'을 의미하기에 생명모성과 관련이 있다. 독일 프랑크푸르트 학파의 사회심리학자이자 정신분석학자인 프롬(Erich S. Fromm)은 그의 저서 『*The Heart of Man: It's Genius for Good and Evil*(인간의 마음: 선과 악의 천재성)』(1964)에서 'biophilia'(바이오필리아)라는 말을 사용하였다. 프롬이 말한 '바이오필리아'는 인간 삶에 적용될 뿐만 아니라 여타의 생

---

44) '생명'에 대한 사랑을 의미하는 바이오필리아(biophilia)와 대조적인, '죽음'에 대한 사랑을 의미하는 네크로필리아(necrophilia)라는 말이 있다. 접두사 'necro'는 죽음, 시체를 의미한다.

명체에게까지 확장된다.[45] 프롬에 이어서 사회생물학[46] 창시자인 윌슨(Edward O. Wilson, 1929~2021)은 인간 생명에 대한 애착과 친화력이 인간 본성과 연결되어 있다고 보고 인간의 생명애착 성향을 '바이오필리아'라는 말을 통해 해명하였다.[47] 윌슨은 생태 위기를 극복할 요소로서 '바이오필리아'에 주목했는데, 윌슨의 '바이오필리아'는 프롬의 '바이오필리아'를 생태학적으로 확장하여 사용하였으며, 그는 "다른 생물과 친밀하게 지내려는 인간 욕구는 상당히 선천적이어서 '생명 사랑' 본능이라고 부를만하다고 하였다.[48] 윌슨은 이러한 '바이오필리아'가 유전적으로 타고난 본능이라고 가정하며, '바이오필리아'는 인간 본성의 일부로서 인간과 자연 사이의 상호작용 결과로 형성되는 생물학적 진화에 기초한 유전적 성향이며 문화적 성향이라고 하였다.[49]

위에서 볼 수 있듯이 '바이오필리아'(biophilia)는 생명모성과 유사하지만, 그 범위를 생물에게 한정하고 있다. 생명모성은 인공지능(AI)과 같은 사물까지도 공존의 대상으로 포함한다는 점에서 차별화된다. 사물인 고성능 인공지능(AI)에게 법률적으로 법인격이 부여되고 인공지능이 인간 삶 거의 전 영역에서 동반자로 부각될 시대 상황을 고려할 때, 바이오필리아보다 더 넓은 영역의 사랑이 필요하다. 생명모성은 생태적 위기와 인간 소외가 심화된 오늘날 모든 생명을 품고 기르는 '어머니의 마음'을 보편적 사회 윤리로 확장하려는 시도이고 온 세상을 생명의 그물망으로 잇고자 하는 사상이다.

---

45) 노희정, 「바이오필리아(Biophilia)에 기초한 환경윤리교육의 방향」, 『윤리연구』 134, 한국윤리학회, 2021, 183쪽.

46) 사회생물학(社會生物學, sociobiology)은 모든 사회행동의 생물학적 기초에 관하여 체계적으로 연구하는 학문 분야이다.

47) 노희정, 앞 논문, 182쪽.

48) 민윤영, 「인간, 동물, 로봇 그리고 바이오필리아(biophilia)의 법: 에리히 프롬(Erich Fromm)의 사상을 중심으로」, 『법철학연구』 20(1), 한국법철학회, 2017, 313쪽.

49) 노희정, 앞 논문, 182, 184쪽.

❀ 생명모성과 그림자(shadow) ❀

인간 내면의 발달은 순탄하지 않다. 인간은 성장 과정에서 발달의 위기를 겪으며, 이 위기를 어떻게 극복하느냐에 따라 인생의 방향이 달라진다. 그래서 자녀가 생명모성을 올바로 키우기 위해서는 자녀와 부모 모두 자기 내면의 그림자(shadow)를 인식할 필요가 있다.

부모가 자녀에게 해줄 수 있는 가장 중요한 것은 안정과 사랑을 주는 일이다.[50] 특히 어머니의 정서 성향은 자녀와의 상호작용에 큰 영향을 주게 되며, 자녀의 성격 및 발달 전반에 결정적 요인으로 작용하여 자녀가 성인이 되어서까지 유아기에 형성된 발달 양상이 지속되기도 한다.[51] 어머니의 자아분화(self-differentiation)[52] 정도가 자녀 발달에 지대한 영향을 준다.[53] 이를 고려하면, 생명모성을 온전히 키우고 발휘하기 위해선 부모, 특히 어머니가 먼저 자신의 정서 상태를 인식할 필요가 있다. 어두운 '자아'(ego)를 지니고 있는 부모는 자녀에게 생명모성을 제대로 발휘할 수 없기에, 어두운 '자아'를 지니고 있는 부모 슬하에서 성장한 자녀가 밝은 '자아'를 형성하는 것은 어려운 일이다.

---

50) 황옥자, 「불교부모교육 프로그램이 어머니의 자아개념 및 양육태도에 미치는 영향」, 『종교교육학연구』 29, 한국종교교육학회, 2009, 182, 3쪽.

51) 민혜영, 「어머니의 자아분화와 가족의 응집성 적응성 간의 관계 연구」, 『미래유아교육학회지』 12(1), 미래유아교육학회, 2005, 146쪽.

52) 심리적 독립이나 성숙을 의미하는 자아분화(self-differentiation)는 가족 속에서 개인이 적절하게 친밀감과 분리감을 획득해 가는 과정과 정서체계의 균형을 이루어 나가는 과정을 말하는데, 자아분화가 잘 된 사람은 타인과 정서적으로 안정된 관계를 맺으면서도 자신의 신념과 가치를 일관성 있게 유지하고 목표지향적인 삶을 살 수 있지만, 자아분화가 이루어지지 못한 사람은 의존적이며 주위 사람의 감정이나 반응에 민감하여 역기능적인 관계를 형성하게 된다(정경연·심혜숙, 「부모의 자아분화수준에 따른 아동의 자아분화와 아동이 지각한 세대 간 가족관계」, 『가족과 가족치료』 15(2), 한국가족치료학회, 2007, 226쪽.). / 심리적 독립과 성숙을 의미하는 '자아분화'는 self-differentiation로 영문 기술하는 것이 일반적이고, ego-differentiation는 자아(ego)가 무의식으로부터 분리되는 과정을 논할 때 사용하는 영문 기술이다.

53) 민혜영, 앞 논문, 같은 쪽.

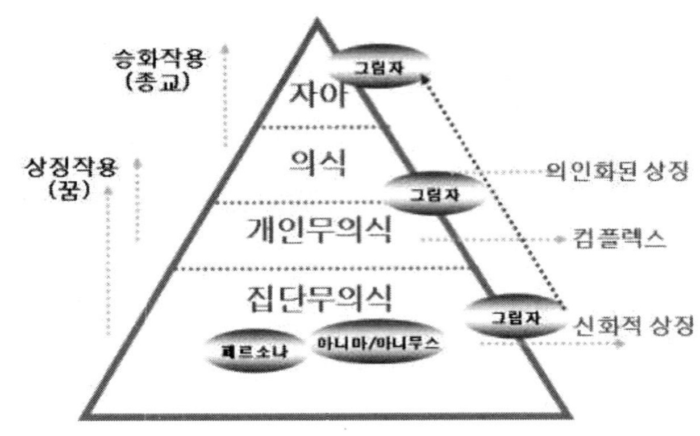

【그림 1】 '집단무의식'과 '개인무의식'의 그림자

(출처: 변민주, 「칼 융의 집단무의식의 그림자 이론을 적용한 한국형 괴물의 상징성과 이미지에 관한 연구」, 『한국과학예술융합학회』 40(5), 한국전시산업융합연구원, 2022, 165쪽.)

이와 관련하여 융(C. G. Jung)의 '그림자'(shadow)에 주목할 필요가 있다. '그림자'는 '무의식'에 있는 열등한 정신 요소를 말한다.[54] 구체적으로 타인에게 숨기고 싶은 사실이고, 자신의 것이라고 인정하고 싶지 않은 것을 말한다. 이러한 불편한 사실을 승화시킨 성숙한 사람이 있고, 받아들이지 못하여 고통 속에 사는 사람도 있다. '그림자'는 이처럼 어두운 '자아'이기에 이를 인식하여 정화할 필요가 있다. 위의 【그림 1】에 예시한 것처럼 '그림자'가 '개인 무의식'에 투영[55]되면 '자아'에 영향을 미친다.[56]

인간 정신이 온전하게 발달하기 위해서는 자신의 '그림자'를 의식하여

54) 이상란, 「영화 〈완득이〉에 나타난 그림자 인식과 승화」, 『드라마 연구』 48, 한국드라마학회, 2016, 285쪽.

55) 심리학에서 말하는 '투영'은 '투사'(projection)와 같은 말이며, 인정하고 싶지 않아서 억눌려 있는 정신 요소가 정신의 다른 영역 혹은 타인에게 전가되어 영향을 미치는 것을 말한다. 다시 말해서 투영, 투사는 자기(self)의 무의식적 충동이나 부정적인 특성을 타인에게 전가함으로써 자신에게 그런 충동이나 특성이 있다는 사실을 부정하려는 방어 기제의 한 가지이다.

56) 변민주, 「칼 융의 집단무의식의 그림자 이론을 적용한 한국형 괴물의 상징성과 이미지에 관한 연구」, 『한국과학예술융합학회』 40(5), 한국전시산업융합연구원, 2022, 165쪽.

통합하는 과정이 필요하며, '그림자'가 통합되지 않으면 다른 사람에게 투사되어 분노와 고통을 유발할 수 있다.[57] '그림자'는 '무의식'에 자리 잡고 있으면서 자신의 '의식'과 '자아' 및 주변 사람에게 영향을 미친다. 예를 들면, 영화 〈완득이〉[58]에서 주인공 완득이의 폭력 행동은 '무의식'에 있는 '그림자'가 의식에 미친 부정적인 영향을 나타낸다.

> 완득이의 폭력성은 아버지가 아무리 다잡으려 해도, 담임 선생님이 말리려 해도 통제하기 어려운, 특히 그 스스로의 '의식'으로도 통제하기 어려운 폭발력을 지닌다. (…) 이는 모두 아버지의 신체적 약점이나 직업의 취약함을 누군가 공격할 때 드러난다. 다시 말해 그의 '무의식'에 저장된 '그림자'를 자극할 때 일어나는 현상이다. 이는 융의 용어를 빌자면 완득이의 '그림자'의 투사이다. 투사는 대부분 통제할 수 없는 격정으로 표출된다. 완득이 스스로도 불경스러워 억압해 두었던 아버지의 신체적, 사회적 약점에 대한 부끄러움은 그의 '무의식'의 표층에 자리 잡고 있는 '그림자'이다. 그것을 누군가 자극할 때 격렬한 반응을 일으키는 것이다.[59]

위에서 볼 수 있는 것처럼, 자신이 감추고 싶은 단점인 '그림자'는 '무의식'에 있다가 타인에게 투사되어 분노를 표출하거나 원망하는 방식으로 드러난다. 융(C. G. Jung)에 의하면, 무의식은 '무의식의 의식화'에서 경험될 수 있으나, 심층에 있는 원형(archetype)[60]으로서의 '그림자'는 보기가 힘들다.[61]

---

57) 이상란, 「영화 〈완득이〉에 나타난 그림자 인식과 승화」, 『드라마 연구』 48, 한국드라마학회, 2016, 286쪽.

58) 〈완득이〉는 2012년 베를린국제영화제에 공식 초청된 영화로서 사회적 메시지로 남한에서 약 520만 관객을 사로잡은 영화이다(서지은, 「영화 '완득이', 2012년 베를린국제영화제 초청」(데일리경제, http://www.kdpress.co.kr), 2011.12.15.)

59) 이상란, 「영화 〈완득이〉에 나타난 그림자 인식과 승화」, 『드라마 연구』 48, 한국드라마학회, 2016, 291-292쪽.

60) 원형(元型, archetype)은 밤에 꾸는 꿈의 이미지나 상징을 낳는 근원이 되는 것으로서 '집단무의식' 속에서 가정되는 무의식의 역동의 작용점이다.

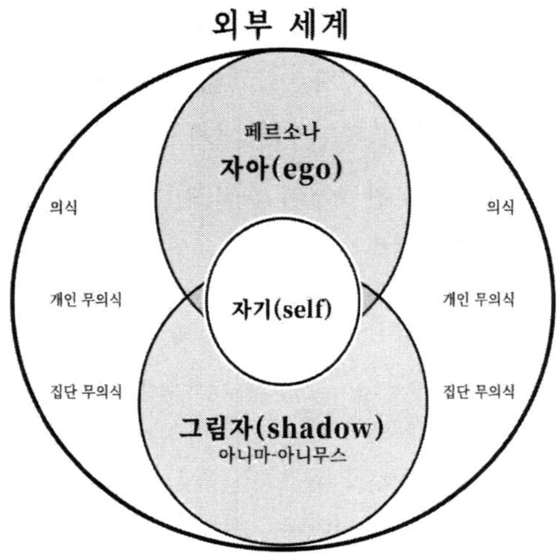

【그림 2】 정신에 대한 융의 개념적 구조

이와 같이 모든 사람의 내면에 있는 '자아'는 '그림자'를 갖고 있고, '그림자'는 '자아'가 통제하기 힘든 무의식적 정신 요소이며, 깊은 내면에 감춰진 잠재적 경향성이다.[62] 위의 【그림 2】에서 볼 수 있는 것처럼 인간정신은 '의식'(consciousness), '개인 무의식'(personal unconscious), '집단 무의식'(collective unconscious) 세 층으로 되어 있으며, 그림자(shadow)의 원형(archetype)은 가장 깊은 영역인 '집단 무의식'에 자리 잡고 있으면서 '개인 무의식'과 '의식'에 영향을 미친다. '의식'은 인간이 인식하는 경험으로 구성되며 '자아'(ego)를 형성하고, 인간은 '외부 세계'(outer world)에 적응하기 위해 '페르소나'(persona)를 형성한다. '페르소나'는 인간이 가정, 직장, 친구모임, 단체모임과 같은 다양한 삶의 현장에서 나타내는 '사회적 자아'로 가면과 같다. '개인 무

61) 변민주, 「칼 융의 집단무의식의 그림자 이론을 적용한 한국형 괴물의 상징성과 이미지에 관한 연구」, 『한국과학예술융합학회』 40(5), 한국전시산업융합연구원, 2022, 165쪽.

62) 신은희, 「헤르만 헤세의 「싯다르타」에 나타난 벽지불과 아트만의 개성화」, 『문학과 종교』 27(2), 한국문학과종교학회, 2022, 67-68쪽.

의식'은 각 개인에게 고유하며 평소 인식하지 못하는 억압된 의식이고, '집단 무의식'은 개인의 경험에 의해 형성되는 것이 아니라 유전된 무의식이다.

융은 인간이 본능을 물려받는 것처럼 원형(archetype)을 물려받는다고 보았다. 무의식의 심층에 있는 원형이 아니마(anima, 여성상), 아니무스(animus, 남성상)이다.[63] 아니마는 남성의 무의식에 여성 형태로, 아니무스는 여성의 무의식에 남성 형태로 존재한다.

프로이트(S. Freud, 1856~1939)가 '무의식'이 '의식'에 영향을 미친다고 본 것처럼, 융 역시 '무의식'이 '의식'에 영향을 미친다고 보았다. 그렇지만 '무의식'에 대한 견해는 달랐다. 프로이트가 출생 후 의식 활동 속에서 무의식이 형성된다고 한 것과 다르게, 융은 프로이트가 말한 무의식은 '개인 무의식'이고, 보다 심층적인 무의식인 '집단 무의식'을 갖고 태어난다고 보았다. '집단 무의식' 영역에 있는 '자기'(self)가 의식 영역에 있는 '자아'(ego)[64]에 영향을 미친다고 보았다. 구체적으로 정신 내면의 어두운 '그림자'(shadow)를 종종 다른 사람에게 투사(projection)[65]하기 때문에, 진정한 성장을 이루려면 타인에게 보여주고 싶은 가식적 가면인 '페르소나'를 해체하고, 타인에게 감추고 싶은 단점인 '그림자'를 스스로 이해하고 수용해야 한다고 하였다. 이것이 융이 말한 '개성화 과정'[66]의 주요 내용이다. 이 과정에서, '그림자'를

---

63) 박아청, 「여성의 자아구조에 대한 심리학적 고찰」, 『한국심리학회지: 여성』 8(1), 한국여성심리학회, 2003, 5쪽.

64) 자아(ego)는 내가 의식하는 세계로 지각, 기억, 생각, 감정으로 구성되어 있다(박원진·김보기, 「분석심리학을 적용한 상담과정과 상담기법에 관한 연구」, 『산업진흥연구』 4(1), 산업진흥원, 2019, 69쪽.).

65) 융은 인간관계의 갈등이 그림자 투사와 관련이 있다고 보았다. 자신의 일부임에도 불구하고 외면했던 그림자가 상대방에게서 발견될 때 질투심이나 적개심을 느끼게 된다는 것이다(박원진·김보기, 「분석심리학을 적용한 상담과정과 상담기법에 관한 연구」, 『산업진흥연구』 4(1), 산업진흥원, 2019, 72쪽.).

66) '개성화 과정'(individuation process)은 '의식'으로부터 심층의 '무의식'을 지향하기 때문에 결코 쉽지 않지만, 인생 후반기에 이루어야 할 중요한 발달과업이다. 인생 전반기의 과제가 인격의 의식적 차원에서 사회적 자아로서 '페르조나'를 형성하는 데 있다면, 인생 후반기 과제

배제한 채 '아니마'나 '아니무스'를 인식하는 것은 불가능하다. 왜냐하면 '그림자' 안에 '아니마'와 '아니무스'가 있기 때문이다. 이와 같은 '집단 무의식' 영역에, 인간은 오랜 세월 동안 공포와 두려움에서 자신을 구원해 줄 영웅 상을 간직해 왔으며, 또한 학살과 약탈의 상징인 악마 상도 간직해 왔다.[67]

❀ 생명모성과 그림자 정화 ❀

이상과 같은 분석심리학(Analytical Psychology)의 관점에서 보면, '집단 무의식'에 이어져 온 그림자가 있으며, 그 위에 개인 삶에서 생긴 '그림자'를 '개인 무의식'에 갖고 있음을 알 수 있다. 오늘날 남한사회의 고질적인 사회병리 현상은 이러한 무의식과 일부 관계가 있다고 볼 수 있다. 따라서 생애적으로 계발이 필요한 '생명모성' 관점에서, 이러한 '그림자'를 인식하고 개선하는 'Shadow Work'('그림자 정화', '그림자 정화 작업')에 주목할 필요가 있다.

'그림자'(shadow)는 '자아'(ego)에 포함되지 못한 정신의 열등한 요소이다. 구체적으로 '그림자'는 콤플렉스, 트라우마, 상처, 억울함 등 숨기고 싶은 어두운 부분을 말하는데, '그림자'의 어두운 모습도 피하지 않고 만날 수 있을 때 더 건강해질 수 있다.[68] '그림자'를 피하지 않고 직면해서 공감하면, '그림자'는 희미해져서 결국에는 사라진다.[69] 이것은 융이 설명한 아래의 정신치료에 제시되어 있다.

는 삶의 무의식적 측면을 인식하고 통합하는 데 있다(윤영돈·최순옥, 「융의 개성화 과정에서 사랑의 문제」, 『윤리연구』 117, 한국윤리학회, 2003, 52쪽.).

67) 변민주, 「칼 융의 집단무의식의 그림자 이론을 적용한 한국형 괴물의 상징성과 이미지에 관한 연구」, 『한국과학예술융합학회』 40(5), 한국전시산업융합연구원, 2022, 165쪽.

68) 유범희, 『그림자 아이가 울고 있다, 내 안의 불안과 화해하기』, 생각속의집, 2018, 3장.

69) 위 책, 11쪽.

> 융은 정신치료의 발전과정을 네 단계로 구분하여 설명한 바 있다. 첫 번째 단계는 고백(confession)의 단계로, 이 단계에서는 억압에 의해 숨겨진 비밀이나 억제된 감정과 정동[70]들을 치료자 앞에서 토로하여 다른 사람과 공유함으로써 치료가 이루어진다. 정화법(cathartic method)이 이에 속하는데, 이를 통해 환자는 억압되고 잊혔던 개인적 그림자를 인식하게 되고, 비밀스런 감정을 다른 사람과 공유하여 치유적인 효과를 얻는다. 그러나 정화법으로 치료는 됐지만 다시 재발하는 경우가 있다. 이를 해결하기 위해 무의식에 접근하는 기법인 두 번째 단계인 '설명 혹은 명료화(elucidation)' 단계의 치료법[71]이 생겨났다. (이 방법도 한계가 있기에) 세 번째 단계인 교육(education) 단계 치료법, 아들러(Alfred Adler)의 사회교육으로 대표되는 심리치료법이 생겨났다(이 방법도 한계가 있기에) 네 번째 단계인 변환(transformation)[72]의 치료법이 생겨났다. 여기서 치료는 의사와 환자와의 상호영향의 산물이다.[73]

'Shadow Work'(그림자 정화 작업)는 위와 같은 융의 정신치료법[74]에 근거하여 그림자를 정화하는 작업이다. 이 작업은 무의식에 있는 어두운 그림자를 스스로 인식함으로써 자신의 '의식'에 영향을 미칠 수 있는 '무의식'의 어두운 면을 이해하고, 이로부터 자신의 '무의식'이 초래할 수 있는 분노, 두려움, 수치심 등의 근본적인 원인을 이해하는 단계에서부터 트라우마(trauma)를 치유하는 단계까지 다양한 측면에서 전개되고 있다.

---

70) 심리학에서 정동(affect)은 슬픔, 들뜸, 분노처럼 정서(emotion)나 기분(mood)의 상태를 말한다.

71) 명료화(elucidation)는 해명(elucidation)하는 것을 말한다. 명료화는 해명이라고 표기되는 경우가 있으며, 이 치료법은 프로이트가 사용했던 방법으로서 꿈이나 환상 등을 인과론적으로 해석함으로써 전이에 의해 유도된 무의식의 원인을 해명하여 치료하는 방법이다.

72) 변환(transformation)은 변혁(transformation)으로 번역 및 표기되기도 한다.

73) 이도희, 「분석심리학적 정신치료과정」, 2005. 12. 한국 분석심리학회 발표(한국분석심리학회, http://www.carljung.or.kr).

74) 융의 상담기법은 꿈의 분석, 상징의 사용, 단어연상검사, 증상분석, 사례사, MBTI 등 여섯 가지를 사용한다(박원진·김보기, 「분석심리학을 적용한 상담과정과 상담기법에 관한 연구」, 『산업진흥연구』 4(1), 산업진흥원, 2019, 67쪽.).

'내'가 민감하게 반응하는 말이나 행동이 있다면 그것이 '그림자'와 직결된 지점일 가능성이 높고, 일상에서 같은 문제 행동이 반복된다면 '내' 안의 무엇이 그 상황을 만드는 원인인가를 알아내서 반복의 굴레를 끊는 것이 'Shadow Work'의 핵심이라고 할 수 있다.[75] 투사 때문에 '그림자'를 인식하기가 쉽지 않지만, '그림자'에 대한 통찰은 자기 자각과 성격 통합의 첫걸음이고, '자아'와 '그림자'가 조화를 이루면 생기와 활력이 넘치게 된다.[76]

그래서 분석심리학적 정신치료에서 제일 먼저 시행하는 것은 투사를 경계하는 것인데, 투사는 부정적이고 받아들이기 싫은 내용이 자기에게 있을 때, 이로부터 벗어나기 위해 다른 사람에게 그것을 투사하여 그를 미워하거나 싫어하는 일종의 은폐이다.[77] 예컨대, 어떤 사람이 강한 과시적 요소를 무의식에 억압하고 있을 때, 이것을 다른 사람에게 투사하여 그러한 요소를 지니고 있는 사람을 비난하는 것이다.

투사는 일시적으로 내적 갈등을 풀어줄 수 있지만, 자기 내면에 있는 내용을 타인이 갖고 있다고 환상하는 것이기에, 그림자를 외부 대상에 투사하는 한, 대상과 올바른 관계를 형성하지 못하게 된다.[78] 이와 같이 부정적 행동을 유발하는 '그림자'의 이미지는 다른 무의식처럼 일차적으로 꿈에서 발견되고, 이것은 의식에서 배제된 '자기에게 있을 리 없다고 부정되는 자신의 열등한 성격'이기에, '그림자'를 의식화하려면 무의식의 표현인 꿈을 분석해 보아야 한다.[79]

Shadow Work는 자기 무의식에 있는 부정적 요소(예: 불성실, 비겁, 탐욕,

---

75) ALLURE website(https://www.allurekorea.com) 참고.

76) 박원진·김보기, 「분석심리학을 적용한 상담과정과 상담기법에 관한 연구」, 『산업진흥연구』 4(1), 산업진흥원, 2019, 72쪽.

77) 김성민, 「기독교영성과 개성화과정: 버나드 로너간의 신학사상과 C. G. 융의 분석심리학 사상을 중심으로」, 『신학과 실천』 51, 한국실천신학회, 2016, 292쪽.

78) 위 논문, 293쪽.

79) 유범희, 『그림자, 우리 마음속의 어두운 반려자』, 한길사, 2021, 90쪽.

열등감, 폭력성, 부도덕성 등)를 인식-인정하고 의식에 통합하는 작업이다. 전문가의 안내를 받으면서 Shadow Work를 하면 자아의 '그림자'를 발전적으로 사용할 수 있다. 이런 점에서 Shadow Work는 '마음에 있는 나쁜 기운을 빼내는 디톡스'라고 볼 수 있으며 그 과정은 다음과 같다.

단계 1: 그림자 발견하기(듣기 싫거나 민감하게 반응하는 특정 표현이나 행동이 '나'의 '그림자'와 관련된 것임을 인식한다.)

단계 2: 그림자 이해하기(발견된 '그림자'가 '나'의 어떤 과거 경험과 관련되어 감정과 행동에 영향을 미치고 있는가를 이해한다.)

단계 3: 그림자 포용하기('그림자'를 인정하고 '나'의 한 부분으로 포용함으로써 '나' 자신의 무의식을 이해한다.)

단계 4: 그림자 통합하기(발견된 '그림자'를 '나'의 한 부분으로 통합하여 '그림자'의 포용으로부터 배운 것을 삶에 적용한다.)

위와 다르게 Shadow Work를 세 단계로 설명한 경우도 있다. 구체적으로 첫 번째 단계는 자신의 '그림자'와 직면하여 그것을 '수용'하는 단계이고, 두 번째 단계는 아니마·아니무스를 '분화 및 통합'하는 단계이며,[80] 끝으로 자기 인식을 통해 '자기실현'에 이르는 단계이다.[81] 단계를 어떻게 나누는가에 상관없이, Shadow Work는 심리적 치유와 인격이 발달하는 과정이다. Shadow Work는 자아의 이면을 탐색하고 내면적 갈등과 고통을 일으키는 '그림자'들을 자아에 통합하는 과정이다. 아니마·아니무스는 자아(ego)와 자기(self)를 잇는 다리와도 같은데 그림자가 아니마·아니무스를 감싸고 있어서 그림자를 의식화하지 않고서는 아니마·아니무스를 의식화하기가 힘

80) 인간이 온전한 전인(全人)으로 발달하기 위해서는 정신 영역에서 남성이 강한 논리적 특성과 여성이 강한 배려와 에로스의 특성을 고루 발달시키는 것이 필요하다.

81) 윤영돈·최순옥, 「융의 개성화 과정에서 사랑의 문제」, 『윤리연구』 117, 한국윤리학회, 2017, 57쪽.

들다.[82)]

누구나 '그림자 행동'(shadow behavior)[83)]을 하는 경우가 가끔 있으며, 이것은 특정 사건, 사람, 상황에 대한 부정적이고, 무의도적이고, 무의식적인 반응이다. '그림자 행동'은 '(나의 무의식에 있는 불안/열등 요소인 그림자를 투사함으로써) 다른 사람을 가혹하게 판단하는 경향'이 있고, '자신의 무의식에 있는 불안/열등 요소를 다른 사람의 결점으로 지적'하며 '자신의 분노를 다른 사람에게 표출하는 경향'도 있으며, '세상에 보여주고 싶지 않은 자신의 열등한 면을 숨기고자 피해자 역할을 하는 것'이 특징적이다.[84)]

그림자는 흔히 부정적인 '자기 제한적 신념'(self-limiting beliefs)을 갖고 있다. "나는 준비가 안 되어 있다.", "나는 너무 늦었다.", "이것은 내가 할 수 없는 일이다.", "나는 변할 수 없다.", "나는 그것을 할 수 있는 충분한 (돈, 시간 등)을 갖고 있지 않다.", "나는 (인간관계, 나의 직업 등)에 능숙하지 않다.", "나는 (인생을 바꿀, 이성을 사귀는) 방법을 모르겠다.", "이번 생은 망했다."와 같은 부정적인 자기 예언을 바꿈으로써 심리적으로 치유되고 생명모성을 키울 수 있다.[85)] 구체적으로 "나는 할 수 있다.", "나는 성실하다.", "삶은 아름답다.", "'지금 여기'가 가장 중요하고 소중하다.", "나는 그 일을 해내고 말 것이다."와 같이 자신을 믿고 인내력 있게 행동함으로써 '자기 제한적 신념'을 바꾸고 생명모성을 키울 수 있다.

무기력한 삶에서 벗어나 '자기실현'을 하는 것, 이것이 융이 추구한 정신발달의 목표이다. 융은 정신발달의 목표가 '자기실현'(self-actualizing)이라

82) 윤영돈·최순옥, 「융의 개성화 과정에서 사랑의 문제」, 『윤리연구』 117, 한국윤리학회, 2017, 59쪽.

83) '그림자 행동'(shadow behavior)은 특정 사람, 상황, 사건에 흔히 자동적이며, 무의도적이고, 무의식적인 부정적 반응이다.

84) Einzelgänger, 4 Examples of Shadow Behavior 참고(https://einzelganger.co), 2019.08.28.

85) Tracey Sofra, The Top 10 Self-Limiting Beliefs and How To Let Them Go 참고 (https://www.linkedin.com), 2022.08.09.

고 하면서 이것을 다른 말로 '개성화'(individuation)라고도 불렀다.[86] '개성화'는 자아(ego)가 모르고 있거나 부인하고 있는 자신의 이면에 있는 그림자의 세계를 인식하고 통합하여 진정한 자기(self)가 되는 길이다. 그렇게 되면 자기 자신과 세상에 대해 책임감을 지닌 사람이 될 수 있고 신경증, 우울증, 공격적 행동 등 불안정한 심리 상태에서 벗어나서 생명모성을 키울 수 있다.

❀ 생명모성과 개성화 ❀

개성화(individuation)[87]는 '무의식의 의식화'를 말한다. 개성화는 '자아'가 '분화되지 않은 무의식'에서 '분화된 의식'으로 발달해서 주체적인 자기가 되어 가는 과정이다. 이것은 무의식이 의식으로 옮겨져 한 사람의 인격이 통합적으로 형성되는 것을 말한다. 개성화에 의해서, 의식과 무의식 사이의 분열이 줄어들어 의식의 폭이 넓어지고 의식 수준이 높아지며 성숙하게 된다.

개성화는 만 2세 무렵 자기주장이 생기는 시기부터 시작된다. 부모는 생명모성을 발휘하여 자녀의 개성화 과정에 적절하게 대응하고 이끌어 주는 것이 필요하다. 개성화가 잘 이루어져야 자녀는 정신을 건강하게 발달시킬 수 있다. 그렇지 못한 경우에는 개성화가 10대에는 반항 형태로 분출하고, 개성화 욕구가 계속 억눌리면 20대, 30대, 40대가 넘어서도 중년의 위기로 나타날 수 있다.

융은 개성화(individuation)를 자기 삶의 의미와 목적을 발견하고 경험하

86) 융은 정신발달 목표가 자기를 실현시키는 것(self-actualizing)이라고 하면서 이것을 다른 말로 개성화(individuation)라고도 불렀다(김성민, 「기독교영성과 개성화과정: 버나드 로너간의 신학사상과 C. G. 융의 분석심리학 사상을 중심으로」, 『신학과 실천』 51, 한국실천신학회, 2016, 290쪽.).

87) 융의 'Individuation'은 '개성화', '개별화', '개인화'로 번역되고 있다.

는 자기실현(self-actualizing) 과정으로 보았다. 의식과 무의식, 개인과 집단의 체험에서 오는 각종 갈등은 성장 통을 일으키면서 개성화 과정을 촉진한다. 자아(ego)와 자기(self)가 통합되는 개성화는 사회성을 키워주고 다른 사람과의 적절한 인간관계를 가능하게 해준다.

자기를 알아간다는 것은 선명하게 식별할 수 있는 자아를 가진 사람이 되는 것을 말한다. 자기를 자기가 알아가는 것은 정신건강에 도움이 된다. 나이와 상관없이 정신 문제는 자기 자신을 알지 못하거나 현재의 자신을 부인하고 싶을 때 흔히 일어난다. 그래서 자기를 알아가는 것은 정신 문제를 치유하는 중요한 방법이다.

❀ 생명모성 발현 여건 ❀

'모성'이 자기 자녀에 국한되어 있는 반면에, '생명모성'은 자기 자녀를 포함하여 영향을 미치는 범위가 넓다. 내 자녀는 물론이거니와 그 주변 사람과 자연에도 영향을 미친다. 이러한 '생명모성'은 마음이 불안한 사람에게 기대하기 힘들다. 생명모성을 발현하기 위해선 내면의 불안부터 치유하는 것이 필요하다. 그 중심은 '관계성 회복'[88)]이다.

인간은 사회적 존재(social being)로 관계성을 키우며 살아간다. 태어나서 처음 맺어지는 '부모와의 관계', 그 다음에 맺어지는 '형제관계'와 '친지관계', '친구관계', '동료관계', '이성관계'와 같은 다양한 인간관계를 비롯하여 자연과도 관계하며 살아간다. 인간은 자연의 일부로서, 자연과의 관계 또한 인간 삶의 중요한 축을 이룬다. 인간 활동은 자연에 영향을 미치는 동시에,

88) 관계성 회복(recovery of relationship)은 학문 분야마다 의미가 다르다. 기독교 종교학 분야에서는 '자기와 하나님과의 관계'에 초점이 있으나, 심리학 분야에서는 '자기 자신과의 관계'와 '타자들과의 관계'에 초점이 있다.

자연은 인간 삶에 영향을 주고 있다. 이처럼 인간은 타인과의 관계 속에서 사회적 존재로 살아가고, 자연과의 관계 속에서 생태적 존재로 살아간다.

이 가운데 가장 근본적인 관계는 첫 번째 인간관계인 '부모와의 관계'이다. 인간이 태어나 독립적으로 생존할 수 없는 시기에 자신을 보살피고 길러준 부모와의 관계를 무시하는 사람에게 그 다음 단계의 관계성을 기대하기 힘들다. 신생아인 자신을 버리지 않고 먹이고 닦아 키워준 부모에게 함부로 말하고 행동하는 사람이, 동료와 연인에게 믿음직하고 착실한 인간관계를 해나갈 것을 기대하기는 힘든 일이다.

위와 같은 관계성을 잘 발현하기 위한 생명모성을 키우기 위해선 사랑의 과잉과 결핍을 피해야 한다. 부모와 자녀의 관계로 설명하면, '지나친 사랑'과 '사랑의 부족'은 정신발달에 모두 해롭다. 자녀에게 직면할 문제를 부모가 먼저 해결해 주거나 자녀의 고민스런 결정을 부모가 대신 해주는 것을 반복하면, 자녀는 난관을 헤쳐 나갈 자기 조절력(self-regulation)을 키우지 못하게 된다. 문제 해결 능력과 좌절 내성의 함양은 난관에 직면하여 스스로 해결책을 찾는 과정에서 형성되기 때문에, 부모가 '지나친 사랑'으로 이 과정을 대신해 주면, 자녀는 어려움에 부딪혔을 때 쉽게 포기하거나 의존적 태도를 형성하게 된다. 또한 높은 수준의 부모 눈높이를 의식한 자녀는 실패에 대한 두려움과 실패를 피하기 위해 완벽주의 강박을 가질 수 있다. 더욱이 이러한 자녀의 잘못된 행동에 부모가 굴복하는 일이 반복되면, 자녀는 자신을 절제하지 못하고 충동적이거나 공격적 성향을 보일 가능성이 있다.

이와 반대인 '사랑의 결핍'도 자녀의 성장발달에 해롭다. 성장 시기에 생명모성을 적절히 받지 못한 사람은, 타자와 건강하고 신뢰로운 관계맺음을 하기 힘들다. 출생 후 첫 번째 인간관계인 '부모와의 관계'에서 부모로부터 사랑을 적절히 받지 못하면, 그 이후의 관계맺음을 하기 힘들다. 받아본 적 없는 사랑을 실천하지 못하는 것이다. 정신의학과 뇌과학 전문가인 오카다

다카시(岡田尊司)가 쓴 『엄마라는 병(母という病)』(2012)에 의하면, 출생부터 18개월까지 시기에 엄마와의 유대감을 형성할 수 있으며, 이 시기를 놓치면 나중에 유대감을 회복하는 일이 쉽지 않고, 뇌 구조에 차이가 생긴다.

자녀가 부모로부터 균형 잡힌 사랑을 받으며 성장한다는 것은 어려운 일이 아니다. 부모가 자녀를 칭찬해 주고, 껴안아 주는 등 스킨십이 자유로우며, 자녀가 어려움을 겪을 때 위로와 지지를 보내는 등 자녀와 많은 것을 공유하며 함께 하는 시간을 늘리려는 태도라고 할 수 있다.[89] 이러한 사랑이 결핍된 사람은 무엇보다도 '인간관계에 있어서 소통실천방법인 배려'[90]하는 마음을 갖기가 힘들다. 배려하는 마음이 부족한 사람은 인간관계에서 원활한 소통을 하지 못하고, 당면한 문제의 원인이 자기에게 있다고 생각하지 않는 경향이 있다. 문제의 원인이 타인에게 있고 여건이 나빴다고 생각하는 경향이 있다. 자신의 잘못을 보지 못하고 인정하지 않는 특징이 있다. 특히 관계성이 부족해서 주변 사람의 말에 늘 부정적으로 답변하고, 사소한 것에서부터 중요한 사안에 이르기까지 적응하지 못하는 문제를 일으키곤 한다.

그 원인은 개인 측면 외에 사회에서도 찾을 수 있다. 경쟁이 심화되는 사회에서 '경제와 기계의 노예로 살아가는 사람은'[91] 자기 자신을 성찰할 기회를 갖기가 힘들다. 자신이 문제를 일으킨 원인을 자각하지 못할 정도로 자신을 돌아볼 시간적 여유가 없는 경우가 많다. 이것은 내적으로 생명모성을 억누르는 행위로 나타나며, 그 범위는 자신에 대한 상심에서부터 가까운 사람들과의 관계 상실, 사회 부적응으로까지 나타나기도 한다.

---

89) 홍봉선, 「비행청소년이 경험한 부모의 애정결핍이 공격성에 미치는 영향 : 사회적 위축의 매개효과」, 『교정연구』 29(3), 한국교정학회, 2019, 110쪽.

90) 김창경, 「유가철학 '서(恕)'를 통해 본, 도덕윤리교육의 배려(配慮)윤리 연구」, 『동서철학연구』 106, 한국동서철학회, 2022, 31쪽.

91) 민윤영, 「인간, 동물, 로봇 그리고 바이오필리아(biophilia)의 법: 에리히 프롬(Erich Fromm)의 사상을 중심으로」, 『법철학연구』 20(1), 한국법철학회, 2017, 327쪽.

앞에서 살펴본 것처럼, 생물학적 성별과 무관한 '생명모성'은 인간 누구에게나 내재된 본성이자 평생에 걸쳐 계발해야 할 과제이다. 우리는 타인을 향한 애타적(愛他的)인 태도를 통해 생명모성을 실천하고 길러낼 수 있다. 이러한 생명모성을 부단히 키워나갈 때, 내면의 증오와 열등감, 분노와 우울 같은 부정적 요소들을 녹여내서 궁극적으로 생명을 살리는 힘을 발현하게 된다.

❀ 생명모성이 절박한 현대사회 ❀

오늘날 남한 사회는 OECD(경제협력개발기구) 국가들 중 자살률 1위, 출산율은 최하위, 이혼율은 9위, 아동·청소년 삶의 만족도가 최하위라는 지표를 보이고 있다. 구체적으로 OECD 회원국 42개국 중 남한은 자살률 1위를 기록하여 2020년 기준으로 인구 10만 명당 24.1명이 자살했는데, 이것은 OECD 평균 자살률 11.1명의 2배를 넘는 수치이다.[92] 출생률은 국가의 미래를 기대하기 힘들 정도로 더욱 부정적이다. 남한은 2013년부터 줄곧 OECD 국가들 중 합계출산율 꼴찌를 기록하고 있으며, 합계출산율이 1명 미만인 나라는 한국뿐이다.[93] 이혼율도 부정적이다. 남한의 이혼율은 아시아에서 1위 수준이고, 전 세계적으로도 손에 꼽히는 이혼율이다.[94] 특히 삶의 질을 나타내는 행복지수 측면의 '삶의 만족도'가 비관적이다. '아동·청소년 삶의 만족도'는 10점 만점에 6.6점으로 OECD회원국 중 최하위인데, 남한

92) 차유채, 「한국 자살률, OECD 1위. 2위와도 압도적 격차」(머니투데이, https://news.mt.co.kr), 2023.05.28.

93) 고우리, 「10년째 OECD 꼴찌. 지난해 합계출산율 0.78명」(KBC, http://www.ikbc.co.kr), 2023.02.22.

94) 안은재, 「한국, 亞 이혼율 1위. 몸캠 피싱·동성애 등 사유 진화」(NEWS1, www.news1.kr), 2023.07.10.

을 제외한 OECD 주요국 평균은 7.6점보다 무려 1점이나 낮은 수치이다.[95)]

이러한 부정적 조사결과와 마찬가지로, '공동체 붕괴' 현상이 나타나고 있다. 1인 가구가 매년 늘고 있으며 핵가족은 급감해 공동체 붕괴 우려가 있다.[96)] 오랜 세월 지속되어 온 가족 시스템과 인간관계 방식이 무너져서, 가족을 비롯하여 사람과 함께 식사하는 것보다 '혼자 밥을 먹는 것'(혼밥)이 편하고, 스마트폰이 혼밥의 파트너가 되었다.[97)] 이러한 가족 해체 동향 속에서 스마트폰이 관계성의 중심으로 부각되었다. 향후 점차로 더 부각될 '포스트 모성'(post-maternity)은 모성이 여성 신체에 의존해 왔던 과거의 방식과 다르게 전개되어[98)] 생명모성의 필요성이 더욱 부각될 것 같다.

인간은 홀로 살아갈 수 없는 관계적 존재이기에, 가족제도가 해체되고 인공지능이 부각되는 제4차 산업혁명 사회에서도 인간에게는 공동체 생활이 필요하다. 인간은 누군가와 함께 있을 때 치유 받을 수 있으며, 다른 사람과의 상호작용 없이 온전한 '나'를 형성하기 어렵다.

이러한 위기 속에서 '생명모성'은 단순한 모성애의 확장이 아니다. 모든 것을 잘 살리자는 생명모성은 생태계 전반에 대한 의식의 열림이고,[99)] 내 자녀를 넘어 인류와 자연, 그리고 AI시대의 기계 문명까지 포용하여 살려내고자 하는 의식의 전환이다. 생명모성은 인간과 기계가 공존해야 할 제4차 산업혁명 시대에, 초지능 AI가 인간을 위협이 아닌 보호와 상생의 대상으로 인식하게 만드는 핵심적인 '윤리적 알고리즘'이자 '정신적 가치'이다.

---

95) 김형민, 「韓 행복지수 세계 59위. 청소년 '삶 만족도'는 꼴찌」(동아일보, www.donga.com), 2022.12.14.

96) 신윤재, 「성인 절반은 비혼·이혼·사별. '독신 천국', 한국이 일본보다 빨리 오나」(매일경제, https://www.mk.co.kr), 2022.09.10.

97) 민윤영, 「인간, 동물, 로봇 그리고 바이오필리아(biophilia)의 법: 에리히 프롬(Erich Fromm)의 사상을 중심으로」, 『법철학연구』 20(1), 한국법철학회, 2017, 307쪽.

98) 김혜련, 「기계-인간 생성론과 포스트모성」, 『한국여성철학』 9, 한국여성철학회, 2008, 127쪽.

99) 김반아, 「생명모성이야기(3) 생명모성의 출현」(한겨레:온, www.hanion.co.kr), 2019.05.09.

그래서 거시적 측면에서 생명모성은 "모성애를 인류의 모성애로 확대하여 민족분단과 핵전쟁의 위기에 처한 민족의 내일을 위하여 '민족의 어머니 운동'을 해야 한다는 것"[100]과 일맥상통하는 바가 있고, 한민족 고유사상인 홍익인간[101]과 지향이 다르지 않다. 생명모성과 홍익인간은 '인간 생명이 지구상의 모든 생명과 공존한다는 사실'[102]을 중시함이 동일하다. 홍익인간은 철학적인 말이고, 생명모성은 그 정신 작용을 말한 것이라고 하겠다.

100) 안지영, 「고정희의 여성주의적 전회와 여성신학의 영향」, 『여성문학연구』 57, 한국여성문학학회, 2022, 231-232쪽.

101) 弘益人間(홍익인간)의 출처: 1) 『三國遺事』 〈卷第一〉 "父知子意 下視三危太伯 可以弘益人間"(아버지[환인]가 아들[환웅]의 뜻을 알고 삼위태백을 내려다보니 인간들을 널리 이롭게[弘益人間] 해줄만하여), 2) 『帝王韻紀』 〈卷下〉 "上帝桓因有庶子 曰雄云云 謂曰 下至三危太白 弘益人間歟"(상제 환인에게 서자가 있었는데 웅이라 하였다. (환인이) 웅에게 이르기를 삼위태백으로 내려가 홍익인간 하겠는가 하였다.).

102) 안지홍·임치홍·정성희·김아름·이창석, 「생물다양성에 대한 기후변화의 영향과 그 대책」, *Journal of Wetlands Research 18*(4), 한국습지학회, 2016, 476쪽.

11장

홍익인간

단군의 홍익인간은 남북화합의 의의는 물론이거니와 인류공영의 의의도 지니고 있다. 남북 주민이 공유하는 한민족 시조 단군의 사상인 홍익인간은, 이념과 체제의 차이를 넘어 인간 세상 전체를 대상으로 한다는 점에서 보편적인 인류애와 인류 공영의 가치를 지니고 있다.

❀ 홍익인간의 의미 ❀

'弘益人間'(홍익인간)에 쓰인 '人間'(인간)을 오늘날 한자 용례를 따라 '사람'으로 번역하는 것은, 근대 이전 한문을 반영하지 않은 해석이다. 요즈음 한문에서는 '人間'과 '人'이 모두 '사람'을 의미하나, 근대 이전에는 '人間'과 '人'의 의미가 달랐다.

'弘益人間'이 최초로 기록된 『삼국유사(三國遺事)』에서는 '人'과 '人間'이 구분되어 쓰여 있다.[1] 구체적으로 곰과 범이 사람이 되겠다고 한 '爲人'(위인), 사람의 모양이 될 것이라는 '人形'(인형), 범은 사람이 되지 못했다는 '不得人'(부득인)의 문구에서 '人'(인)은 '사람'인 반면에, '弘益人間'(홍익인간)에서 '人間'은 '인간세상'을 의미하기에, '弘益人'이라 쓰지 않고 '弘益人間'이라고 기술하였다.[2]

승려 일연이 집필한 『삼국유사』에 나오는 '弘益人間'이란 말에는 불교적 성격과 불교 외적 성격이 모두 포함되어 있다. 구체적으로 弘益人間에는 호국불교의 성격이 내포되어 있다. 정인보에 의하면 중국 불교와 현저하게 다른 우리 불교의 특징은, 국난 시기에 민익(民益)을 위해 적극 나섰던 승려 상에서 찾을 수 있으며, 중국 역사에서는 그러한 승려들을 찾아보기 힘든 반면에 우리 역사에서는 고구려의 도림[3]스님으로부터 조선시대 휴정·유정·영규대사 등에 이르기까지 면면히 이어져 왔다.[4] 우리 불교 역사에서 찾을

---

1) '홍익인간'이 최초로 쓰인 문헌은 『삼국유사(三國遺事)』이지만, '단군'을 유추할 수 있는 최초의 문헌은 『삼국사기(三國史記)』이다. 『삼국사기(三國史記)』의 권제17(劵第十七) 高句麗本紀第五, 東川王, 二十一年, 春二月, "平壤者本仙人王儉之宅也. 或云王之都王儉."(평양 성은 본래 선인왕검[단군왕검]의 택지(고택)였다. 혹자는 왕이 왕검 성에 도읍을 정했다고 하였다.).

2) 조경철, 「단군신화 속 홍익인간의 유래와 그 의미」, 『한국학』 40(3), 한국학중앙연구원, 2017, 94쪽, 97쪽.

3) 고구려 장수왕은 승려 도림(道琳)을 백제로 보내 개로왕을 실정에 빠뜨렸고, 475년(장수왕 63) 백제를 쳐서 한성을 함락시키고 개로왕을 사로잡아 참살하였다.

4) 여희정, 「정인보의 한국불교에 관한 인식과 탐구」, 『동양학』 85, 동양학연구원, 2021, 150쪽.

수 있는 정신이 弘益(홍익)의 추구였기에,[5] 弘益人間(홍익인간)은 우리 민족의 역사성이 담긴 말이다.

원효(元曉, 617-686)의 『기신론(起信論)』 주석에 보이는 홍익중생(弘益衆生)과 같은 불교 자비 전통을 나타내는 표현[6]으로 쓰지 않고 홍익인간이라고 쓴 것은 '생명을 지닌 모든 것'을 포괄하는 불교적 개념인 홍익중생보다 넓은 의미를 지닌 '인간세상' 전체라는 공동체적 가치, 지구 생태계 전체를 포괄하는 상생의 가치를 아래와 같이 나타낸 것이다.

> 단군신화에 나오는 인(人)은 인(人)과 인간(人間)으로 구분된다. 곰과 범이 사람이 되겠다고 한 '爲人', 사람의 모양이 될 것이라는 '人形', 범은 사람이 되지 못했다는 '不得人' 등의 용례에서 보이는 人은 인간세상이 아닌 개별 사람임을 알 수 있다. 반면 홍익인간의 인간은 인이라 하지 않고 인간이라고 했으므로 개별적인 인간을 말하지 않았다는 걸 알 수 있다. 인간은 인간이 살아가는 세상이란 뜻의 '인간세상'의 의미로 풀 수 있다.[7]

> 홍익인간(弘益人間)은 "널리 인간세상을 이롭게 한다"라는 의미다. 인간이 아닌 인간세상에 방점이 찍혀야 한다. '홍'은 '널리'라는 의미와 '크게'라는 의미를 함께 갖고 있으므로 현대적 의미로 보면 평등과 분배라는 두 가지 의미를 함축하고 있다. 세상은 인간세상을 넘어서 지구생태까지 포괄하는 커다란 범주까지 확대될 수 있다.[8]

> (문자 사용이 없던 삼국시대 초반까지 구전되어 온) 단군신화가 한자로 번역될 때, 불교 용어인 '홍익중생'이 아닌 '홍익인간'이 선택된 것은,

5) 위 논문, 155쪽.

6) 김원명, 「분황 원효 사상의 고유성과 독특성」, 『불교철학』 9, 동국대학교 세계불교학연구소, 2021, 21쪽.

7) 조경철, 「단군신화 속 홍익인간의 유래와 그 의미」, 『한국학』 40(3), 한국학중앙연구원, 2017, 94쪽, 97쪽.

8) 위의 논문, 116쪽.

> '홍익'의 대상은 '중생'이 아닌 '인간'이어야 한다는 판단이 작용했을 것이다. 그런 점에서 홍익인간은 불교에서 유래한 것이 아니라 고유사상이었다고 해야 할 것이고, '홍(弘)'의 뜻은 '크면서 넓은 것'이고 '익(益)'은 '더한다'거나 '돕는다' '이롭게 한다'는 의미를 가지지만 '행복하게 해준다'는 것이 그 핵심 취지라 할 수 있다.[9)]

이상과 같은 의미를 지닌 홍익인간의 핵심 정신은 화합과 상생이다. 서로 다른 요소들이 각자의 차이를 포용하여 조화롭게 어우러지고 상생하는 것이다. 홍익인간을 지향하면 서로 다른 사상, 의견을 융합하여 더 높은 단계의 질서를 만드는 것을 추구할 수 있다.

❀ 홍익인간의 화합정신 ❀

한민족은 오랜 역사 속에서 국가적 재난이나 주변 강국으로부터 침략을 당할 때마다 '홍익인간' 이념을 계승·발전시켜 민족 단결을 통해 어려움을 극복하였다.[10)] 국난 시기에 민족 단결을 위해 단군을 내세우고, 그 철학인 홍익인간을 강조했다는 것은 일반적인 사실이다.

일제 강점기에 민족통합 이념을 정립하기 위해 우리 민족에게 고유한 유산에서 통일이론을 찾던 조소앙·안재홍·정인보 같은 국학자들이 사상·계급적 대립을 극복해 통일민족국가를 이룰 지도원리로 '홍익인간'을 택하여 일반에 보급하였다.[11)]

당시 일제로부터 해방을 성취하기 위해 민주주의, 사회주의, 공산주의

---

9) 정영훈, 「홍익인간 사상에 대한 새로운 해석」, 『고조선단군학』 34, 고조선단군학회, 2016, 149-150쪽 참고.

10) 서보근, 「세계화 시대 홍익인간 이념의 실천방향」, 『대한정치학회보』 20(2), 2012, 23쪽.

11) 김성환, 「홍익인간 연대기의 고찰: 단군신화의 변경과 홍익인간의 진화」, 『고조선단군학』 41, 고조선단군학회, 2019, 16쪽.

가 모두 도입되어, 이들 상이한 사상들의 결집을 위한 원리 모색이 절실하였다. 상이한 사상으로 무장된 독립운동 세력들의 통일을 이룰 지도원리로 홍익인간이 채택되어 보급된 것이다. 일제로부터 해방을 성취하기 위해 민주주의, 사회주의, 공산주의 독립운동 세력들의 화합을 위한 지도원리인 홍익인간은, 남북한 간 이념대립을 줄이고 남북 주민의 주권을 상호 존중하는 이념으로 활용될 수 있는 가능성을 지니고 있다.

국가정책에서 복지가 강조되는 현대사회에서, 홍익인간은 이념과 체제가 다른 남북한 정부가 각기 강조하는 사회복지와 일맥상통하고 공생[12]을 통한 화합을 추구하기 때문이다. 홍익인간은 북한의 사회복지국가적 이념을 대변할 수 있으며 남한의 교육이념이기도 하기에, 남북 사회통합 이념으로서의 의의를 지니고 있다.

이러한 홍익인간은 우리 민족의 고유한 세계관, 인간관, 가치관을 담고 있으며 단군은 남북한이 공히 인정하는 건국 조상이다.[13] 북한은 단군릉 개건 이후 단군을 역사로 인정하고 홍익인간, 단군 사상을 공인하기 시작하였다.[14]

홍익인간을 경제적으로 해석한 조소앙(1887-1958)은 자본주의경제의 불합리함과 불균등성에 대한 문제의식에서 출발하여 균부 문제를 중시하였다.[15] 조소앙이 기초하여 1941년 상해임시정부가 공포한 「대한민국건국강령」 제1장 제2조에 "우리나라의 건국 정신은 (…) 사회각층각급(社會各層各

12) '공생'이란 서로 도우며 함께 살아가는 것을 말한다. 종류가 다른 생물이 같은 곳에서 살며 서로에게 이익을 주며 함께 사는 것이 '공생'에 해당된다(출처: 국립국어원 표준국어대사전(https://stdict.korean.go.kr)). '공생'은 '공존'과 '상생'을 포함하는 말이다.

13) 김광린, 「평화통일과 홍익인간사상」, 『고조선단군학』 12, 고조선단군학회, 2005, 18쪽.

14) 김치관, 「북, 단군릉 개건부터 '홍익인간, 단군사상' 공인」(통일뉴스, tongilnews.com), 2025.06.23.

15) 정영훈, 「홍익인간 사상의 경제학: 홍익경제론 서설」, 『고조선단군학』 36, 고조선단군학회, 2017, 291쪽.

級)이 지력(智力)과 권력(權力)과 부력(富力)의 향유를 균평(均平)하게 하여 국가를 진흥하며 태평을 보유하려 함이니 홍익인간(弘益人間)과 이화세계(理化世界) 하자는 우리 민족이 지킬 바 최고공리(最高公理)"[16]라고 '홍익인간'이 규정되어 있다. 조소앙은 자본주의와 공산주의의 어느 한쪽에 휩쓸리지 않고 인류행복과 민족통합 과제를 위한 사상적 정책적 대안을 모색하여 홍익인간에서 그 단초를 찾았다.[17]

남한과 북한의 제도는 다르다. 남한은 사유재산 보장과 시장경제가 특징인 반면, 북한은 생산수단의 공유와 집단화가 특징이다. 이러한 차이에도 불구하고 남북한의 헌법상 사회보장제도는 기능적인 면에서 유사하다. 남한 헌법의 사회복지국가적 요소와 이들 요소와 같은 내용을 규정한 북한 헌법의 규정과 이들 규정을 바탕으로 구현된 제도를, 헌법이론 상 사회복지국가이념을 실현하기 위한 규정과 제도로 간주해도 통일 이후의 사회복지국가정책을 논의하는데 논리적 결함이 있다고 보기 어렵다.[18]

이를 고려할 때 홍익인간은 남한과 북한이 합의할 수 있는 이념적 기반이 될 수 있고 상호교섭과 협상과정에서 서로가 입각해야 할 행동준칙으로서 유용하다.[19] 북한 역시 제한적이나마 홍익인간사상을 평화사상으로 평가하고 있고, 인간에게 이익을 주는 인도주의적 정신이 내포되어 있는 이념이라고 평가하고 있기 때문이다.[20] 나아가 홍익인간은 한반도 범위를 넘어서 지구촌 곳곳에 흩어져 사는 한민족 성원의 민족정체성을 잇는 정서적-경제적-문화적 연결망으로서의 가치를 지닌다.[21]

---

16) 김성환, 「홍익인간 연대기의 고찰: 단군신화의 변경과 홍익인간의 진화」, 『고조선단군학』 41, 고조선단군학회, 2019, 17쪽.

17) 정영훈, 앞 논문, 292-293쪽.

18) 최용전, 「북한 헌법상의 사회복지국가이념의 대한민국헌법으로의 수용가능성」, 『토지공법연구』 92, 한국토지공법학회, 2020, 367쪽.

19) 정영훈, 「한국인의 정체성과 홍익인간이념」, 『고조선단군학』 6, 고조선단군학회, 2002, 167쪽.

20) 김광린, 「평화통일과 홍익인간사상」, 『고조선단군학』 12, 고조선단군학회, 2005, 10쪽.

이러한 사상적 의의 외에 경제발전에 기여할 수 있는 면이 있다. 어느 시기에서나 인간은 삶의 3대 요소인 의식주가 해결되지 않으면 안정된 삶을 영위할 수 없다. 그래서 홍익인간이 기록된 단군신화에서조차 이를 다루고 있다.

단군신화의 역사적 배경인 중국 요(堯) 임금 시기는 농업사회였기에, 인간 세상의 곡식과 생명을 관장하여 홍익인간을 구현하도록 환인이 아들 환웅을 태백산으로 내려보낼 때, 농업과 관련 있는 풍백(風伯), 우사(雨師), 운사(雲師)를 거느리고 신단수 아래로 내려왔다고 쓰여 있다.

> 『고기(古記)』에 이르기를, "옛날에 환인(桓因)의 서자(庶子)인 환웅(桓雄)이 천하(天下)에 자주 뜻을 두어, 인간 세상을 구하고자 하였다. 아버지가 아들의 뜻을 알고 삼위태백(三危太伯)을 내려다보니 인간(人間)을 널리 이롭게 할 만한지라, 이에 천부인(天符印) 세 개를 주며 가서 다스리게 하였다. (…) 풍백(風伯)·우사(雨師)·운사(雲師)를 거느리고 곡(穀)·명(命)·병(病)·형(刑)·선악(善惡) 등 무릇 인간의 삼백육십 여 가지 일을 주관하며 세상을 다스리고 교화하였다.[22]

이러한 홍익인간의 경제발전 정신을 현대적으로 구현하기 위해서는 ① 인간을 한 줄로 세워서는 안 되며, 다양성을 살려 수백만 가지 분야에서 각자가 일등이 되어 사회에 공헌하도록 해야 하며, ② 창의성은 경쟁과 혁신에서 나오는 것이므로 정신과 지식 면에서 내실 있는 교육을 해야 하고, ③ 학생들을 입시 위주 교육에서 해방시켜야 하며, ④ 기술, 기예 및 기능 교육을 강화하고 장인정신을 발휘할 수 있는 토양을 조성해 주어야 하며, ⑤ 올바른 인적 자본의 축적과 사회의 안정성을 강화해야 하고, ⑥ 성과에 상응하는 차별화 전략을 통하여 수월성을 강화해야 하며, ⑦ 자조, 정직, 절제, 배려, 근면과

---

21) 정영훈, 앞 논문, 167쪽.

22) 국사편찬위원회, 한국사테이터베이스(https://db.history.go.kr)

같은 도덕성과 신뢰, 협동, 존경과 같은 협력성이, 비용을 감소시켜 효율을 끌어올리고 오래 멀리 함께 가는 요소임을 인식해야 한다.[23)]

❀ 홍익인간과 북한의 이민위천 ❀

남한과 북한은 체제와 제도가 다르다. 남한은 '사유재산 보장'과 '시장경제'가 특징인 반면에, 북한은 '생산수단 공유'와 '집단화'가 특징이다. 이처럼 체제와 제도가 다르지만, 남한의 건국이념 겸 교육이념인 홍익인간과 북한의 통치이념 겸 주체사상의 기반인 이민위천은 공통점을 지니고 있다.

『삼국유사』의 「단군신화」에서 비롯된 홍익인간[24)]은 "인간세상을 널리 이롭게 한다."는 말이다. 이 홍익인간은 상해임시정부 이래 건국이념이었고 남한의 교육이념으로 오늘날까지 이어져 왔다.

한편 『사기』의 「역생육기열전」에서 비롯된 이민위천[25)]은 "통치자는 백성을 하늘로 삼는다."는 말이다, 이 이민위천은 김일성 주석이 통치이념으로 삼은 이래 김정일 위원장에게로 이어졌고 이어서 김정은 위원장에게도 이어졌다. 김일성의 통치이념이 이민위천이고,[26)] 북한의 주체사상은 김일성과 김정일의 '이민위천' 사상에서 출발하고 체계화되었다.[27)] 이를 이어받아, 김정은 시대에도 북한은 이민위천 이념을 내세우고 있고,[28)] 당대회에서

---

23) 강정모·함선미, 「한국형 공생발전과 정신자본: 홍익인간사상」, 『제도와 경제』 6(2), 한국제도·경제학회, 2012, 278-279쪽.

24) 『삼국유사(三國遺事)』 권제1, 「기이편(紀異篇)」, "可以弘益人間"

25) 『사기(史記)』 권97, 「역생육기열전(酈生陸賈列傳)」, "王者以民人爲天"

26) 김승, 「김정은 시대 기록영화의 지속과 변화」, 『현대북한연구』 21(1), 북한대학원대학교 심연북한연구소, 2018, 95쪽.

27) 김효은, 「북한의 사상과 인민대중제일주의 연구」, 『통일정책연구』 30(1), 통일연구원, 2021, 31쪽.

28) 홍순직, 「김정은 시대의 도시·주택 건설 정책 특징: 평양 살림집을 중심으로」, 『아시아리뷰』 13(1), 서울대학교 아시아연구소, 2023, 65쪽.

'이민위천, 일심단결, 자력갱생'의 3대 구호를 제시하고 있다.[29)]

홍익인간(弘益人間)과 이민위천(以民爲天) 사상은 모두 인간 중심의 가치를 지향한다는 점에서 국가의 정당성을 나타낼 수 있기에 현재까지도 이 두 사상은 남한과 북한에서 국가이념으로 제시되고 있다. 이 두 사상은 각기 다른 배경과 정치 환경을 지니고 있으나, 민본과 인본에서 공통점을 찾을 수 있다. 이를 비교하면 다음의 【표 5】와 같다.

【표 5】 홍익인간과 이민위천의 비교

구분	홍익인간(弘益人間)	이민위천(以民爲天)
위상	상해임시정부 이래 건국이념 및 남한의 교육이념	북한의 통치이념 및 국가 좌우명
의미	인간세상을 널리 이롭게 한다.	통치자는 백성을 하늘로 삼는다.
기원	『삼국유사』, 고조선 건국이념	『사기』, 유교적 민본주의
핵심 가치	인본, 민본, 홍익	민본, 인본, 애민

단군신화에서 비롯된 홍익인간에는 이민위천에서 중시한 백성의 삶이 내포되어 있다. 단군신화의 배경인 중국 요(堯) 임금 시기는 농업사회였기에, 인간 세상의 곡식과 생명을 관장하여 홍익인간을 구현하도록 환인이 아들 환웅을 태백산으로 내려보낼 때, 농업과 관련 있는 풍백(風伯), 우사(雨師), 운사(雲師)를 거느리고 신단수 아래로 내려왔다고 쓰여 있다.

『고기(古記)』에 이르기를, "옛날에 환인(桓因)의 서자(庶子)인 환웅(桓雄)이 천하(天下)에 자주 뜻을 두어, 인간 세상을 구하고자 하였다. 아버지가 아들의 뜻을 알고 삼위태백(三危太伯)을 내려다보니 인간(人間)을 널리 이롭게 할 만한지라, 이에 천부인(天符印) 세 개를 주며 가서

29) 김효은, 앞 논문, 61쪽.

> 다스리게 하였다. (…) 풍백(風伯)·우사(雨師)·운사(雲師)를 거느리고 곡(穀)·명(命)·병(病)·형(刑)·선악(善惡) 등 무릇 인간의 삼백육십여 가지 일을 주관하며 세상을 다스리고 교화하였다.[30]

또한 홍익인간에는 위에서 볼 수 있듯이 이민위천에서 주목한 백성의 복지 관련 내용이 포함되어 있다. 고대 기록에 나타난 주곡(主穀), 주명(主命), 주병(主病)은 현대의 경제적 안정과 보건 의료 및 사회 안전망에 대응하며, 주형(主刑)과 주선악(主善惡)은 사회 정의와 도덕적 가치 실현을 의미한다. 구체적으로 사람이 먹고사는 경제적 안정인 주곡(主穀), 타고난 수명을 마칠 수 있도록 하는 사회 안전망인 주명(主命), 질병을 치료하는 주병(主病)과 같은 일차적인 복지를 비롯하여, 사회질서를 회복시키는 주형(主刑), 권선징악을 통한 도덕적 사회 건설을 위한 주선악(主善惡) 같은 이차적인 복지를 포함하여 경제적·생리적·정서적 안정까지 망라한 사회복지를 추구한 것이 홍익인간 이념이다.[31] 인간 세상을 널리 이롭게 한다는 폭넓은 의미를 지닌 '홍익인간' 관점에서 보면, 국가정책의 목적은 인간을 행복하게 하는 데 있다.[32] 홍익인간은 어의상 서로 도우며 함께 살아가는 공생 발전을 통하여 인간 행복을 추구한다.[33] 홍익인간은 공동체의 안녕과 상생을 통해 인류 보편의 행복을 추구한다는 점에서, 북한의 통치 기저에 흐르는 '이민위천'의 애민 정신과 실질적인 궤를 같이한다.

어느 시대 어느 국가에서나 이념(이데올로기)과 현실은 일치하지 않았

---

30) 국사편찬위원회, 한국사테이터베이스(https://db.history.go.kr).

31) 김영미, 「사회복지 관점에서 본 홍익인간 이념」, 『동양문화연구』 39, 영산대학교 동양문화연구원, 2023, 102쪽.

32) 정영훈, 「홍익인간 사상의 경제학: 홍익경제론 서설」, 『고조선단군학』 36, 고조선단군학회, 2017, 270쪽.

33) '공생'이란 서로 도우며 함께 살아가는 것을 말한다. 서로에게 이익을 주며 함께 사는 것이 '공생'에 해당한다(출처: 국립국어원 표준국어대사전(https://stdict.korean.go.kr)). 이처럼 '공생'은 '공존'과 '상생'을 포함하는 말이다.

다. 남한의 교육이념 역시 이타성을 지향하는 '홍익인간'을 교육법에 교육이념으로 규정하고 있지만, 학교 운영과 입시 실태는 이기적인 학업성취 중심으로 운영되고 있다. 북한 역시 그렇지 못한 면이 있다. 본래 이념은 삶의 구체적 질서들에 수반하면서 그 모순적 성격을 은폐하는 데 기여하는 이중적 속성의 기제(메커니즘)로 이해될 수 있다.[34] 이념은 흔히 현재의 사회질서를 보편적인 것처럼 보이게 만드는 과정에서 체제에 내재되어 있는 불평등이나 모순을 가리고 정당화한다.

그럼에도 불구하고 남한에서 '홍익인간'이 교육이념으로 계속 강조되고 북한에서 '이민위천'이 이념으로 연이어 강조되며, 남북한에서 모두 '단군'을 시조로 인식하고 공통의 국경일을 유지하고 있음은 다행스런 일이다. 남북한이 상극에서 벗어나 상생을 지향할 수 있는 기반이 이들 이념과 단군에 있음을 나타내기 때문이다. 남한의 홍익인간과 북한의 이민위천 이념은 모두 인간 중심의 가치를 지향한다는 점에서 우리 민족의 정신적 근간과 일맥상통하기에 현재까지도 이 두 이념은 남한과 북한의 핵심 국가이념으로 통용되고 있다. 이 두 이념은 각기 다른 배경과 정치 환경을 지니고 있으나, 민본과 인본에서 공통점을 찾을 수 있다.

"통치자는 백성을 하늘로 삼는다."는 이민위천의 통치이념 내용의 대부분은 홍익인간에 포함되어 있다. 홍익인간에는 이민위천에서 주목한 백성의 삶이 내포되어 있고 이민위천에서 주목한 백성의 복지도 포함되어 있다. 우리 민족에게 고유한 홍익인간 이념의 지향과 북한의 통치이념인 이민위천의 지향은 다르지 않다.

이와 관련하여 일제에 항거하는 민주주의 세력과 공산주의 세력을 조화시키고자 노력한 조소앙은 민주주의와 공산주의의 조화를 모색하며 민족통합의 대안으로 '홍익인간'을 제시하였다. 조소앙이 기초하여 1941년 공포

34) 임홍빈, 「'이데올로기 비판'의 비판적 재구성」, 『범한철학』 84(1), 범한철학회, 2017, 104쪽.

된 「대한민국건국강령」의 제1장 제2조에 "우리나라의 건국 정신은 … 사회각층각급(社會各層各級)이 지력(智力)과 권력(權力)과 부력(富力)의 향유를 균평(均平)하게 하여 국가를 진흥하며 태평을 보유하려 함이니 홍익인간(弘益人間)과 이화세계(理化世界) 하자는 우리 민족이 지킬 바 최고공리(最高公理)"[35]라고 규정하면서 '홍익인간'으로 제시되어 있다. 그는 자본주의와 공산주의의 어느 일방에 휩쓸리지 않고 인류 행복과 민족통합 과제를 위한 사상적 정책적 대안의 단초를 홍익인간에서 찾았다.[36] 이 삼균주의는 1948년 남한 헌법 제정에 큰 영향을 미쳤으며, 남한에서 1950년대에 교육을 통한 인적 인프라와 농지개혁을 통한 경제적 인프라를 구축하는 지침이 되었다.[37] 그래서 남한 헌법의 인간존엄과 북한 헌법의 국가존엄의 맥락을 인정하면서 공민 존엄이 우선하는 규범 가치에서 접근하면, 남북이 헌법체계에서 규범적으로 소통할 수 있는 헌법적 가치의 설정이 가능하다.[38] 다시 말해서 남한 헌법과 북한 헌법은 이민위천을 포함하는 홍익인간으로 소통하는 설정이 가능하다. 남북은 각자의 체제를 유지하면서도 "인간 세상을 이롭게 한다."는 홍익인간의 대원칙 위에서 규범적 합의와 평화 공존을 위한 헌법적 소통이 가능하다.

또한 홍익인간은 과거의 낡은 이론이라기보다 폐쇄적인 민족주의의 틀을 넘어 보편적 '다문화주의'와 맞닿아 있다. 모든 인간이 보편적 권리를 향유하고 특수한 삶의 방식이 존중받는 다문화 사회에서, 홍익인간은 타자를

35) 김성환, 「홍익인간 연대기의 고찰: 단군신화의 변경과 홍익인간의 진화」, 『고조선단군학』 41, 고조선단군학회, 2019, 17쪽.

36) 정영훈, 「홍익인간 사상의 경제학: 홍익경제론 서설」, 『고조선단군학』 36, 고조선단군학회, 2017, 292-293쪽.

37) 송석윤, 「조소앙의 헌법사상: 삼균주의의 형성과 전개」, 『헌법학연구』 26(1), 한국헌법학회, 2020, 123~124쪽.

38) 박종목, 「남북 헌법체계의 규범적 소통을 위한 예비적 고찰: 남북공동합의서 기본강령과 남북한 헌법 전문을 중심으로」, 『법학논총』 49(2), 단국대학교 법학연구소, 2025, 10쪽.

배제하지 않고 공존할 수 있는 아래와 같은 의미를 지닌 다원주의적 이념의 토양이다.

> 홍익인간(弘益人間)은 "널리 인간세상을 이롭게 한다.'라는 의미다. 인간이 아닌 인간세상에 방점이 찍혀야 한다. '홍'은 '널리'라는 의미와 '크게'라는 의미를 함께 갖고 있으므로 현대적 의미로 보면 평등과 분배라는 두 가지 의미를 함축하고 있다. 세상은 인간세상을 넘어서 지구 생태까지 포괄하는 커다란 범주까지 확대될 수 있다.[39]

홍익인간에서 '홍익'의 대상과 범위는 우주 내 모든 존재를 포괄하고 '인간'의 어의는 사람과 사람 그리고 사람 이외의 자연이 함께 얽혀 형성되는 세상을 의미하기에,[40] 홍익인간은 외국인을 배제하지 않는 '다문화' 사회에 기여할 수 있는 개념으로 볼 수 있다.[41] 또한 전 지구적 문제에 대처하는 이념의 의의도 지니고 있다. 지구촌 현안 해결을 위해 '홍익인간'을 바탕으로 세계평화 증진, 경제문제 극복과 인류사회 복지실현, 지구촌 문화의 승화·발전, 지구환경 보호와 같은 실천 방향이 제안될 수 있다.[42]

❀ 홍익인간의 인류애 ❀

홍익인간의 역사성 때문에 그 의미를 배타적인 민족주의로 오해하는 경우가 있다. 우리 민족만을 위한 사상이라는 오해이다. 그러나 앞서 어의에

---

39) 조경철, 「단군신화 속 홍익인간의 유래와 그 의미」, 『한국학』 40(3), 한국학중앙연구원, 2017, 116쪽.

40) 김광린, 「지구화, 지구시민, 그리고 홍익인간사상: 상생과 조화의 지구촌을 향하여」, 『仙道文化』 32, 국제뇌교육종합대학원대학교 국학연구원, 2009, 17쪽.

41) 김계령·김일식, 「4차 산업혁명 시대 홍익인간 교육의 필요성: 뇌교육을 중심으로」, 『홀리스틱융합교육연구』 25(3), 한국홀리스틱융합교육학회, 2021, 167쪽.

42) 서보근, 「세계화 시대 홍익인간 이념의 실천방향」, 『대한정치학회보』 20(2), 대한정치학회, 2012, 23쪽.

서 살펴본 것처럼 홍익인간은 인간이 살아가는 세상 전체를 널리 이롭게 하자는 철학이다. 홍익인간은 폐쇄적인 민족주의의 틀을 넘어 보편적 '다문화주의'와 맞닿아 있다. 모든 인간이 보편적 권리를 향유하고 특수한 삶의 방식이 존중받는 다문화 사회에서, 홍익인간은 타자를 배제하지 않고 공존과 인정을 주창하는 다원주의적 토양이 된다. 그러하기에 외국인을 배제하지 않는 '다문화' 사회에 기여할 수 있는 개념으로 볼 수 있다.[43)]

'다문화'(multiculture)란 문화적으로 다원화된 인구학적 현상을 말하며, 정치철학으로서 '다문화주의'(multiculturalism)란 사회문화적 다양성을 긍정적으로 인식하고 존중하는 이념을 의미하고, '다문화사회'란 사회구조와 제도가 '다문화주의'를 반영하여 사회구성원들이 다양한 민족과 문화의 공존을 인정하는 사회라 할 수 있다.[44)]

구체적으로 '다문화주의'는 국적, 인종, 문화적 배경에 관계없이 모든 인간이 보편적 권리를 향유하며 공존할 수 있는 제도적·정서적 인프라를 만들어 내기 위한 집합적 노력을 말한다.[45)] 1980년대 이후 세계 학계의 주류 사조로 부상한 이 다문화주의는 다양한 주변부 문화의 공존과 인정을 주창해 왔다.[46)] 저출생에 따른 인구 구조 변화와 국가 간 이동이 빈번해진 현대 사회에서, '다문화주의'와 '홍익인간'은 피할 수 없는 추세이다.

또한 홍익인간은 인류가 당면한 범지구적 위기에 대처하는 지구시민 의식의 토대가 된다. 영국 가디언·BBC방송에 따르면 2023년 3월 북아메리카 동해 수온은 1981~2011년 평균보다 무려 13.8도나 오른 것으로 나타났

43) 김계령·김일식, 「4차 산업혁명 시대 홍익인간 교육의 필요성: 뇌교육을 중심으로」, 『홀리스틱융합교육연구』 25(3), 한국홀리스틱융합교육학회, 2021, 167쪽.

44) 오화영, 「다문화사회의 사회통합 과제와 홍익인간 사상의 의미」, 『仙道文化』 9, 국제뇌교육종합대학원대학교 국학연구원, 2010, 365쪽.

45) 최문형, 「홍익인간 사상의 다문화주의적 함의」, 『다문화와 평화』 3(1), 성결대학교 다문화평화연구소, 2009, 62쪽.

46) 위 논문, 73-74쪽.

다.[47] 이러한 지구온난화 문제 혹은 코로나19 사태처럼 인류가 당면한 범지구적 문제는 개별국가의 능력과 노력만으로는 해결될 수 없기에 지구시민 의식이 형성되어야 한다.[48]

홍익인간에서 '홍익'의 대상과 범위는 우주 내 모든 존재를 포괄하고 '인간'의 어의는 사람과 사람 그리고 사람 이외의 자연이 함께 얽혀 형성되는 세상을 의미하기에,[49] 전 지구적 문제에 대처하는 이념으로서의 의의를 지니고 있다. 지구촌 현안 해결을 위해 '홍익인간'을 바탕으로 세계평화 증진, 경제문제 극복과 인류사회 복지실현, 지구촌 문화의 승화·발전, 지구환경 보호와 같은 실천 방향이 제안될 수 있다.[50]

이 밖에도 홍익인간은 초연결 사회이자 인공지능과 인간이 공존하게 될 제4차 산업혁명 시대의 윤리적 지침이 될 수 있다. 챗GPT, 사물인터넷(IoT), 자율주행 자동차, 빅 데이터, 초연결사회(hyper-connected society)의 중심에는 인공지능이 있다. 포스트 휴먼(post-human) 시대에 인간은 근대의 획일화된 모습에 머물지 않을 것이다.[51] 인간이 아닌 기술적 존재와 공존해야 하는 시대에, 만물의 생명 가치를 존중하는 홍익인간은 지능정보사회의 핵심 가치가 될 만하다.

---

47) 권영은, 「"14도나 오른 바다도 있다." 해수면 온도마저 급상승. 눈앞 닥친 기후재앙」(한국일보, www.hankookilbo.com), 2023.04.28.

48) 김광린, 「지구화, 지구시민, 그리고 홍익인간사상: 상생과 조화의 지구촌을 향하여」, 『仙道文化』 32, 국제뇌교육종합대학원대학교 국학연구원, 2009, 1쪽.

49) 위 논문, 17쪽.

50) 서보근, 「세계화 시대 홍익인간 이념의 실천방향」, 『대한정치학회보』 20(2), 대한정치학회, 2012, 23쪽.

51) 제희선, 「포스트휴먼 관점에서 살펴본 홍익인간 사상과 민주시민의 의미」, 『생태유아교육연구』 18(2), 한국생태유아교육학회, 2019, 276쪽.

❀ 홍익인간의 재조명 ❀

홍익인간(弘益人間)이 현대적 사회·정치 이념으로 재조명된 시기는 일제의 강점에 항거하며 국가의 기틀을 마련하던 대한민국 임시정부 시절이었다. 1919년 3·1운동의 열기는 국내외 산재해 있던 임시정부들의 통합을 이끌어냈고, 같은 해 9월 상해에서 '대한민국 임시정부'로 단일화되었다.

3·1운동에 자극받아 임시정부들이 국내·외에 제각기 구성되었다. 1919년 3월 17일에 노령(露領, 러시아 영토)에 구성된 '대한국민의회', 4월 11일에 중국에서 구성된 '상해임시정부', 4월 23일에 일제 치하 서울에서 비밀리에 조직된 '한성정부'가 각각 독립운동을 하다가 1919년 9월 상해에 모여 '상해임시정부'로 통합하였다.

이 '상해임시정부'는 1919년 4월 11일 대한민국임시헌장(大韓民國臨時憲章) 명칭으로 임시헌법을 제정한 이래 1945년 해방될 때까지 다섯 차례 개헌하였고 1941년에는 건국강령도 제정 공포하였다. 이 과정에서 한민족의 개국 이상인 '홍익인간'을 전승하고 정치·경제·교육의 균등을 지향하는 '삼균주의'를 지도이념으로 하는 임시정부의 정치철학이 1930년대에 성립되어 1940년대에 강령화, 법제화 되었다.[52)]

해방 후에도 민족공동체 의식 재정립 필요성과 함께 한민족의 시조로 단군 숭배 분위기가 이어져, 1948년 남한의 교육이념으로 '홍익인간' 사상이 채택되었다.[53)] '홍익인간'이 국가이념으로 채택되는 과정은 순탄치 않았다. 1945년부터 1948년까지의 미군정 기간에, 일부 인사들이 미국식 자유민주주의나 근대 교육이념과 배치된다는 이유로 홍익인간의 교육이념 채택을 반대하였다. 그러나 한민족의 반만년 역사를 나타낼 수 있는 것은 홍

52) 정태수, 「한국의 교육개혁과 교육제도의 변천」, 『교육법학연구』 7, 대한교육법학회, 1995, 6쪽.
53) 송호정, 「신국가 건설기 홍익인간 교육이념의 정립 과정에 대한 재고찰」, 『교원교육』 41(1), 한국교원대학교 교육연구원, 2025, 221쪽.

익인간뿐이라는 국민적 합의가 형성되어서 1949년 제정된 「교육법」 제1조에 교육이념으로 명시되었다.

역사적으로 홍익인간은 민족 단합이 절실한 시기에 부각되었다. 몽골 침입기에 '승려 일연'과 '이승휴'가 단군을 시조로 내세워 한민족의 자긍심을 일깨웠듯, 일제 강점기에는 신채호, 박은식 등 사학자들이 단군을 내세워 '단군 자손이라는 동질 의식'과 '우리 역사의 정통성'을 수호하였다. 앞서 설명한 조소앙도 홍익인간에서 단초를 찾아 좌·우 독립운동세력을 하나로 모으려는 삼균주의를 발전시켰다. 이러한 역사는 홍익인간이 체제가 다른 남북한을 하나로 묶어낼 수 있는 이념적 가치를 지니고 있음을 방증한다.

12장

남북통일이념

홍익인간은 북한이 시조로 강조하는 단군, 평양의 국가 유적인 단군릉, 사회복지국가적 헌법이념을 대변할 수 있으며 남한 법률에 규정된 국가이념이다. 같은 조상의 자손이라는 단군 인식에 근거하여 한민족 고유한 이념으로 기능할 수 있는 홍익인간은 민족 동질성 회복과 남북 공동번영을 지향하는 통일이념의 가치를 지니고 있다.

❀ 이념의 속성[1] ❀

이념, 즉 이데올로기(ideology)는 "특정 이데올로기를 누군가에게 강요한다."거나 "특정 이데올로기를 신봉하며 살고 있다."는 말과 같이, '의문의 여지 없이 옳은 것으로 받아들이고 있는 신념 체계'라는 의미로 사용된다.[2] 굳게 믿는 마음을 의미하는 '신념'은 '개인적' 소신이지만, '이념'(이데올로기)은 이론화되어 있고 통용성이 넓어 '집단적'인 것을 특징으로 한다.[3] 또한 이데올로기는 현실 세계에서 이를 실행하려는 '실천성' 요소를 포함하고, 그 실천을 타당화시켜 주는 '규범성'도 가진다.[4]

그래서 이념(이데올로기)은 다음과 같은 특징을 지니고 있다. 즉 ① 이데올로기는 '지식'이자 '그 한계'이기 때문에 그것을 넘어서는 세상을 보기 힘들며, ② 대다수 개인은 자신의 이데올로기를 인식하지 못하나 '타인의 이데올로기는 비교적 쉽게 인지하며 그것에 배타적'일 때가 있고, ③ 이데올로기는 항상 집단의 것이기 때문에 '본질적으로 이기적'이지만 '이타주의를 표방'하고 있는 특징'을 지니고 있다.[5] 따라서 이데올로기는 사실판단[인식], 욕구[감정], 예상, 가치판단[평가]들로 구성되고, 사실판단과 가치판단 및 욕구의 표명에 있어서 어떤 기준[가치]이 도입되고 있음을 논리상 추론한다.[6] 이것이 이데올로기의 본질적 특징이다.

이데올로기는 세상을 바라보는 일관된 세계관이자 가치체계이어서 개

---

1) 조정호, 「이념대립 개선을 위한 시민의식 교육과제」, 『인격교육』 17(2), 한국인격교육학회, 2023, 199-200쪽을 수정·보완하여 작성하였음.

2) 박상철, 「이데올로기와 교육」, 『도덕교육연구』 25(1), 한국도덕교육학회, 2013, 145쪽.

3) 명재진, 「헌법과 이데올로기」, 『법학연구』 31(4), 충남대학교 법학연구소, 2020, 11쪽.

4) 위 논문, 12쪽.

5) 김광현, 「이데올로기의 위상적 구성에 대하여」, 『기호학 연구』 31, 한국기호학회, 2012, 96쪽.

6) 류태건, 「이데올로기 개념에 대한 일고: 행태학적 접근」, 『동북아 문화연구』 8, 동북아시아문화학회, 2005, 251쪽.

인이 현실을 인식하고 해석하는 틀 역할을 한다. 그 결과로 사실판단 과정에 이데올로기적 가치 기준이 개입되어 특정 사실을 선택하게 하거나, 특정한 방식으로 해석하도록 유도한다. 그래서 어떤 현상이나 행위가 옳거나 그르다는 가치판단을 내릴 때, 그 판단의 기준은 개인이 수용한 이데올로기에서 나오게 된다. 개인이 무엇을 원하고(욕구), 그 욕구를 어떻게 실현해야 한다고 생각하는지(목표), 그리고 그 목표 달성을 위해 어떤 수단을 사용해야 하는지에 대한 생각 역시 이데올로기의 영향을 받는다.

이데올로기는 의식의 상부 구조에 국한된 현상이 아니라, 삶의 구체적 질서들에 수반하면서 그 모순적 성격을 은폐하는데 기여하는 이중적 속성의 기제(메커니즘, mechanism)로 이해될 수 있다.[7] 이데올로기는 흔히 지배계층에게 유리한 현재의 사회질서를 자연스럽고, 필연적이며, 보편적인 것처럼 보이게 만드는 과정에서 체제에 내재되어 있는 불평등이나 모순을 가리고 정당화한다. 피지배 계층이 자신의 실제 상태와 상하 관계를 정확하게 인식하지 못하도록 허위 의식을 심어줄 수 있다.

이러한 이데올로기를 무의식적으로 믿는 사람들이 이데올로기에 생명력을 부여한다.[8] 그래서 이데올로기를 표방한 다른 사람들과의 대립, 즉 이념대립은 '인위적 타자 만들기'와 같은 이분법적 구조로 주요 갈등의 주체, 좌와 우, 진보 대 보수의 관계를 '나'와 '타자(others)'의 이분법적 이항대립의 관계로 고착시키고 있다.[9]

이상의 내용을 종합할 때 이념, 즉 이데올로기는 실천성과 규범성을 지닌 집단의 신념 체계로서 자신과 다른 이념을 지닌 타인에게 비논리적으로 배타적일 때가 있음을 알 수 있다. 남한과 북한의 대립, 좌익과 우익의 대립,

---

7) 임홍빈, 「'이데올로기 비판'의 비판적 재구성」, 『범한철학』 84(1), 범한철학회, 2017, 104쪽.

8) 김광현, 「이데올로기: 통시적 및 공시적 고찰」, 『기호학 연구』 16, 한국기호학회, 2004, 117쪽.

9) 김신, 「이데올로기 갈등극복과 평화공존 담론모색」, 『평화학연구』 18(4), 한국평화연구학회, 2017, 77쪽.

진보와 보수의 대립은 이러한 이념대립에 해당한다.

이러한 배타적 이념 대립은 상대를 공존의 대상이 아닌 타파해야 할 '타자'로 고착화하며, 민족의 상생을 가로막는 거대한 장벽이 된다. 따라서 분단이 낳은 이분법적 이항대립을 극복하기 위해서는, 기존 이념의 이기적 속성을 넘어 생명을 존중하고 인간을 널리 이롭게 하는 새로운 차원의 상생 이념에 대한 성찰이 절실히 요구된다.

❀ 남북한 헌법과 홍익인간 ❀

남한과 북한의 이념과 제도는 다르다. 남한은 '사유재산 보장'과 '시장경제'가 특징인 반면에, 북한은 '생산수단의 공유'와 '집단화'가 특징이다. 이처럼 이념과 체제가 다르지만, 국민 복지가 강화되는 추세 속에서 남한의 헌법상 사회보장제도는 북한의 헌법상 사회보장제도와 기능적 측면에서 유사함에 주목할 필요가 있다.

남한 헌법 제34조 제2항에는 "국가는 사회보장·사회복지의 증진에 노력할 의무를 진다."고 규정하여 출산, 양육, 실업, 노령, 장애, 질병, 빈곤 등 사회적 위험으로부터 국민을 보호할 근거를 명시하고 있다. 북한 헌법 제64조에는 "국가는 모든 공민에게 참다운 민주주의적 권리와 자유, 행복한 물질문화 생활을 실질적으로 보장한다."고 규정하여 무상 의료, 국가사회보험 등을 제공할 근거를 두고 있다. 이러한 사회복지 국가적 요소는 체제의 차이를 넘어 '인간 삶의 질 향상'이라는 공통의 목적지를 지향하며, 이는 곧 홍익인간의 실천적 복지 이념과 맞닿아 있다.

북한의 사회보장법이 사회적 약자 지위에 있는 노동능력 상실자나 생활보호 수급자를 대상으로 사회보험제와 사회보장제를 두고 있는 것은 자본주의체제인 남한 헌법의 기본적 인권 보장 차원에서 긍정적으로 받아들일 수 있는 부분이다.[10] '남한 헌법의 사회복지국가적 요소'와 '이들 요소와 같은 내용을 규정한 북한 헌법의 규정'을 바탕으로 구현된 제도를, 헌법이론상 사회복지국가이념을 실현하기 위한 규정과 제도로 간주하여도 논리적 결함이 있다고 보기 어렵다.[11]

이와 관련하여 일제에 항거하는 민주주의 세력과 공산주의 세력을 조화시키고자 노력한 조소앙의 삼균주의는 오늘날 남북 대립을 극복할 사상적 단초를 제공한다. 조소앙은 민주주의와 공산주의의 조화를 모색하며 민족통합의 대안으로 '홍익인간'을 제시하였다.

조소앙이 기초하여 1941년 공포된 「대한민국건국강령」의 제1장 제2조에 "우리나라의 건국 정신은 ... 사회각층각급(社會各層各級)이 지력(智力)과 권력(權力)과 부력(富力)의 향유를 균평(均平)하게 하여 국가를 진흥하며 태평을 보유하려 함이니 홍익인간(弘益人間)과 이화세계(理化世界) 하자는 우리 민족이 지킬 바 최고공리(最高公理)"[12]라고 규정하면서 '홍익인간'으로 제시되어 있다. 그는 자본주의와 공산주의의 어느 일방에 휩쓸리지 않고 인류 행복과 민족통합 과제를 위한 사상적 정책적 대안의 단초를 홍익인간에서 찾았다.[13]

그는 1920년대 후반에 좌·우 독립운동세력을 하나로 모으려는 노력 속에서 삼균주의 사상을 발전시켰고, 이 삼균주의는 1948년 남한 헌법제정에 큰 영향을 미쳤으며, 남한에서 1950년대에 교육을 통한 인적 인프라와 농지개혁을 통한 경제적 인프라를 구축하는 지침이 되었다.[14] 그래서 남한 헌법

10) 최용전, 「북한 헌법상의 사회복지국가이념의 대한민국헌법으로의 수용가능성」, 『토지공법연구』 92, 한국토지공법학회, 2020, 381쪽.

11) 위 논문, 367쪽.

12) 김성환, 「홍익인간 연대기의 고찰: 단군신화의 변경과 홍익인간의 진화」, 『고조선단군학』 41, 고조선단군학회, 2019, 17쪽.

13) 정영훈, 「홍익인간 사상의 경제학: 홍익경제론 서설」, 『고조선단군학』 36, 고조선단군학회, 2017, 292-293쪽.

의 인간존엄과 북한 헌법의 국가존엄의 맥락을 인정하면서 공민 존엄이 우선하는 규범 가치에서 접근하면, 남북이 헌법체계에서 규범적으로 소통할 수 있는 헌법적 가치의 설정이 가능하다.[15)]

남한 헌법 제1조와 제10조가 규정한 '인간 존엄과 주권 재민'의 가치는 북한 헌법 제1조와 제4조의 '인민 이익과 근로인민 주권'의 맥락과 연결될 수 있다. 남북한 헌법은 주권이 국민(인민)에게 있음을 공통적으로 규정하고 있기 때문이다.

구체적으로 남한 헌법 제1조에는 "대한민국은 민주공화국이다. 대한민국의 주권은 국민에게 있고 모든 권력은 국민으로부터 나온다."고 규정되어 있다. 또한 제10조에는 "모든 국민은 인간으로서의 존엄과 가치를 가지며, 행복을 추구할 권리를 가진다. 국가는 개인이 가지는 불가침의 기본적 인권을 확인하고 이를 보장할 의무를 진다."고 규정되어 있다. 이에 견줄 만한 조항으로, 북한 헌법 1조에는 "조선민주주의인민공화국은 전체 조선 인민의 리익을 대표하는 자주적인 사회주의 국가이다."가 규정되어 있고, 4조에는 "조선민주주의인민공화국의 주권은 로동자, 농민, 군인, 근로인테리를 비롯한 근로인민에게 있다."고 규정되어 있다.

이처럼 남한과 북한은 주권이 공민인 국민과 인민에게 있다고 규정하고 있음이 공통적이다. 남북한이 헌법적 가치에서 소통할 수 있는 접점 역시 홍익인간이 내포한 생명 존중 사상에 있다.

이와 같은 남한과 북한의 헌법 조항은 홍익인간의 통일이념화 가능성을 열어준다. '홍익인간' 이념은 모든 사람이 존중받고 누구나 차별 없이 천부적인 권리를 누려야 함을 뜻하기 때문이다. '홍익인간'을 이념으로 지향하

14) 송석윤, 「조소앙의 헌법사상: 삼균주의의 형성과 전개」, 『헌법학연구』 26(1), 한국헌법학회, 2020, 123-124쪽.

15) 박종목, 「남북 헌법체계의 규범적 소통을 위한 예비적 고찰: 남북공동합의서 기본강령과 남북한 헌법 전문을 중심으로」, 『법학논총』 49(2), 단국대학교 법학연구소, 2025, 10쪽.

면 남북한은 평화를 지켜가는 분위기를 조성할 가능성이 있다. 남북한 주민 가운데 6·25와 분단으로 국토가 나뉘고 가족과 친지가 흩어지게 된 것을 한탄하지 않고 평화를 소망하지 않는 사람은 없을 것이다.

한편 사회복지의 개념은 시대와 국가, 학자에 따라 다양하게 정의되어서 실체를 정확하게 파악하기가 어렵지만, 사회복지 개념이 인간의 사회적 욕구에 대한 서비스인 동시에 사회문제를 해결하기 위한 노력이라는 점[16]은 분명하다. 사회복지는 "사회적 욕구를 충족시키기 위하여, 그리고 사회질서 회복을 위하여 제반 급부를 확보하거나 강화시키는 법률, 프로그램, 급여 및 서비스 체계" 또는 "사회적, 경제적, 교육적, 건강의 욕구를 사람들에게 충족시키고, 지역사회와 전체 사회의 집단적 복지 상태를 유지하기 위한 국가적 프로그램, 급여, 서비스 체계", "의식주와 같은 민생문제, 즉 소득·보건·교육·주택과 같은 기본적 욕구가 결핍 되어 있는 사람을 도와주는 것"을 의미한다.[17]

홍익인간 이념에는 이러한 현대적 의미의 포괄적 사회복지가 내포되어 있다. 고대 기록에 나타난 주곡(主穀), 주명(主命), 주병(主病)은 현대의 경제적 안정과 보건 의료 및 사회 안전망에 대응하며, 주형(主刑)과 주선악(主善惡)은 사회 정의와 도덕적 가치 실현을 의미한다. 구체적으로 사람이 먹고 사는 경제적 안정인 주곡(主穀), 타고난 수명을 마칠 수 있도록 하는 사회 안전망인 주명(主命), 질병을 치료하는 주병(主病)과 같은 일차적인 복지를 비롯하여, 사회질서를 회복시키는 주형(主刑), 권선징악을 통한 도덕적 사회 건설을 위한 주선악(主善惡) 같은 이차적인 복지를 포함하여 경제적·생리적·정서적 안정까지 망라한 사회복지를 추구한 것이 홍익인간의 이념이

16) 김영미, 「사회복지 관점에서 본 홍익인간 이념」, 『동양문화연구』 39, 영산대학교 동양문화연구원, 2023, 114쪽.

17) 위 논문, 같은 쪽.

다.[18] 인간 세상을 널리 이롭게 한다는 폭넓은 의미를 지닌 '홍익인간' 관점에서 보면, 국가정책의 목적은 인간을 행복하게 하는 데 있다.[19] 홍익인간은 어의상 서로 도우며 함께 살아가는 공생발전을 통하여 인간 행복을 추구한다.[20]

❀ 홍익인간의 이념화[21] ❀

남한에서 홍익인간 사상이 국가적 이념으로 제도화되는 과정은 순조롭지 않았다. 1945년 미군정 교육정책에 대한 자문과 심의를 담당한 조선교육심의회[22]에서의 논의 과정에서, 미국과 일본에서 공부한 위원들은 홍익인간의 교육이념 채택을 처음에 반대하였다. 힘든 논의 과정을 거쳐 1945년 11월에 홍익인간이 조선교육심의회에서 교육이념으로 채택되었다. 이어서 1948년에 국회 심의 과정에서도 한민족 시조인 단군의 '추상성'과 '비과학성' 등을 이유로 반대가 있었으나, 안호상(1902~1999) 초대 문교부 장관의 노력으로 홍익인간이 법률에서 이념으로 규정되었다는 자료가 일반적이다.

---

18) 김영미, 「사회복지 관점에서 본 홍익인간 이념」, 『동양문화연구』 39, 영산대학교 동양문화연구원, 2023, 102쪽.

19) 정영훈, 「홍익인간 사상의 경제학: 홍익경제론 서설」, 『고조선단군학』 36, 고조선단군학회, 2017, 270쪽.

20) '공생'이란 서로 도우며 함께 살아가는 것을 말한다. 서로에게 이익을 주며 함께 사는 것이 '공생'에 해당한다(출처: 국립국어원 표준국어대사전(https://stdict.korean.go.kr)). 이처럼 '공생'은 '공존'과 '상생'을 포함하는 말이다.

21) 조정호, 「홍익인간의 통일이념화 과제: 남북 학계의 당면과제를 중심으로」, 『고조선단군학』 15, 고조선단군학회, 2006, 227-235쪽을 수정·보완하여 작성하였음.

22) 조선교육심의회는 광복 후 미군정청 학무국의 교육정책에 대한 자문과 심의를 담당하였다. 1945년 12월 23일에 조직되어 1946년 3월 7일 해산될 때까지 20차례의 전체회의와 105차례의 분과회의를 진행하며, 교육이념을 비롯하여 교육제도에 대한 기본 사항을 마련했다(송덕수, 『광복교육 50년(1): 미군정기 편』, 대한교원공제회, 1996; 신명애, 「미군정기 조선교육심의회에 관한 연구」, 한국교원대학교 대학원 교육사석사학위청구논문, 1998.).

홍익인간 사상이 남한의 국가 교육이념으로 제도화되는 과정은 미군정과 국회 심의 과정에서의 격렬한 찬반 논쟁을 거쳐 어렵게 법적 지위를 얻었으나, 정작 이념으로 정립된 이후의 행보는 시대적 격랑 속에서 왜곡의 길을 걷게 된다.

남한에서 홍익인간이 교육이념으로 정립된 배경을 분석할 때, 상해임시정부(1919~1945)에서 1941년에 발표된 대한민국 건국강령[23]을 비롯하여 소앙 조용은(1887~1959)[24], 민세 안재홍(1891~1965)[25], 위당 정인보(1893~1950)[26], 용재 백낙준(1895~1985)[27] 등이 거론되고 있다. 이 밖에도 홍익인간이 교육이념으로 채택된 배경으로 이승만 초대 대통령이 주창한 일민주의(一民主義)도 거론되고 있다.

초대 문교부 장관을 지낸 안호상 박사가 일민주의를 제시한 문헌자료를 중심으로 볼 때 일민주의는 이승만 대통령의 통치구상이요 정치철학으로 출발하였다. 이승만 대통령은 자신의 독립운동사상이며 정치철학인 일민주의를 6쪽 반 분량으로 적은 「일민주의 개술」(一民主義槪述)을 발표하여 신

23) 대한민국임시정부 건국강령 제1장 제2조에 의하면, 우리나라 건국정신은 삼균제도(三均制度)에 역사적 근거를 두었으니, 선민(先民)의 명명(明命)한 바 수미균평위(水味均平位) 하면 흥방보태평(興邦保泰平)이라고 하였다. 이는 사회 각층의 지력(智力)과 권력과 부력의 가짐을 고르게 하여 국가를 진흥하며 태평을 보전·유지하려 함이니 홍익인간과 이화세계(理化世界)하자는 우리 민족의 지킬 바 최고의 공리라고 하였다.

24) 조소앙은 1926년에 「삼균제도(三均制度)」를 집필하였고, 1941년에는 임시정부의 외무부장 겸 선전위원회 주임위원으로서 삼균주의 원칙에 입각해 임시정부 건국강령의 기초를 마련하여 광복 후 새로운 국가건설 방략을 제시한 삼균주의(三均主義)를 정립했다.

25) 조선교육심의회 제1분과(교육이념분과) 위원장. 중도파 민족주의론인 신민족주의론은 민세(民世) 안재홍(安在鴻)에 의해서 정치사상으로 이론화되었다(유병용, 「안재홍의 신민족주의 국가상」, 이기백 편, 『한국사 시민강좌』, 제17집, 일조각, 1995, 25쪽.).

26) 민족사학자 정인보는 조선교육심의회 제1분과 위원으로 백낙준보다 앞서 홍익인간을 이념으로 제안한 시창자(始唱者)로 알려져 있다. 정인보는 홍익인간의 어원과 출전, 역사적 의미를 학문적으로 정확히 알고 있던 유일한 사람으로 평가받고 있기에, 그의 학문적 배경과 홍익인간에 대한 학술적 의견이 이념 채택에 큰 영향을 미쳤다.

27) 연희전문학교 교장인 백낙준은 교육계 대표로 조선교육심의회에 참여했다. 홍익인간을 교육이념으로 제안한 사람 중 한 명(시창자)으로 알려져 있다.

홍 독립국가의 국시를 제시하였다. 여기에서 이승만 대통령은"일민(一民)이라는 두 글자는 나의 오십 년 운동의 출발이요 귀취(歸趣)"임을 밝히며, 한민족의 대동단결을 역설하였다. 이때까지만 해도, '일민주의'는 단군이나 홍익인간을 포함하지 않았고 반공을 국시로 내세우지도 않았다. 그 기본은 반봉건사상·독립사상·실학사상에 있었고, 민족 화합과 자결을 촉구하는 내용이었다.

그렇지만 안호상 박사가 1948년부터 1950년까지 문교부 장관을 역임하며 1950년 2월에 편술하여 발간한 87쪽 분량의 일민주의 완결 판인 『일민주의의 본바탕: 일민주의의 본질』에서는 단군과 홍익인간 및 반공이 국시로 등장하였다. 이 책에서 안호상은 일민주의에 1) 단군의 홍익인간과 2) 홍익인간에 바탕을 둔 화랑도의 중의경사(重義輕死) 사상으로서 보민구국(保民救國)하는 이념체계를 설정하여, 반공의 당위성과 사상전쟁의 중요성을 서술하였다. 『일민주의의 본바탕』에서 체계화된 일민주의는, 이승만 대통령이 당시 국무원과 국회, 공석과 사석에서 한 말과 이승만 대통령이 작성한 「일민주의 개술」과 "일민주의 체계표", 특별교서와 논문 등을 종합하여 이루어진 것이다.[28)]

이처럼 미군과 소련군이 한반도에서 대치하던 시기에는 아래와 같은 정치사상이 홍익인간에 가미되었다. 우리와 상관없는 미소 냉전에 동참할 것을 선동하며, 홍익인간을 내세워 그 정당성을 확보하려고 하였다.

> 38선을 경계로 하고 공산주의와 자본주의의 투쟁이 계속되는 사이에 우리는 이것을 직접으로 경험하고 있으며, 여기에 필연적 귀결로서 새 세계의 이념이 우리로부터 생긴 까닭이다.

(출처 : 안호상, 『일민주의의 본바탕』(1950),
이범석의 '서문' ; 민족주의적 반공정치이념의 발생 관련 내용)

---

28) 안호상, 『일민주의의 본바탕: 일민주의의 본질』, 일민주의연구소, 단기4283년(1950), 머리말.

> 우리는 악질적 공산세력과 또 다른 모든 반민족적과 반국가적 세력들과 싸워 이겼다 해서, 이 모든 반동세력들이 다 없어진 것은 아니다. 우리는 이들과 지금에 있어도 싸우며 또 미래에도 용감히 싸워야만 한다. 이 맹렬한 싸움을 이기자면 우리는 오늘날 유행하고 있는 그 이른바 민주주의만으로써는 도저히 되지 않는다.

(출처: 안호상, 『일민주의의 본바탕』(1950), 20쪽;
민족주의적 반공정치이념의 필요성 기술 내용)

위와 같이 남한 정부수립 초기에 홍익인간 이념에 영향을 미친 일민주의가 본래 의미와 다르게 반공화로 변질된 것은, 미소 냉전 확대에 따라 미국이 공산주의 확산을 막겠다고 선언한 '트루먼 독트린'과 그 지원정책이 남한에 영향을 미친 결과이다. 이 변화를 살펴보기 위해서, 「일민주의 개술」(1948)과 『일민주의의 본바탕』(1950)의 내용을 비교해 보면, 다음 【표 6】과 같이 일부 항목의 차이가 뚜렷하다.

【표 6】「일민주의 개술」(1948)과 『일민주의의 본바탕』(1950)의 내용 비교

구분	「일민주의 개술」(1948)	『일민주의의 본바탕』(1950)
통치이념	· 일민으로 단합할 것을 강조 · 나는 일민주의를 제창한다. 이로써 신흥국가의 국시를 명시하고저 한다. (2쪽) · 나는 일민주의를 제창하야 이로써 신흥국가의 국시를 만들고저 한다. (5쪽)	· 반공사상과 반공주의의 필요성 강조 · 우리에게 큰 적이 있는 것이 두려운 것이 아니라, 오히려 우리에게 큰 사상과 주의가 없는 그것이 더 두려운 것이다. (18쪽)
일민주의 배경사상	· 직접적 언급 없음 · 반봉건의식, 독립사상, 실학사상의 확산을 통한 민족 화합과 자결의 추구 관련 문구만 있음	· 보민구국(保民救國)이념 체계 1. 단군의 홍익인간 정신 2. 화랑도의 중의경사(重義輕死) 정신 · 이범석의 '서문': 화랑주의는 단군 한배검께서 부르짖으신 홍익인간 곧

		"사람을 크게 유익하게 함"이라는 사상을 받아 민족과 조국에 대한 의리의 정신을 주로 하였었다. (15쪽)
일민주의의 실현방안	· 일민주의 4대 강령 (1쪽) 하나. 경제상으로는 빈곤한 인민의 생활 정도를 높혀 부요하게 하야 누구나 동일한 복리(複利)를 누리게 할 것 하나. 정치상으로는 다대수 민중의 지위를 높혀 누구나 상등 계급의 대우를 밧게 되도록 할 것 하나. 지역의 도별(道別)을 타파해서 동서남북을 물론하고 대한국민은 다 한민족임을 표명할 것 하나. 남녀동등의 주의를 실천해서 우리의 화복 안위의 책임을 삼천만이 동일히 분담케할 것	· 일민주의 - 한 핏줄(同一血統) - 한 운명(同一運命) 1. 정치: 남녀상하 차별없기 - 균일정치(민주정치) - 자유 2. 교육: 지방파당 차별없기 - 동일교육(민족교육) - 진리 3. 경제: 빈부귀천 차별없기 - 통일경제(민생경제) - 공정
민족주의 관련 내용	· 하나인 민족으로써 무엇에고 또 어느 때고 둘이 있을 수가 없다. 계급이 없어야 하며 차등이 없어야 한다. (6쪽) · 우리 민족은 하나다. 국토도 하나요 정신도 하나요 생활에도 하나요 대우에도 하나요 정치상 문화상 무엇에도 하나다. (6쪽)	· 우리는 정치, 교육, 경제, 문화, 윤리 등 모든 부문의 생각과 행동에 대한 평가의 기준을 오로지 민족에게 두고 있다. (이범석의 '서문')

위 【표 6】에서 일민주의의 배경 사상 측면에서, 「일민주의 개술」(1948)은 홍익인간에 대한 언급 없이 반봉건사상·독립사상·실학사상의 확산을 통하여 민족 화합과 자결을 촉구하였다. 하지만 『일민주의의 본바탕』(1950)에서는 보민구국(保民救國)의 이념 구축을 위해 홍익인간을 끌어와서 통설에서 벗어나 그 의미를 "민족과 조국에 대한 의리"로 새롭게 해석하였고 "화랑도의 중의경사(重義輕死)"처럼 공산주의에 맞서 싸우라고 제시하였다. 이러한 반공의 맥락에서, 공산주의의 계급투쟁과 혼동될 수 있는 「일민주의 개술」(1948) 4대 강령의 하나인 "정치상으로는 누구나 상등계급의 대

우를 받게 되도록 할 것"이 『일민주의의 본바탕』(1950)에서는 사라졌다. 이러한 변화는 이승만 대통령 행적에서도 드러난다. 이승만 대통령은 1945년 10월 21월에 자신이 조선공산당에 호감을 갖고 있고 그 주의에도 찬성하기에 경제 대책 수립 시 공산주의를 채용할 점이 많다고 방송연설을 했으나, (미국이 소련을 봉쇄하여 공산주의 확대를 막겠다고 선언한 '트루먼 독트린' 이후 태도를 완전히 바꿔서) 1949년 5월에는 공산당의 계급투쟁에 대처할 이데올로기로서 일민주의를 제창하였다.[29)]

따라서 이승만 대통령이 우리 한민족을 '하나의 국민' 즉 일민(一民)으로 대동 단결하여 서구식 민주주의와는 다른 새 나라 체제를 만들어보겠다는 건국 초기 국시와 정치에 큰 변화가 있었음을 알 수 있다. 남한의 교육계도 미국 교육계의 영향을 크게 받는 가운데, 법률에 규정된 교육이념인 홍익인간과 다르게 학교에서 학생들을 서열화 하는 평가와 교육을 강조하고 있는 현실이다. 남북의 체제 대립을 녹여낼 수 있는 유구한 민족 자산인 홍익인간은, 이제 과거의 오염된 흔적을 씻어내고 평화와 상생을 지향하는 통일의 표준이자 인류 보편의 가치로서 다시금 정립되어야 할 정당성을 지닌다.

한편, 북한은 출범 직후 소련의 맑스-레닌주의 관점에서 고조선을 노예제 사회로 규정하며 홍익인간을 당시 지배 계급의 통치 수단으로 평가절하하였다. 1960년대 이후 주체사상이 확립된 다음에는 고구려 중심의 역사관이 정립되었다. 김일성 주석과 김정일 위원장의 지시에 따라 단군릉 사업을 추진한 결과,[30)] 1993년 단군릉 발굴과 개건 이후에는 '고조선 → 고구려 → 고려 → 북한'으로 이어지는 역사적 정통성을 강조하고 있다.

---

29) 유영익, 「이승만의 건국이상」, 이기백 편, 『한국사 시민강좌』 제17집, 일조각, 1995, 16-17쪽; 이와 관련하여, 4282년(1949) 10월에 발간된 『이대통령 건국정치이념: 일민주의의 이론적 전개』에서는 반공을 중심으로 하는 새로운 정치체제인 일민주의를 전반적으로 기술하고 있지만, "이 대통령은 민족을 사랑할 수 있는 공산주의는 용인할 수 있다고 하였음"을 밝히고 있다(3쪽).

30) 평양출판사 편집부 편, 『민족의 원시조 단군』, 평양출판사, 1994, 1쪽.

단군릉 개건 후 1993년 10월과 1994년 10월에 열린 단군 및 고조선에 대한 학술발표회를 중심으로 볼 때, 단군에 대한 북한 학계의 관심은 주체사상,[31] 단군릉 소개, 단군과 고조선 역사, 고고학 분야에 편중되어 있다(【표 7】 참조).

【표 7】 단군릉 개건 기념 학술대회 논문주제 분석 (단위: 편)

논문주제		1993년 1차 학술발표회	1994년 2차 학술발표회	계
주체사상 관련 연구		1	1	2
단군릉 소개 연구		3	1	4
역사학 연구	단군릉 역사 중심 연구	1	-	1
	단군 역사 중심 연구	1	3	4
	고조선 역사 중심 연구	4	5	9
	일제탄압 역사 중심 연구	1	-	1
고고학 중심 연구		1	11	12
기타 분야 연구		3	6	9
계		15	27	42

자료 : 평양출판사 편집부 편, 『민족의 원시조 단군』, 평양출판사, 1994.

북한에서 단군 및 고조선에 대한 연구는 주체사상·역사학·고고학 분야 이외에 문학·민속학·종교학·미술·철학 관련 연구가 있다. 단군의 정치·사회·교육·문화와 관련된 사상의 가치를 논한 연구는 드물다.[32] 북한 사회과학원 정성철 교수가 쓴 「단군조선의 철학사상에 대하여」에서는 고조선 시

31) 단군 관련 주체사상 논문은 두 학술발표회의 처음에 위치하고 있으며, 일반 교수 급이 아닌 사회과학원 력사연구소 원장과 소장이 연구를 각각 담당하였다.

32) 북한 조국통일연구원의 최태진 참사가 쓴 "단군과 대종교"(『단군과 고조선에 관한 연구론문집』(1994)의 104쪽)에, 대종교가 유교사대주의를 비롯하여 불교·도교보다 훌륭하다는 것을 강조하기 위하여 "홍익인간리념에 인간애·호혜호조·인도주의·평화애호 사상이 담겨져 있다고 볼 수 있다."는 문구가 있으나, 홍익인간의 가치를 논한 연구는 찾기가 힘들다.

기의 철학사상을 세 가지 측면, 즉 1) "반동적 노예주 계급의 요구와 리해 관계를 대변하는 종교적 관념으로서의 〈천〉숭배사상", 2) "신흥 노예주 계급의 요구와 리해 관계를 대변하는 소박한 유물론적 견해로서의 〈기〉 또는 자연적 물질을 세계의 시원으로 보는 사상", 3) "신흥 노예주 계급의 요구와 리해 관계를 반영한 인생관, 정치관으로서의 〈선인〉사상" 측면에서 '노예주 계급의 부정적인 사상'으로 평가하고 있다.[33] 『삼국유사』, 『천부경』, 최치원의 '풍류도' 등을 논의하며 내용을 전개한 이 논문의 요지는 "단군 조선의 사상은 노예적 통치제도를 합리화하기 위한 통치사상으로 복무하였다."는 것이다. 그래서 "신흥 노예주 계급은 이러한 '리상적인 인생관'인 '선인' 사상을 사회통치에 연장하여 '리상적 사회관'으로 내놓았으며, '홍익인간'은 단군기사에 나오는 통치리념이다."라고 맑스-레닌주의 관점에서 결론을 맺고 있다.[34]

남북 학자들이 함께 집필에 참여한 『단군과 고조선 연구』(2005)에 수록된 북한 학자들의 연구 분야와 내용을 중심으로 볼 때,[35] 위와 같은 단군에 대한 북한 학계 동향은 큰 변화가 없는 것 같다. 연구 분야에 있어서 역사학과 고고학이 단군 연구의 중심이며, 연구 내용은 건국 시조인 단군과 한민족 발생지인 평양에 초점이 있고, 고조선 사회의 특징을 계급투쟁 관점에서 논증하고 있다. 사회과학원 허종호 교수는 「고조선사회의 성격」이란 제목의 논문에서 고조선사회를 노예제사회로 설명하며, "적대되는 계급사이의 대립과 투쟁이 고조선 사회관계의 기본을 이루고 있었다."고 결론을 맺고 있다.[36] 마찬가지로, 최영식 교수가 연구한 「단군신화의 시대적 배경」에서는 홍익인간사상을 환웅시대의 통치이념으로서 지배층이 피지배층을 유지

33) 평양출판사 편집부 편, 『민족의 원시조 단군』, 평양출판사, 1994, 147-150쪽.

34) 정성철, 「단군조선의 철학사상에 대하여」, 위의 책, 150쪽.

35) 단군학회 편, 『단군과 고조선 연구』, 지식산업사, 2005.

36) 허종호, 「고조선사회의 성격」, 위 책, 248쪽.

하는 통치이념이라고 다음과 같이 설명하고 있다.

> 원시사회말기 권력이 출현하고 계급이 발생하면서 지배층을 반대하는 공동체성원들의 투쟁이 자주 벌어졌으며 끊임없이 벌어지는 종족간의 분쟁은 공동체성원들의 평온한 생활을 위협하였다. 공동체지배층은 이러한 사회력사적 환경 속에서 '홍익인간'을 표방하지 않고서는 공동체성원들을 움직일 수도 공동체를 유지할 수도 없게 되었다.[37]

위에서 알 수 있듯이, 북한에서 단군은 '건국 시조'와 '우리 겨레 발생지 평양의 실증 인물'로서 관심을 받고 있으나, 한민족의 유구한 사상 측면에서는 크게 주목받지 못하고 있다. 결국 남한은 홍익인간을 '냉전적 반공주의'로, 북한은 '계급투쟁적 통치론'으로 주목해 온 셈이다. 이처럼 남북 양측에서 가한 사상적 편향을 걷어낼 때, 홍익인간은 남북 체제 대립을 녹여낼 수 있는 민족 자산이자 남북 상생의 이념으로 정립될 수 있다.

❀ 학계의 과제[38] ❀

남한 학계에서는, 즉 역사학, 종교학, 문학, 철학, 정치학, 사회학, 고고학, 민속학, 교육학, 경제학 등 분야에서 홍익인간의 유래와 유적, 의의와 가치, 사상과 내용, 실천방향에 대하여 학문적 연구결과를 축적하여 왔다. 이러한 토대 위에서, 홍익인간을 한민족의 통일이념으로 세워야 한다는 의견이 제기되고 있다.

남북한의 헌법은 주권이 국민(인민)에게 있음을 명시하고 있으며 공민의 행복한 삶을 지향한다는 점에서 기능적 유사성이 있다. 남북 학계는 이러한

37) 최영식, 「단군신화의 시대적배경」, 위 책, 555쪽.

38) 조정호, 「홍익인간의 통일이념화 과제: 남북 학계의 당면과제를 중심으로」, 『고조선단군학』 15, 고조선단군학회, 2006, 221-224쪽과 236-239쪽을 수정·보완하여 작성하였음.

헌법 접점을 바탕으로 홍익인간의 통일 이념화 가능성과 가치를 검토할 필요가 있다.

해방 후 남한에서는 정부수립 다음 해인 1949년 「교육법」 제1조에 홍익인간을 교육이념으로 채택하였다.[39] 이어서 '문민정부'에서도 1997년에 문구가 고어체인 「교육법」을 폐지하고 「교육기본법」을 제정하며 이 법률 제2조에 홍익인간을 교육이념으로 규정하였다.[40] '국민의 정부' 역시 1999년에 「창조적 지식기반국가 건설을 위한 교육발전 5개년 계획」을 내놓으면서 그 건설을 주도하는 바람직한 인간상으로 홍익인간을 채택하였다. 이처럼 남한에서는 홍익인간을 국가 수준 이념으로 제시해 왔다.

한편, 북한은 건국 초기에 고구려 중심의 역사관을 가졌으나, 1993년 단군릉 개건 무렵부터 단군과 고조선에 대한 평가를 새롭게 해 오고 있다. 남·북한 학계에서 단군은 한민족의 시원이라는 점에서는 공통적이나 세부 사항에서는 차이가 난다. 사상 측면에서, 남한의 교육기본법에서 말하는 홍익인간이란 서구식 민주주의와 시민정신을 남한 실정에 맞게 반영한 이념이다. 북한에서는 한민족 역사기술에 있어서, '고조선 → 고구려 → 고려 → 북한'으로 이어지는 역사적 정통성 관점에서 단군을 해석해 왔다. 이 같은 남북한의 시각 차이는, 홍익인간이 한민족의 이념적 쟁점을 풀어나가는 최고 강령이 되기 위해 해소해야 할 연구과제이다.

오늘날, 홍익인간 사상을 강조하는 것은 시대 흐름을 거스르는 접근으로 곡해될 여지가 있으나, 남·북한이 지니고 있는 다음과 같은 특징에 주목할

39) 교육법(제정 1949.12.31, 법률 제86호) 제1장 총칙 제1조 "교육은 홍익인간의 이념아래 모든 국민으로 하여금 인격을 완성하고 자주적 생활능력과 공민으로서의 자질을 구유하게 하여 민주국가발전에 봉사하며 인류공영의 이념실현에 기여하게 함을 목적으로 한다."

40) 교육기본법(제정 1997.12.13, 법률 제5437호) 제1장 총칙 제2조(교육이념) "교육은 홍익인간의 이념아래 모든 국민으로 하여금 인격을 도야하고 자주적 생활능력과 민주시민으로서 필요한 자질을 갖추게 하여 인간다운 삶을 영위하게 하고 민주국가의 발전과 인류공영의 이상을 실현하는데 이바지하게 함을 목적으로 한다."

필요가 있다. 첫째, 남북한 사회는 유구한 전통이 중요한 가치관으로 작용하는 문화를 지니고 있는 점.

둘째, 북한이 계급투쟁적 역사관의 토대인 맑스-레닌주의의 이념적 위상을 여러 차례 수정해 온 점.

셋째, 북한의 이데올로기 변화와 마찬가지로 근래 남한에서도 미국 중심 사상을 개선하려는 각성과 움직임이 일어나고 있는 점.

넷째, 한반도를 둘러싼 미국과 중국 및 일본이 국익 중심 정책을 강화하여 역사적, 경제적 침략을 하고 있는 점.

위와 같은 특징에 주목하여 남북한 평화와 화합의 강령을 세워두는 것이 필요하다. 남북한의 이질적 사상들 사이의 조화가 쿤(Thomas Kuhn)이 말한 '패러다임(paradigm)의 전환'[41]처럼 일어날 가능성에 대비해야 하겠다. 이를 위한 영역별 주요 과제는 다음의 【표 8】과 같다.

이념 영역에 있어서, 남한에서는 북한이 홍익인간사상의 가치를 인정하고 수용할 수 있는 학술적 기반 조성을 위해 노력할 필요가 있다. 선학들이 개척해 놓은 홍익인간의 숭고한 의의를 국가이념 수준에서 체계적으로 정립해 내는 작업이 필요하고, 서구 이데올로기 시민의식 요소를 한민족 중심으로 개선하는 것이 필요하다. 그리고 북한의 사회주의헌법 제3조가 '사람중심의 세계관'을 천명하고 있음을 고려할 때, 홍익인간 이념은 기존의 역사중심 연구를 벗어나 인간중심 연구를 확대·심화할 필요가 있다. 이를 위하여 연구 영역에 있어서, 남한에서는 역사학, 종교학, 문학, 철학 중심의 연구 경향을 벗어나 중국과 북한 지역에 대한 고고학·인류학·주체철학과 같은

41) 미국 과학자이며 역사학자인 토마스 쿤(Thomas Kuhn)은 1962년에 쓴 저서 『과학혁명의 구조』(*The Structure of Scientific Revolutions*)에서 '패러다임(paradigm)의 전환'으로서 과학발전을 설명하였다. 즉, 과학은 지식의 축적에 의해 점진적으로 발전하는 것이 아니라, 더 나은 패러다임을 만들어내며 혁명적으로 발전해 왔다는 것이다. 이와 같이 쿤이 패러다임이란 용어를 사용한 후, 학계에서는 새로운 변화의 등장과 정착이 패러다임이란 용어로 설명되고 있다(김명자 역, 『과학혁명의 구조』, 까치, 2002).

다양한 영역으로 연구 지평을 확대·심화시켜야 하겠다. 북한에서는 한민족 중심의 관점에서 계급투쟁 역사관을 완화시키며, 주체사상에 있어서 민족 중심 역사관을 강화하고, 주체철학 내의 '사람 중심 세계관'과 홍익인간의 접점과 같은 영역으로 연구를 확대·심화시킬 필요가 있다.

이러한 연구 개선과 관련하여 연구방법 측면에서, 남한에서는 문헌과 이론 분석 중심의 연구에서 벗어나 중국과 북한 지역에 대한 고고학적·과학적 실증연구의 확대·심화가 필요하고, 북한에서는 단군에 대한 고고학과 인류학 및 역사학 중심의 연구방법 외에 단군 사상의 다양한 의의를 탐색해 내는 연구의 확대가 필요하다. 홍익인간의 통일이념화 모색을 위해 남·북한 학계가 노력해야 할 주요 과제를 영역별로 정리하면 아래의 【표 8】과 같다.

【표 8】 홍익인간의 통일이념화를 위한 남북 학계의 영역별 주요 과제

구분	남한의 과제	북한의 과제
이념	· 서구 이데올로기 시민의식 요소를 한민족 중심으로 개선 · 단군에 대한 역사 중심 연구 이외에 인간중심 연구의 확대·심화	· 한민족 중심의 관점에서 계급투쟁 역사관의 완화 · 주체사상에 있어서 민족중심 역사관의 강화
영역	· 고고학, 인류학, 주체철학과 같은 다양한 영역으로 연구 지평 확대	· 주체철학 내의 '사람 중심 세계관'과 홍익인간의 접점 연구
방법	· 중국과 북한 지역에 대한 고고학적·과학적 실증연구의 확대·심화	· 단군 사상의 다양한 의의를 탐색해 내는 연구의 확대·심화

남·북한은 「7·4남북공동성명」에서 통일의 기본원칙으로 '자주', '평화적 방법', '민족 대단결'의 3원칙, 「6·15공동선언」에서 통일방안에 공통점이 있음을 인정하고 합의한 적은 있으나, 통일에서 핵심 브분인 통일철학이나 이념의 문제는 백지 상태로 있다.[42]

42) 김광린, 「평화통일과 홍익인간사상」, 『고조선단군학』 12, 고조선단군학회, 2005, 1쪽.

홍익인간은 우리 민족의 세계관, 인간관, 가치관을 담고 있으며, 단군은 남북한이 공히 인정하는 건국 조상이고, 한민족의 정체성을 구성하는 사상이며, 보편적 평화주의와 조화의 사상이다.[43] 따라서 공동의 민족사에서 출발하는 홍익인간은 남과 북이 합의할 수 있는 이념적 기반이 될 수 있고, 상호교섭과 협상과정에서 서로가 입각해야 할 행동 준칙으로서 유용하다.[44] '홍익인간'으로부터 민족정체성 확립, 세계화 부작용 견제, 민족화합 수행, 인류문명의 이상 제시와 같은 장점을 활용할 수 있다.[45]

남북통일은 남한과 북한은 물론이거니와 주변국가들의 이해 관계와도 불가분의 관계가 있으며, 통일한국이 어떤 국가정책 방향을 지향해 나갈 것인가에 따라 주변국가들의 태도가 영향받게 될 것이다.[46] 그래서 한반도 주변 국가도 수용가능한 통일이념을 연구하여 준비해 둘 필요가 있다. 이를 위해 남북한 학계는 객관적이고 과학적인 학술자료를 공유하고 연구하여 상호 이해하고 수용할 수 있는 객관성을 제고하는 것이 중요하다.

이러한 토대 위에서 남북한의 갈등을 줄이고 문화 이질화를 완화할 가능성이 제고될 수 있다. 남한이나 북한 어느 한쪽으로의 급속한 통일은, 한민족에게 큰 불행을 가져올 것이다. 어느 일방에 의한 흡수나 강제가 아닌, '홍익인간'이라는 공통 분모 위에서 서로의 다양성을 존중하며 점진적으로 하나가 되어가는 '화이부동(和而不同)'의 과정이어야 한다. 남북이 평화롭게 공존하며 문화와 경제 차이를 줄여가는 것이 바람직하다. 이런 관점에서 남북연합단계에서의 헌법은 남한의 자유민주주의와 북한의 사회주의를 아우를 공통 분모의 형성, 자본주의 시장경제에 대한 민주적 국가 개입과 통제 등

---

43) 위 논문, 18쪽.

44) 정영훈, 「한국인의 정체성과 홍익인간이념」, 『고조선단군학』 6, 고조선단군학회, 2002, 167쪽.

45) 서보근, 「세계화 시대 홍익인간 이념의 실천방향」, 『대한정치학회보』 20(2), 대한정치학회, 2012, 23쪽.

46) 김광린, 앞 논문, 2쪽.

을 담아내야 할 것이다.[47]

❀ 분단국가 남북한[48] ❀

북한은 국가방어와 체제보장을 위해 핵개발을 지속할 것이기에, 한반도의 비핵화 가능성은 없다고 보는 것이 타당하다. 이것을 잘 아는 미국 및 중국이 실현가능성이 없는 한반도 비핵화를 계속 주장하는 것은 대내외 명분을 확보하기 위한 정치적, 전략적 행위이다.

따라서 우리는 북한의 핵 포기를 유일한 전제로 삼는 소모적 대립에서 벗어나, 현실적인 평화 체제 구축을 위한 새로운 패러다임을 모색해야 한다. 미국이 북한 핵 보유를 인정하고 '정권 종식(regime change)' 정책을 공식 폐기하며 북미 외교가 정상화되는 상황을 전제할 때, 다음과 같은 시나리오를 상정해 볼 수 있다. 북미 정상 간 한반도평화 체제가 협의되고, 남한과 북한은 상대를 국가로 인정하여 '남한의 북한흡수통일'과 '북한의 남한적화통일'이 사문화되었을 때의 시나리오이다.

【남한·미국·북한이 평화적으로 교류할 경우의 시나리오】

북한과 미국 정상이 상대를 협상 파트너로 인정하는 것은, 남북 관계 개선의 초석이다. 이 여건이 형성되면, 남한과 북한은 서로를 주적으로 삼는 관계에서 벗어날 가능성이 열릴 수 있다.

여기서 남북 관계가 더 발전하기 위해선 남북 주민이 서로의 문화를 이해할 수 있도록 균형 잡힌 교류가 중요하다. 남북 주민의 공동 발전에 목표를 두어야 한다. 이를 위해선 균형 잡힌 문화 교류가 중요하다. 한민

---

47) 윤영상, 「남북통일의 실질적 의미와 법제통합: 남북연합헌법과 노동문제를 중심으로」, 『민주법학』 68, 민주주의법학연구회, 2018, 105쪽.

48) 김반아, 「한반도, 두개의 주권 국가 (가상 시나리오)」 (한겨레:온, https://www.hanion.co.kr), 2024.02.21.을 발췌 및 보완하여 작성하였음.

> 족 고유문화를 발전시키고 민족정체성을 강화하는 것이다. 이 같은 문화 교류가 궁극적으로 남북 주민 간 상호 이해를 증진시키고 민족화합을 이루는 데 기여할 것이다. 미국 문화를 많이 수용한 남한 사회는 남북관계 개선과 남북화합에 좋은 영향과 악영향을 동시에 미칠 수 있다. 남북 주민 간 문화 차이를 심화시킬 수 있고, 북한 주민의 반발과 갈등을 유발할 수 있으며, 남북화합에 걸림돌이 될 수 있다.

위와 같은 남북관계 개선을 위해 중시해야 할 가치는 '공정', '존중', '협력', '개방', '자주'이다. '공정'은 남북한 어느 한쪽에 편향되지 않게 균형 잡힌 것을 말하고, '존중'은 남북한이 상대 체제와 가치를 서로 존중하는 것을 말한다. '협력'은 남북한이 비교 우위에 있는 역량을 발휘하여 상호 이익과 공동 발전을 위해 협력하는 것을 말하고, '개방'은 남북한이 국제사회 일원으로서 글로벌 협력과 국제 교류를 다각적으로 하는 것을 말하며, '자주'는 남북한이 국익과 국민 권리 향상을 위해 주변 열강의 간섭과 갈취에서 벗어나 판단하고 행동하는 것을 말한다.

이것이 저자들이 소망하는 한반도의 길이다. 이를 실현하도록 남북 간 신뢰 구축을 통하여 관계를 개선하는 것이 필요하다. 현실적으로 실천이 불가능하고 상대가 수용하기 힘든 공허한 주장들, 즉 핵포기, 미군철수와 같은 주장을 하지 않으면서 상생의 대도를 열어가는 것이 중요하다.

분단 상태에서 남북한에는 이질적 요소가 늘어났다. 같은 언어를 사용하지만 '이질성'이 각 분야에서 심화되고 있다. 남남 갈등도 비슷하다. 같은 사회에서 살지만 지지하는 이념과 정당에 있어서 지역별로 차이가 크다. 이렇게 사회구성원들 간 공통성이 줄어드는 상황에서, 남북평화 공존과 남남 갈등의 완화는 역설적으로 '다양성'에서 모색될 필요가 있다. '다양성'의 사전적 정의는 '서로 다름'이지만,[49] 글로벌 환경에서 경쟁 우위를 모색하는

49) 최성주·이근주·최유진, 「다양성과 다양성 관리: 한국형 다양성 연구의 방향 모색」, 『한국인

전략 측면에서 다양성은 중시되고 있다.[50)]

'남남갈등 극복을 위한 사회통합 과제'와 '남북갈등 극복을 위한 과제'에는 공통점이 있다. 그 핵심은 경제 문제이다. 남남갈등의 초점은 무엇보다 경제 문제에 있고, 민주자본주의와 사회주의의 이념대립도 그 초점은 경제 문제에 있다. 좌우의 개념 역시 그 핵심은 경제적 배분과 관련이 있다. 그러하기에 이념대립 완화를 위한 주요 조건은 국민 모두에게 최소한의 삶의 질을 보장하는 보편적 복지제도라고 볼 수 있다. 또한 사회구성원 간 공통성이 줄어드는 상황에서 '서로 다름'을 존중하는 다양성에 대한 인식 제고와 그 전략적 활용의 공동체적 이익에 대한 인식 제고가 필요하다.

북한은 남한이 국가로 인정하든 안 하든 국제사회는 북한을 국제법상 주권 국가로 보고 있고 북한 정부를 합법정부로 인정하고 있기에 남한이 북한을 흡수통일한다는 것은 현실적으로 가능하지 않은 일이다.[51)] 이러한 허황된 정책을 폐기하고, 한민족 하나의 나라에서 남북으로 분단된 남한과 북한이 제4차 산업혁명 격변기에 서로 돕고 의지하며 한반도 평화와 남북 상생의 대도에서 번영을 함께 누리길 소망한다.

❀ 통일이념 형성을 기원하며 ❀

한민족의 남북 분단은 제2차 세계대전 직후 미국과 소련이 한반도에서 군정[52)]을 실시하면서 시작되었다. 일제에 항거한 독립운동은 자본주의, 사

사행정학회보』 17(4), 한국인사행정학회, 2018, 2쪽.

50) 이종구·고영희, 「전략적 다양성 관리를 위한 다양성 통합 요인에 관한 연구: 오라클 사례를 중심으로」, Korea Business Review 17(2), 한국경영학회, 2013, 49쪽.

51) 남완우, 「남북한 통일이 아닌 평화공존에 대한 연구」, 『한국공안행정학회보』 30(4), 한국공안행정학회, 2021, 389쪽.

52) 군정(軍政)이란 좁은 의미로는 교전국 일방의 군대가 상대국에 진주하여 피점령국의 권력을 배제하고 자국 고유의 권력을 수립하는 것을 의미하고, 넓은 의미로는 군사적, 정치적 목적

회주의, 공산주의를 가리지 않고 수용해 전개되었으나, 미소 냉전에 따라서 남북한 간 이념대립이 시작되었고, 소련 몰락 후에도 남북한 간 이념대립은 지속되고 있다. 이 밖에도 남한에서는 '우익'과 '좌익'의 대립이 '보수'와 '진보'의 대립, '뉴라이트'와 '뉴레프트' 대립으로 지속되고 있다.

이러한 소모적 대립을 종식시키고 우리 민족의 주권과 경제적 이익을 지키기 위한 통일이념 형성이 필요하다. 세계 열강들이 자국 이익을 위해 남북한 분단을 이용하고 남북한 대립을 부추기는 것을 방지하기 위한 '한민족의 통일이념' 수립이 필요하다.

한반도 주변 열강들은 자국 이익을 위해 남북 분단을 이용하고 있다. 미국은 한미군사동맹을 활용하여 동북아시아 문제에 미군이 개입할 수 있는 전략 요충지를 한반도에 확보하면서, 남한 정부에 주한미군의 주둔비(인건비, 시설비, 군수지원비 등)를 비롯하여 토지 제공까지 요구하고 있다. 2025년에 한미 양국이 발표한 '조인트 팩트시트'(Joint Fact Sheet)에 의하면, 미군의 남한 주둔을 위해 남한 정부가 10년간 330억 달러를 지원하는 내용이 포함되어 있다. 또한 남한의 국방비 지출을 국내총생산(GDP)의 3.5%로 증액해서 2030년까지 미국의 군사 장비 구매에 250억 달러를 지출하기로 하였다. 남북한 간 평화체제 구축이 미국 국익에 부합하지 않는 실증적 수치이다. 이처럼 남북한 간 평화는, 미국이 한반도에 군사 전략지를 얻고 막대한 경제적 이득을 취하는 데 도움이 되지 않는다. 같은 이유에서, 일제 패망 전부터 한반도에 상륙 준비한 미군은 소련 군이 한반도로 내려올 때까지 1945년 8월 15일 일제 패망 후 9월 7일까지 상륙하지 않았다.[53] 1945년에 미국은

달성을 위해 주민의 생명, 재산을 보호하고 공공질서를 유지하는 행정 작용 외에 입법, 사법 역할까지 행사하는 점령지역의 정치를 말한다(김수자, 「해방직후 미 군정부대의 지방 배치와 활동」, 『이화사학연구』 32, 이화여자대학교 이화사학연구소, 2005, 143쪽.).

53) 일제 패망 후 미군은 1945년 9월 8일에야 한반도에 진주하였다. 하지(John R. Hodge) 중장이 이끄는 미 24군단 7사단이 인천에 상륙해 들어와 한민족의 독립국가를 준비 중인 인사들을 억압하고 미군이 대통령과 정부 기능을 수행하는 미군정(美軍政)을 시행하였다.

일본 침공에 기여할 수 있는 작전 지역으로 한반도를 고려했고 일본의 항복 전부터 조선 점령계획을 준비했으나,[54] 미군이 한반도 전체에 진주할 경우 식민지를 경험한 한민족의 반외세 정서가 미군을 배척할 것을 우려하였다. FRUS(미국 국무부 외교문서집, Foreign Relations of the United States)에 의하면, 1945년 8월 10일 일본이 항복 의사를 밝힌 후 8월 11일에 미국 국무차관보 제임스 던(J. Dunn)이 육군부 작전국에 "군사분계선을 마련하라."고 지시하여 미군에 의해 38선 분할 계획이 작성되었다.

중국과 일본도 미국의 자국 이익 중심주의와 다를 바가 없다. 중국은 동북공정을 통한 한반도 이북 침범과 서해와 남해 공해상 침범을 하고 있고, 일본은 지하자원이 많은 동해 영유권과 어업권을 노리고 독도가 일본 영토라는 주장과 역사교과서 왜곡을 통해 자국 이익을 추구하고 있다. 특히 남한과 북한이 모두 선린 관계를 유지하고 있는 중국은 동북공정을 통하여 고구려와 발해 역사는 물론이거니와 지리적으로 한강 유역까지, 즉 북한이 원래 중국 영토였다는 주장을 펴고 있다.

이런 냉혹한 국제정치 상황에서, 남한과 북한이 이념과 체제가 다르기에 약 2천 년 동안 세계 각지를 떠돌던 유대인들이 시온사상(Zionism)을 중심으로 이스라엘을 건국한 것과 같은 통일국가를 실현하지는 못할지라도, 한민족 간 대립을 줄이고 열강들의 신(新) 경제 수탈과 주권 침해를 물리치는 기반인 통일이념을 마련해야 한다. 급변하는 세계 질서 속에서 홍익인간은 우리 민족이 외부의 패권 경쟁에 휘말리지 않고 주권과 국익을 수호할 수 있게 하는 '전략적 자주성'의 정신적 방파제가 될 수 있다.

홍익인간은 북한이 시조로 강조하는 단군, 평양의 국가 유적인 단군릉, 사회복지국가적 헌법이념을 대변할 수 있으며 남한 법률에 규정된 국가이

54) 송정현, 「해방 직후 미국의 남한 점령 계획과 부대 배치: 전라북도를 중심으로」, 『역사학연구』 67, 호남사학회, 2017, 100쪽.

념이다. 같은 조상의 자손이라는 단군 인식에 근거하여 한민족 고유한 이념으로 기능할 수 있는 홍익인간은 민족 동질성 회복과 남북 공영을 지향하는 이념의 가치를 지니고 있다.

일제에 항거한 독립운동은 자본주의, 사회주의, 공산주의 사상을 가리지 않고 수용해 전개되었으나, 미소 냉전에 따라서 남북한 간 이념대립이 시작되었고, 소련 몰락 후에도 남북한 간 이념대립은 현재까지도 지속되고 있다. 이러한 소모적 이념대립을 종식시키고 우리 민족의 주권과 경제적 이익을 지키기 위한 이념적 기반을 모색할 필요가 있다.

홍익인간은, 북한의 이민위천 통치이념의 근간과 핵심 내용을 대체로 포함하고 있어서, 남한과 북한 국민을 통합할 수 있는 민족통합 이념이 될 수 있고 서로가 입각해야 할 행동준칙으로서 유용하다.[55] 또한 '우익'이나 '좌익'이 각기 추구하는 정치 이상의 핵심을 포함하고 있을 뿐만 아니라, 편협한 민족주의와는 다른 차원의 공동체 이념이다.[56] 우리 민족의 세계관, 인간관, 가치관을 담고 있으며, 한민족의 정체성을 구성하는 사상이며, 보편적 평화주의와 조화의 사상이다.[57] 그러므로 홍익인간은 남북의 이질감을 녹이고, 격변의 시대에 우리 후손들이 살아갈 '한반도의 길'을 밝히는 등불의 가치를 지니고 있다.

---

55) 정영훈, 「한국인의 정체성과 홍익인간이념」, 『고조선단군학』 6, 고조선단군학회, 2002, 167쪽.

56) 이계학, 「단군신화의 교육학적 고찰」, 『사회구조와 사회사상』, 서울: 심설당, 1986, 125-150쪽; 이계학, 「홍익인간의 이념과 인간교육」, 단군학회 편, 『홍익인간 이념과 21세기 한국』, 홍익인간 교육이념 제정 50주년 기념 학술회의, 1999, 27-40쪽; 권성아, 「21세기 통일한국인상과 홍익인간 교육」, 『교육학연구』 40(5), 한국교육학회, 2002, 59-80쪽.

57) 김광린, 「평화통일과 홍익인간사상」, 『고조선단군학』 12, 고조선단군학회, 2005, 18쪽.

찾아보기

【기타】

AI 패권 시대, 한반도 중립의 길
- 기술 권력과 이념의 벽을 넘는 상생의 인문학 -

초판1쇄 발행 2026년 2월 20일

지은이 | 김반아·조정호
펴낸이 | 권 호순
펴낸곳 | 시간의물레

등　　록 2004년 6월 5일
주　　소 경기도 파주시 숲속노을로 150, 708-701
전　　화 031-945-3867
팩　　스 031-945-3868
전자우편 timeofr@naver.com
블 로 그 http://blog.naver.com/mulretime
홈페이지 http://www.mulretime.com

I S B N 978-89-6511-539-7 (03340)
정　가 19,800원